KB086576

1001가지
해결중심 질문들

1001 solution-focused questions

해결중심 면담을 위한 워크북

Fredrike Bannink 저 | 조성희 · 신수경 · 이인필 · 김은경 공역

학지사

1001 Solution-Focused Questions:
Handbook for Solution-Focused Interviewing
by Fredrike Bannink

Translation of: Oplossingsgerichte vragen. Handboek oplossingsgericht gespreksvoering (2009).
Copyright ⓒ 2006 Pearson Assessment and Information B.V., Amsterdam, the Netherlands

Korean Translation Copyright ⓒ **2015** by Hakjisa Publisher, Inc.
The Korean translation rights published by arrangement with
Pearson Assessment and Information B.V.

The Korean translation will be based on the English translation, 1001 Solution-Focused
Questions. Handbook for Solution-Focused Interviewing (2009), published under license by W.W.
Norton and Company Inc., with the written permission of W.W. Norton and Norton and
Company Inc.
Hakjisa Publisher, Inc. will hold Pearson harmless and will indemnify Pearson for any claim
related to the Korean translation.

All rights reserved.

본 저작물의 한국어판 저작권은
Pearson Assessment and Information B.V.와의 독점계약으로
(주)학지사가 소유합니다.
저작권법에 의해 한국 내에서 보호를 받는 저작물이므로
무단 전재와 무단 복제를 금합니다.

역자 서문

　이 책을 만나서 번역을 시작하게 된 것은 정부에서 연구용역 과제를 수행하던 중이었습니다. 2012년도 여름, 연구팀원들과 함께 개인상담 프로그램 매뉴얼을 제작하면서 상담을 하는 각 분야의 전문가와 만나는 사람들, 즉 내담자의 변화 동기를 유발하는 데 효과적인 질문을 활용하여야 할 필요성을 절실히 공감하였습니다.

　2007년 이후부터 지금까지 역자들은 전문가들에게 동기면담(Motivational Interviewing: MI)을 교육하고 훈련하는 기회를 워크숍을 통해 자주 제공해 왔습니다. 그때마다 역자들은 전문가들이 동기면담을 실무에서 효과적으로 활용하기 위해서는 많은 연습이 반복되어야 함을 느꼈습니다. 동기면담의 네 가지 정신인 협력, 수용, 유발, 연민은 열린 질문하기, 인정해 주기, 반영하기, 요약하기라는 동기면담의 기법 혹은 그릇(역자의 비유)에 담아 전달됩니다. 전문가는 질문을 할 때 자신이 내담자와 같은 편임을 내담자가 느끼게 해 주어야 하고, 내담자를 온전히 수용하는 따뜻함을 전달해야 하며, 내담자의 개인 능력과 속성을 긍정적 자원으로 보도록 변화 동기를 이끌어 내야 합니다.

　이런 점에서 이 책은 해결중심 전문가가 내담자의 변화라는 측면에서 유용한 질문을 현장에서 모았다는 점과 일천하고도 한 가지나 되는 질문이 엮여 있다는 점에서 매력이 있습니다.

　그동안 동기면담 훈련을 위한 책, DVD 등이 출판 및 출시되었는데 이 역서

가 추가적으로 전문가들이 질문하기를 연습하는 데 유용한 실제적 워크북이
될 것으로 확신합니다.

2015년 1월
역자 일동

감사의 글

책을 혼자 쓸 수 있는 사람은 없습니다. 이 책의 저자는 한 명이지만 이 책이 나오기까지 많은 분들이 도와주셨습니다.

이 책을 쓰도록 기회와 격려를 아끼지 않은 가족들에게 감사합니다. 수년 간 해결중심 면담을 알아내고 활용하며 개선하도록 도왔던 친구들, 동료들, 학생들, 그리고 내담자들에게 감사합니다. 이 책이 출판되도록 도와준 출판사, 번역가 그리고 그 밖에 기여해 준 분들에게 감사합니다.

추천사를 써 주시고 몇 개월 후 타계하신 Insoo Kim Berg 박사님께 진정으로 감사드립니다. 해결중심 단기치료의 창시자이신 Insoo Kim Berg 박사님은 저에게 항상 영감의 원천이셨습니다. 끈기 있게 내담자의 목표를 찾아 가면서 내담자의 문제를 정상화하고 문제 대화를 가능성의 대화로 바꾸는 재능을 가진 박사님을 존경합니다.

이 책은 원래 네덜란드어로 쓰인 책인데 Arnoud Huibers 씨의 도움으로 Insoo Kim Berg 박사님이 추천사를 쓰게 된 점에 대해 다시 감사합니다.

추천사

해결중심 면담은 내담자가 자신의 문제를 개별화하고 독특하고도 효과적인 해결책을 만들어 갈 내적 자원을 가지고 있다는 '인간 존중'을 전제로 합니다. 세계적으로 광범위하게 해결중심 접근의 활용에 대한 저서들이 많이 나오는 지금, 이처럼 가치 있는 책이 나오게 되어 매우 기쁩니다.

저자이신 Fredrike Bannink 님께서 명료하게 책을 잘 써 주신 덕분에 해결중심 접근이 많은 독자에게 접근 가능해졌습니다. 이 책은 해결중심 기술을 다듬고자 하는 학생과 상담자 모두에게 활용 가능한 지침서가 될 것입니다.

이 책은 마치 워크숍을 하는 것처럼 구성되어 있습니다. 연습 예제에서 행동 훈련을 통해 해결중심 접근을 통합하는 기회를 제공하고 있습니다. 상당히 다양한 해결중심 기법을 소개하여 상담자가 이 기법을 통해 내담자로 하여금 자신의 자원을 동원할 수 있도록 돕고 있습니다. 또한 1,001가지 해결중심 질문들이 제시되었는데 이 질문들은 해결중심 면담에서 정확한 언어 표현이 중요한 도구가 됨을 알려 주고 있습니다. 상담 초기에 목표를 설정하고 상담 효과를 측정하며 내담자가 목표를 이루고자 취했던 성공적인 행동은 무엇이었는지 알아내는 데 이러한 질문을 사용할 수 있습니다.

독자들은 이 책을 통해 내담자 면담에 '새로운 빛'을 보게 될 것입니다.

Insoo Kim Berg(1934~2007)

배가 고파서 무엇인가를 먹으러 식당에 간다고 하자. 잠시 기다리면 앉을 자리를 마련해 준다. 주인이 와서 인사를 한 후 당신이 느끼는 배고픔에 대해 질문을 시작한다. 얼마나 배가 고프신가요? 어떻게 참으셨나요? 얼마나 오랫동안 배가 고팠나요? 전에도 배고픈 적이 있었나요? 배고픔은 당신의 가족이나 친척 관계에서 어떤 역할을 해 왔나요? 어떤 불이익, 아니면 이득을 가져다주나요? 이러한 질문 이후 당신은 더욱 배가 고파져서 먹을 것을 빨리 달라고 하지만 주인은 당신의 배고픔에 대해 몇 가지 설문지를 작성해 달라고 한다. 이 모든 것이 끝난 후 당신이 원하지 않은 음식이 제공되는데, 주인은 자기가 생각하기에 이 음식은 당신에게 좋은 음식이고 다른 배고픈 사람들에게도 도움이 되었다고 말한다. 당신이 이 식당을 나갈 때 만족도는 어느 정도일까?

문제중심 접근의 대안으로 1980년대부터는 정신건강 분야와 교육, 코칭, 명상 등에 '해결중심' 대화가 가능하게 되었다. 해결중심 대화는 문제의 탐색과 분석, 진단, 증상 완화, 치료 처방 등에는 관심이 없다(진단＋치료 처방＝증상 완화). 해결중심 면담은 내담자가 소망하는 미래를, 그리고 내담자가 그 목표를 달성하도록 돕는 방법을 찾는 데 관심을 둔다(목표 개념화＋내담자가 고안해 낸 해결책＝희망하는 결과). 해결중심 면담에서는 '환자' 대신 '내담자'라는 용어를 사용하는데 '환자'라는 용어는 불필요하게 병을 만들어 내기 때문이다.

de Shazer(1994)는 해결중심 면담을 가리켜 '어깨를 가볍게 두드리는 것'이라고 말했다. 해결중심 상담자는 내담자를 밀거나 당길 필요를 느끼지 않는다. 대신 내담자의 한 걸음 뒤에 서서 내담자와 동일한 방향을 바라본다. 어깨를 가볍게 두드림으로써 내담자의 주의를 바로 잡고 다른 관점으로 사물을 바라보도록 돕는다. 이러한 자세를 '한 걸음 뒤에서 인도하기'라고 한다. 해결중심 질문은 내담자의 어깨를 가볍게 두드리는 질문이다.

저자가 학생들의 도움으로 지난 수년간 모아 왔던 해결중심 질문을 현재 해결중심 면담을 실천하는 분이나 또는 실천하기 원하는 분에게 전하고자 한다. 이 책을 쓰려는 생각은 저자가 명상에 관한 책(Bannink, 2006)을 저술하고 있을 때 생겼다. 처음에는 질문들을 책의 부록에 넣고자 했다. 그러나 해결중심 질문들이 갈등을 가진 사람과 작업하는 상담자뿐만 아니라 좀 더 광범위한 독자층에게도 흥미 있을 것 같았다. 그래서 질문들을 책으로 만들기로 했다. 여러분은 이 책에서 해결중심 면담을 적용하는 방법에 대한 설명과 함께 1,001개의 해결중심 질문들을 만나게 될 것이다. 해결중심 질문들 모두를 저자가 만들어 낸 것은 아니며—여러분도 다른 질문들을 분명히 생각해 낼 수 있다—질문들을 다른 주제로 분류할 수도 있을 것인데, 이 질문들을 가지고 반복해서 연습할 때 여러분은 내담자와의 만남에서 해결중심의 실타래를 붙들고 갈 수 있다고 본다.

이 책은 최근의 면담 개념과 모델에 만족하는 상담자를 위해서 만든 것이 아니다. 이 책은 자신의 직업에 대해 매우 심각하게 고민하고 현재 상태에 만족하지 않는 상담자를 위한 것이다. 해결중심 면담의 개념과 모델이 어디로 이끌어 가는지에 대해 관심이 있는 상담자를 위한 책이다.

이 책은 치료 분야와 교육, 코칭, 명상 분야의 상담자가 기존의 기술들을 확장하여 내담자를 도울 수 있는 창조적 힘을 최대한 펼치도록 고무하고 격려한다.

각 장마다 해결중심 면담의 이론 부분과 실제 부분이 있다. 이 책에는 스물네 가지 연습이 있고 이 연습들은 해결중심 모델과 함께 자기 반영과 실험에 몰입하도록 한다. 여러분은 물론 그 밖에 다른 연습들을 고안해 낼 수 있다.

1장은 해결중심 면담의 역사, 원칙, 이론, 연구, 실제에 대한 개관이다. 2장은 내담자와 치료자의 협력관계를 다루며 행동 변화를 위한 동기라고 하는 중요한 논제를 제기한다. 3장은 해결중심 면담의 첫 번째 회기에 대해 상세히 기술한다. 4장은 첫 번째 회기 이후에 다음 회기들을 설명하고 "무엇이 더 나아졌나요?"라는 질문에 대한 내담자의 반응을 다루는 해결중심 상담자들의 대안을 제공한다. 5장은 상담자가 내담자에게 주는 과제 제안이다. 6장은 회기 종결에 대해 다룬다. 7장은 그 밖의 해결중심 기술을 다루는데, 예를 들어 문제의 외현화, 미래 투사, 그리고 교류 모형 사용하기 등이 포함된다. 8장은 동료, 의뢰인, 집단, 단체 등과 해결중심 상담자 사이의 생산적인 협력을 위한 몇 가지 고려 사항을 제공한다. 9장에서는 상담 교착상태와 실패를 어떻게 예방하고 제거하는지에 대해 설명한다. 10장에서는 1,001가지 질문을 일반적 상황에서 사용되는 질문과 특별한 상황 또는 특별한 내담자에게 사용되는 질문으로 분류하였다. 11장은 해결중심 상담자가 회기에 대해 어떻게 사색할 수 있는지, 그리고 회기에서의 자신의 역할 반영에 대해 고려해 본다. 스스로에게 해결중심 질문을 많이 해 볼 수 있을 것이다. 12장은 해결중심 면담을 시작부터 끝까지 기술한다. 마지막으로 13장은 해결중심 단기치료가 인지행동치료 형태로 간주될 수 있다는 관점에서 설명한다.

여러분이 이 책을 즐기기를 바라며, 코멘트와 제안을 해 주기를 바라고, 이 책 이후에 999개의 질문을 제안해 주기 바란다.

저자 연락처 solutions@fredrikebannink.com
또는 홈페이지 www.fredrikebannink.com

차 례

01

해결중심 면담

1001
Question

01
해결중심 면담

비관주의자는 모든 기회에서 어려움을 본다.
낙관주의자는 모든 어려움에서 기회를 본다.
-Winston Churchill

해결책을 찾도록 도울 것인가
아니면, 문제를 해결해 줄 것인가

원인-결과 모델(소위 의료 모델이나 문제중심 모델로 부름)에 따르면 정확한 진단을 내리기 위해서는 처방이 제공되기 전에 무엇이 문제인지 정확하게 찾아야 한다. 서양식 사고방식에서 원인-결과 모델은 세상을 쉽게 이해하는 데 탁월한 모델이다. 의료 문제나 기계 문제와 같이 간단하면서도 구체적인 원인들로 분리될 수 있는 비교적 확실한 문제들을 다루는 사람에게는 이 모델이 유용하다. 의료 모델은 다음 공식을 토대로 한다. 진단+처방 치료=증상 완화. 그러나 면담에 관해서 이 모델은 주요한 단점을 가지고 있다. 너무 문제중심적이라는 것이다. 문제와 문제를 일으킨 잠재 원인을 깊이 연구하다 보면 여전히 악순환하는 문제들이 발생한다. 분위기는 점점 문제로 눌리고, 해결책은 점점 더 시야에서 멀어지는 위험성이 대두되며, 개선되리라는 희망은 사라진다. 저자의 동료 중 한 사람은 '문제중심' 치료를 가리켜 '문제추구' 치료라고 부르곤 한다.

문제를 초래하거나 지속시키는 요인을 탐색하고 분석한다고 해서 자동적으로 문제의 개선이나 해소를 가져오지는 않는다. '해결중심' 면담에서는 진단하는 것을 중요하지 않게 생각한다. 대신, 진보적 관리 모델(Bakker & Bannink, 2008)에서 나온 진보적 진단 모델을 적용한다. 따라서 해결중심 단기치료는 진단초월 치료기법이다.

문제중심 면담 모델 사용에 대한 내담자와 상담자들의 불만이 커지고 있다. 문제들을 깊이 탐색하다가 회기가 조기 중단되기도 하는데, 그 이유는 삶의 변화가 없어서 내담자가 개선의 희망을 상실하기 때문이다. '해결중심' 모델은 이 모든 것을 바꾸어 놓았다. 문제를 도전으로 간주한다. 내담자가 달성하고자 하는 미래와 미래 목표를 성취할 수단을 설계하도록 돕기 때문에 내담자와 상담자는 다시 희망을 가진다. 독자들은 2장과 3장에서 희망의 중요성과 희망 이론, 그리고 희망을 보여 줄 때 이것이 어떻게 성공을 이끄는지에 대해 좀 더 알게 된다.

간략한 역사

해결중심 면담은 1980년대에 de Shazer와 Berg 등이 밀워키 주에 있는 단기가족치료 센터에서 개발하였다. 이들은 Bateson(1979)의 연구 결과와 Watzlawick, Weakland와 Fisch(1974)의 연구 결과를 토대로 하였는데, 이들은 시도했던 해결책들이 종종 문제를 지속시키고 해결하지 못한다는 사실과 문제의 기원에 대한 통찰이 항상 필요한 것은 아니라고 믿었다.

de Shazer(1985)는 해결중심 면담과 관련하여 수많은 원칙을 개발했는데 저자는 이 원칙에 대해 몇 가지 덧붙여 말하고자 한다.

- **문제는 해결과 다르다.** 해결을 하려면 문제를 분석하는 것이 필요하지 않고 내담자의 해결책을 분석하는 것이 필요하다(예: "이 문제를 해결하려고 어떤 시도를 했나요? 그리고 어떤 해결이 도움이 되었나요?").
- **내담자가 상담자다.** 해결중심 모델에서 '내담자'에 대해 말할 때는 '손님'에 대해 말하는 것이며 의료 모델에서처럼 '환자'에 대한 것이 아니다. 목표로 가는 경로뿐만 아니라 목표를 결정하는 사람도 내담자다. de Shazer는 문제가 마치 지하철 티켓과 같다고 말한 적이 있다. 티켓은 내담자를 회전문으로 들어가게 하지만 어떤 열차를 타고 어느 역에서 내릴지는 결정해 주지 않는다. 다시 말하면, 가고자 하는 장소는 출발점으로 결정되지 않는다는 것이다.
- **효과가 있으면 고치지 마라.** 내담자가 긍정적인 것으로 경험하는 것에 대해서 상담자가 비판적이지 않아야 한다.
- **효과가 있으면 그것을 더 많이 하라.** 기대하지 않았던 일이더라도.
- **'변화를 가져오는 차이점'을 찾아라.** 차이점은 자동적으로 효과적이지는 않다. 차이점을 내담자가 알아보아야 하고 변화를 가지기 위해서는 내담자에게 중요한 것이라야 한다. 해결중심 모델은 문제의 규칙에 있어 이례적인 것을 설명하는 데 목표를 두는데, 내담자는 종종 이례적인 것을 간과한다. 문제가 '늘' 일어난다고 내담자가 생각하거나 말하기 때문에 문제는 지속된다. 문제가 부재하거나 표면적으로 거의 문제가 없는 순간이 있는데, 내담자는 이 순간을 중요하지 않다고 무시하거나 눈치 채지 못하여 문제가 숨어 있게 된다. 내담자는 이것이 변화를 가져다주는 차이점이라고 간주하지 않아 단지 보지 못하고 있을 뿐이다. 해결중심 상담자는 이례적인 것을 주시한다. 상황이 달라진 순간들을 자세하게 보도록 내담자의 주의를 바꾸는 데 치료적 개입의 목표가 있다. 이렇게 함으로써 해결책이 드러나곤 한다. 이런 방식으로 내담자는 효과가 있는 것을 더 많이 하도록 격려받는다. 더 나아가 다음과 같은 원칙이 적용된다. 당신이 해결의 일부분이 아니라면 당신은 문제의 일부분이다.

- **효과가 없으면 다른 것을 하라.** 같은 것을 많이 한다고 효과가 있는 것은 아니다. 일본 전설에 따르면, 한 해변 마을이 쓰나미로 위협을 받았는데 어떤 농부가 마을 위에 있는 논에서 일하다가 저 멀리 쓰나미가 밀려오는 것을 보았다고 한다. 마을로 달려갈 시간이 없고 사람들이 소리를 듣기에는 너무 멀어서 그는 소리 지르기를 멈추고, 즉시 논에 불을 질렀다. 마을 사람들은 단번에 그들의 곡식을 구하러 논으로 달려왔다. 이렇게 해서 그들은 익사하지 않고 목숨을 구했다.

단기가족치료 센터에서 스태프들은 다음 세 가지 치료자의 특별한 행동 유형이 내담자로 하여금 해결책과 변화와 자원에 대해 4배나 더 많이 말하도록 해 주었다는 것을 발견하였다.

- **유발적인 질문하기** "문제 대신 어떤 것을 알고 싶으세요?" 또는 "무엇이 더 나아졌나요?"(후속 회기를 시작할 때 질문한다.)
- **구체적으로 말하도록 질문하기** "그것을 정확하게 어떻게 하였나요? 더 나아지게끔 정확하게 무엇을 다르게 하였나요?"
- **칭찬으로 언어적 보상해 주기와 유능감에 대해서 질문하기** "어떻게 그것을 해내게 되었나요? 어떻게 그렇게 좋은 생각을 하였나요?"

1985년 de Shazer는 저서 『단기치료에서 해결의 열쇠』를 출판했다. 같은 해에 de Bono의 책 『갈등: 해결하는 더 좋은 방법』이 나왔는데 이 책은 de Shazer의 저서와 현저히 유사했다. 저자는 이 두 사람이 만난 적이 있는지 물어보았는데 '아니다'라고 하였다. de Bono는 그의 책에서 '희망하는 결과 설계하기'가 갈등을 해소하는 최상의 길이라고 밝혔다. 또한 그는 꿈 해결책, '만약 … 라면'이라는 질문(가정법 질문), 사소한 변화 만들기 등을 기술하였다. 갈등 해결과 희망하는 결과 설계하기에 대한 그의 아이디어에 대해 포괄적인 설명을 원한다면 de Bono(1985)와 Bannink(2006a, 2006b, 2008c, d, e, f)를 참조하라.

Erickson(1980) 또한 해결중심 개입의 개발에 기여하였다. 그는 학생들에게 책의 마지막 페이지를 읽고 그 책이 어떤 내용인지 생각하는 과제를 주었다. 해결중심 면담도 이와 마찬가지로 궁극적인 목표로부터 시작한다. Erickson은 정신과 의사였는데 내담자의 능력을 강조하였고 치료를 진단분류에 맞추지 말아야 하며, 내담자 자신이 드러내는 각자 다른 행동 실천을 하는 데 어떤 가능성이 있는지 알아보아야 한다고 주장했다. Erickson은 또한 가성 지남력(pseudo-orientation)이라고 하는 최면 기법을 적시에 사용하였다. 최면 중에 그는 내담자로 하여금 6개월 후의 자기 자신에게 달려가는 상상을 하게 하고 자신에게 말하기를 그들의 문제가 모두 해결되었다는 것과 어떻게 그렇게 했는지를 말하도록 하였다. 최면을 마칠 때 그는 내담자로 하여금 최면 중에 일어났던 일을 '잊어버리는' 몇 가지 제안을 해 주었다. 최면 중에 내놓았던 해결책과 늘 동일한 것을 적용하지는 않았으나 많은 경우에 있어서 6개월 후에 상황이 나아지고 있다고 보고하였던 것으로 드러났다. Covey는 『매우 성공적인 사람들의 7가지 습관』이라는 책에서 다음과 같이 적고 있다.

> 마음으로 결말에서 시작하라. …… 마음으로 결말에서 시작하는 것은 당신의 목적지를 명백하게 이해하는 것으로 시작하는 것을 뜻한다. 즉, 어디로 가고 있는지 안다는 것을 의미하며, 지금 어디에 있는지 더 잘 이해하고, 지금 걷고 있는 길이 늘 올바른 방향이 된다(1989, p. 98).

7장에서는 그의 미래 투사 기법을 기술하는데, 이 기법에서는 참여자들이 자신의 장례식에 참석하게 된다.

연습 1

주위를 살피고 베이지색 물건을 최소 다섯 가지 기억하도록 합니다. 그것이 어떤 것인지 말하기 전에 주위에 있는 파란색 물건들의 이름을 신속히 말하도록 합니다. 이 결과, 여러분은 파란색 물건들의 이름을 하나도 말하지 못하거나 혹은 몇 가지만 말하고는 파란색 물건을 찾으려고 다시 주위를 살피게 됩니다.

이 활동은 내담자가 첫 회기에서 자신의 상황을 어떻게 보는지 알려 줍니다. 내담자는 자기의 상황이 베이지색일 뿐이라고 말합니다. 그리고 베이지색은 원하지 않는다고 말하며 베이지색을 혐오하기까지 한다고 말합니다. 내담자에게 자기가 원하는 것(예: 파란색)이 무엇인지 설명하게 하고, 삶 속에서 파란색이 있었던 때를 말하게 하며, 더 파랗게 될 가능성을 떠올리도록 합니다. 이렇게 함으로써 상담자는 베이지색을 대신할 파란색의 가능성을 향해 내담자의 주의를 돌리는 것입니다.

내담자가 문제들이 늘 거기 있다고 말할 경우 이 연습을 할 수 있습니다. 문제중심 면담이 해결중심 면담과 어떻게 다른지에 대해 빠르고 간단한 방식으로 설명하기를 원할 경우 강의에서 사용할 수 있는 좋은 연습이기도 합니다.

Viktor Frankl은 종종 해결중심 참고문헌에서 인용되곤 하는데 미래 기반적 사고가 변화를 가져오는 사례를 제공하기 때문이다. 그는 책에서 독일 강제수용소에서의 생활을 기록하고 있다. "미래에 대한 신념을 상실한 재소자—그의 미래—는 죽을 운명이었다. 미래에 대한 믿음의 상실로 그는 자신의 영적 결속을 상실해 버렸다."(Frankle, 2006, p. 74) 수용소에서 매일 일터로 추

위와 배고픔으로 절뚝거리며 걸어가던 경험을 기술하였다. 그는 어떤 다른 것을 생각하고 있는 자기 자신을 발견하였다. 갑자기 그는 커다란 강의실 교단에 서 있는 자신을 보았는데 거기서 강제수용소의 심리학에 대해 강의하고 있었다. "이 방법으로 나는 그 상황을 넘어서는 데 성공했다. 그 당시의 고통을 넘어설 수 있었다. 그리고 나는 마치 그 고통이 이미 과거에 있었던 것처럼 고통을 지켜보았다."(p. 73) 당시 그는 미래의 모습에 초점을 맞춤으로써 생존할 수 있었다.

Seligman(2002)은 긍정심리학의 창시자다. 그는 1970년대에 학습된 무기력(자신의 문제를 스스로 해결하지 못한다는 확고한 신념)에 대한 저서로 알려져 있다. 현재 그는 학습된 낙관주의를 연구하고 있다. 긍정심리학은 내담자의 강점과 행복은 좋은 유전인자나 우연의 결과가 아니라는 전제로 시작한다. 행복은 내담자가 이미 소유하고 있는 강점들, 예를 들어 친절함, 독창성, 유머, 낙관주의, 관대함 등을 발견하고 사용하면서 찾을 수 있는 것이다(Bannink, 2009c). 긍정심리학은 그 중심에 낙관주의, 희망, 자기효능감을 가지고 있어서 해결중심 단기치료와 매우 공통된다. 이후의 장에서 희망 제공하기의 중요성을 다시 보게 될 것이다. 내담자의 해방감이 커지고, 그가 더 이상 실패하며 무엇을 모르는 사람이 아니라 가끔 모르기도 하지만 전문가로서 간주되는 이때에 상담자의 겸손한 태도가 요구된다. 상담자는 내담자 자신이 희망하는 미래에 도달하는 나름대로의 방식을 찾도록 코치해 주며 그 과정에서 내담자가 최대한 스스로의 능력에 의지하도록 돕는다. 해결중심 면담은 이와 같은 사회적 발달과 일치한다(Bannink, 2007a, 2007b).

해결중심 면담의 열 가지 원리

Selekman(1993)은 해결중심 면담의 열 가지 가설을 만들었다. 이 가설들
은 실용적이어서 상담자로 하여금 내담자를 볼 때 새로운 관점을 제공한다.
저자는 이 가설들에 대해 몇 가지 부가적인 설명을 하였다.

저항은 유용한 개념이 아니다

저항이 내포하는 의미는 내담자가 변화를 원하지 않는다는 것과 상담자가
내담자로부터 멀어져 있다는 것이다. 저항, 힘, 통제의 위치에서가 아니라 협
력의 위치에서 내담자에게 접근하는 것이 낫다. 2장에서 이 이슈에 대해 다시
언급할 것이다.

협력은 불가피하다

해결중심 상담자는 내담자의 협력 방식에 적응해야 한다. 그들은 함께 '해
결중심 탱고'를 춘다. 그러면서 늘 서로 보조를 맞춘다. 내담자가 이끌면 상
담자가 따라간다. 내담자와 상담자가 춤추다가 서로를 잃게 되면, 다시 연결
되기 위해 어떻게 다르게 할 필요가 있는지 내담자에게 묻는 것이 상담자의 의
무다. 문제중심 탱고에서는 이와 반대다. 상담자가 이끌고, 내담자가 따라간

다. 서로 잃어버리면 내담자가 상담자를 찾아야 한다. 그렇게 하지 않으면 '저항'과 같은 용어가 발동된다. 해결중심 상담자는 내담자의 강점과 자원과 말과 의견을 이끌어 내고 개인적 유능감 질문을 함으로써 칭찬을 이끌어 낸다. 유머와 정상화는 이러한 측면에서 유용하다. 칭찬은 희망하는 행동에 대한 긍정적 강화다. 칭찬은 다음과 같이 다양한 형태를 띤다.

- 상담자는 긍정적이고 새로운 호칭을 제공하는데, 소위 속성에 대한 긍정적인 해석이라고 부르기도 한다. 예를 들어, 걱정하는 것을 결단의 지표로 본다("당신은 ······하기로 결단한 사람임에 틀림없어요. 조금 더 말씀해 주시겠어요?").
- 상담자는 내담자가 행동하거나 말하는 것에 대해 직접적으로 칭찬해 준다.
- 최상의 해결중심 칭찬은 간접적인 칭찬인데, 내담자가 유능감 질문에 대한 답을 함으로써 스스로 얻게 된다. "어떻게 그렇게 하셨나요?" "어떻게 그것을 해냈나요?" "어떻게 그렇게 좋은 생각이 떠올랐나요?" "어떻게 그것이 도움이 될 줄 알았나요?"
- 내담자에게 문제가 없을 때 또는 문제가 적어졌을 때, 이례적인 것에 대해 묻는 것도 칭찬이 될 수 있다. 결국 내담자가 무언가 효과적인 일을 했을 때 그것에 주의를 기울임으로써 내담자의 한계보다는 그의 문제 해결에 주의 집중하도록 상담자가 방향을 잡아 준다.

변화는 불가피하다

변화는 연속적인 과정이다. 부동성은 환상이다. 변화가 있을 것인가보다는, 언제 변화가 일어날 것인가가 문제다. Ovid는 그의 저서 『변신』에서 다음과 같이 설명한다. "이 세상에서 변하지 않는 것은 없다. 모든 것이 유동 상태에 있고, 일시적인 모습으로 존재한다."(번역, 1955) 내담자는 긍정적인 자기실현적 예언을 창조하도록 격려받을 수 있다. 변화에 대해 말하는 것과 치료 결과 사이에는 직접적인 상관관계가 있는 것으로 보인다. 과거와 현재와 미래의 성공에 대해 말하는 것은 도움이 된다. 한편, 현재와 과거 실패에 대한 정보 수집은 부정적인 결과를 초래한다. 그 사람의 수행 성과는 자기가 잘하고 있는 것을 스스로 관찰하면서 개선된다.

단지 작은 변화만이 필요하다

내담자가 작은 변화들(이례적인 것들)에 가치를 두고 알아차리도록 격려되는 순간 그들은 더 많은 변화를 기대하기 시작하며 작은 변화의 눈뭉치 효과를 믿게 된다. 자기 자신은 모르지만 일반적으로 내담자들은 자기 자신 안에 이미 해결의 시작을 가지고 있다. 이것이 바로 문제에 대한 이례적인 것들(숨겨진 성공들)이다. 이례적인 것들에 대한 질문은 내담자가 어떠한 긍정적인 단계를 또다시 혹은 더 자주 밟아야 하는지에 대한 암시를 준다. 어떻게 달라져야만 하는지에 관한, 가정적인 해결에 대한 질문 역시 해결책이 강구되어야 하는 방향에 대해 암시를 제공한다. 내담자가 바로 자신의 상담자이며 스스로 문제를 해결하기 때문에 그 해결책들은 내담자와 그의 상황에 안성맞춤이고 더욱 신속하게 발견되며 영원한 해결책이다(Cladder, 1999).

대다수의 내담자들이 변화에 필요한 자원을 이미 소유하고 있다

대부분의 사람은 의사나 심리치료사, 중재자나 자조집단의 도움 없이도 그들 자신의 문제를 해결한다. 해결중심 상담자는 인간에 대해 비병리적 관점을 가진다. 사람들은 항상 삶 속에서 한 가지 이상의 어려움을 가지고 산다. 내담자와 그의 환경(전문적인 도움을 미루었던 사람들을 포함하여)이 어떻게 어려움에 대응했는가에 따라 이러한 어려움이 만성적일 수도 혹은 아닐 수도 있다. 그러나 내담자 또한 활용 가능한 자원과 강점이 있다. 그것은 희망, 자기효능감, 자존감이 어떻게 회복될 수 있는가 하는 것이다.

Walter와 Peller는 내담자에게 그들의 성공 이야기를 하도록 요청하는 세 가지 해결중심 질문을 제안하였다. "어떻게 그것을 했나요?" "어떻게 그렇게

하기로 결정했나요?" "어떻게 그렇게 잘 해냈나요?"(2000, p. 111)

첫 번째 질문은 내담자가 무엇인가를 했다고 전제하고 행동과 유능함과 책임감을 당연한 것으로 가장하여 말한다. 두 번째 질문은 내담자가 의식적으로 결정을 했다고 전제하고 미래에 영향을 주는 새로운 인생사를 써 보도록 요청하는 것이다. 세 번째 질문은 내담자가 자신의 성공에 대해 말하도록 요청하는 것이다.

Lamarre와 Gregorie(1999)는 내담자에게 스포츠나 취미 또는 특별한 재주 등과 같이 삶 속에서 유능한 분야들에 대해 이야기하도록 어떻게 요청하는지 설명하였다. 그런 다음 목표를 달성하기 위해서 이러한 능력을 사용하도록 하였다. 예를 들어, 공황 발작이 있는 내담자의 경우 불안을 경험할 때마다 그가 알고 있는 심해 다이빙 지식을 적용하여 이완하는 방법을 어떻게 학습하게 되었는지 설명하였다.

문제는 어려움을 해결하는 데 성공적이지 않은 시도다

Watzlawick 등(1974)은 내담자가 문제를 잘못 다루는 세 가지 방법을 열거하였다.

- 행동 실천이 필요한데 아무것도 하지 않는다(문제를 부인함).
- 행동할 필요가 없을 때 행동한다(예: 체중 감소가 필요 없을 때 매우 엄격한 다이어트를 실시하여 체중을 유지하지 못하는 경우).
- 부정확한 논리를 가지고 행동한다(예: '자발적이 되라'고 역설하기).

다음은 '자발적이 되라'는 역설의 예다. 옆집 남편이 매주 금요일 귀가할 때 꽃다발을 아내에게 주는 것을 본 한 여성이 있다. 이 여성은 남편에게 이 점에 대해 관심을 갖게 하며 자기도 그런 걸 좋아한다고 말한다. 그다음 금요일, 남편이 아내에게 꽃다발을 주자 아내는 화를 낸다. "그런 식으로 당신에게 꽃을 받고 싶지 않아요. 당신 스스로 생각해서 주는 걸 원하는 것뿐이라고요!"

Bateson(1979)은 논리적 수준에 대한 기술을 하였다. 대화를 한 단계 위의 논리 수준으로 올리는 것(예: 행동에 대한 이야기에서부터 동기에 대한 이야기, 또는 전망이나 목표 등)은 성공적인 결과의 가능성을 높인다. 따라서 사람들의 전망이 서로 다를 때 위계질서에서의 한 단계 높은 지점으로 대화를 끌어올리는 것이 유용하다. 예를 들어, 목표 설정하기 등이다.

덧붙여 해결중심 상담자는 만약 그것이 도움이 되지 않는다면 선배들처럼 똑같이 하지 않는 것이 중요하다. "타 상담자들과의 예전 경험에서 동의할 만한 것은 무엇이었는가? 짜증난 것은? 유용했던 것은? 도움이 되었던 것은?"

문제를 해결하기 위해 문제에 대해 많이 알아야 할 필요는 없다

여기서의 출발점은 문제가 언제나 같은 정도로만 드러나지 않는다는 점이다. 상담자는 내담자가 무엇을 다르게 하는지, 문제가 부재하거나 적을 때 무엇이 다른지, 짧은 시간이나마 언제 문제가 멈추고 있는지를 검토할 수 있다. 이것은 내담자가 무엇을 다르게 하고 있는지와 어떻게 다르게 생각하는지 둘 다에 관한 것이다. 심리치료 내담자 중 2/3 이상이 전화로 약속을 잡고 첫 번째 회기에 오는 시간 동안 이미 긍정적인 행동을 시작한다(이 장 후반부에 해결중심 결정 나무에 대한 논의 참조). 부가하여, 상담자는 전화로 다음과 같은 과제를 줄 수 있다. "지금부터 다음 첫 회기 사이에 일어나는 긍정적인 일과, 지속적으로 일어나기 원하는 긍정적인 일에 주의를 기울이세요."라고 말한다. 그 결과 약속을 취소하는 내담자들이 생긴다. 왜냐하면 상황이 결코 그리 나쁘지 않음을 알아차리기 때문이다. 해결중심 면담은 이전에 발생한 문제나 실패를 탐색하고 분석하기 위해 과거를 보는 것이 아니라, 예전의 성공을 비추기 위해서 과거를 보는 것이다. 상담자는 이례적인 것이 무엇인지 질문함으로써 이것을 달성할 수 있다. 내담자의 삶 속에서 잘하고 있던 기간이나 순간들, 또는 문제가 부재했거나 적었을 때가 언제였는지 묻는다. 내담자의 실패와 결점 대신에 과거의 성공에 주의를 기울일 때 긍정적인 기대감이 생성된다. 내담자는 자기 자신이나 상황을 보다 긍정적인 측면에서 바라보기 시작한다.

내담자가 치료 목표를 설정한다

당신은 저자를 집에 초대하여 브로콜리를 대접하고 있다. 나는 솔직하게 말하기를 "저는 브로콜리를 좋아하지 않아요."라고 한다. 그러나 당신은 내가 어떤 채소(또는 기타 음식)를 좋아하는지 알지 못한다. 두 번째로 저자를 초대했을 때 당신은 스스로 생각하기에 내가 좋아할 채소를 마련한다. 사실 내가 그 채소도 좋아하지 않을 가능성이 있다. 그럴 경우 당신은 나를 다음에도 초대해야 할지 고민하게 된다. 아마도 다음과 같이 생각할 수 있다. '이 친구는 아무것도 좋아하지 않는구만!' 만약 나에게 직접 어떤 채소를 좋아하는지 물었더라면 나는 대답했을 것이고 우리의 관계는 고통스럽지 않았을 것이다.

만약 상담자가 내담자와 어디로 가고 있는지 알지 못하면, 아마도 잘못된 곳으로 가게 될 것이다. 해결중심 상담자의 과제는 내담자와 함께 실제적인 목표를 찾는 것이다. 내담자에게 그가 목표를 달성하게 되면 삶이 어떻게 될지 구체적으로 기술하도록 하는 것이 중요하다. 연구 결과에서, 내담자가 미래에 대해 개인적으로 통제력을 가지고 있다고 믿을 때 성공 가능성이 커진다는 점을 보여 준다(W. R. Miller, 1983; W. R. Miller & Rollnick, 2002).

Van Tongeren(2004)은 도덕적 지능을 설명할 때 아리스토텔레스가 좋아하던 예를 인용하고 있다. 궁술가들의 예다. 궁술가들은 첫째, 맞추고자 하는 목표점을 알아야 한다. 둘째, 활을 쏘아야 하는 상황에 영향을 주는 모든 환경들에 대해 인식하고 있어야 한다. 그런 후에 자신의 과제를 이해하게 된다. 바람의 강도, 화살의 길이, 활의 장력 등을 평가한다. 아리스토텔레스는 지적인 인간을 궁술가로 간주하였는데, 궁술가는 목표물을 알고 목표를 달성하는 수단에 대한 지식을 가지고 있는 사람이다. 또한 노력하는 덕목을 주목하였는데, 목표를 알기는 하나 그것을 실현하려는 의지가 없다면 그의 목표에 관한 지식은 가치가 없게 된다. 여기서 다시 견고한 목표 설정과 행동 변화 동기의 중요성을 강조하는 것이다. 2장에서 행동 변화를 동기화하는 주제에 대해 다룬다.

해결중심 참고문헌 중 많은 것이 치료 '목표'에 대해 이야기한다. 저자는 치료 '목표'에 대해 말하기를 선호한다. 왜냐하면 저자의 관점에서 볼 때 내담자가 성취하고자 하는 목표는 하나뿐이기 때문이다. 그러나 그 목표에 더 가까이 가도록 해 주는 많은 수단들(예: 하위 목표들)을 생각해 낼 수 있다. 저자의 경험으로는 내담자에게 '목표'가 무엇인지 물으면 그들은 실제 목표보다는 방법들을 열거하기 쉬우며, 만약 방법이 불가능한 것으로 판명될 경우 잠재적인 제약을 가하는 것이 된다.

연습 3

두 사람이 짝이 되어 이 활동을 합니다. 한 사람이 먼저 말합니다. "제 문제에 대해 말하려니까 너무 당혹스럽네요. 하지만 저는 지금 도움이 필요해요. 왜냐하면 상황이 더 이상 이런 식으로 계속될 수는 없으니까요!" 상대방이 답합니다. "해결책이 있다고 생각해 보세요." 잠시 후 이어서 말합니다. "그 해결책은 어떤 차이를 가져다줄까요?" 또는 "어떻게 알 수 있을까요?" 또는 "그것이 어떻게 도움이 될까요?"

이 활동에서 보여 주는 것은, 목표와 목표 달성을 위한 가능한 수단들을 검토하도록 돕기 위해서 문제가 무엇인지 알 필요는 없다는 점입니다.

현실은 관찰자에 의해 정의되며, 해결중심 상담자는 내담자와 함께 작업하고 있는 시스템의 현실을 창조하는 데 참여한다

아인슈타인은 우리의 이론은 우리가 관찰하는 바를 결정한다고 주장했다. 보기 원하는 것을 보는 것이다. 정신분석 치료자는 아마도 미해결된 갈등과 심리적 '결함'을 볼 것이다. 상담자로서 이론을 가지지 않는다는 것은 불가능하다. 해결중심 상담자는 내담자가 자신의 이야기를 다시 쓰도록 돕는 공동 저자다. de Shazer(1984)가 언급한 은유를 사용하자면, 해결중심 상담자는 자신의 내담자와 같은 편에서 함께 테니스를 쳐야 한다. 이 은유에서는, 상담자가 내담자와 함께 플레이하는 것을 말하며, 내담자 반대편이나 또는 테니스 코트 옆에 서 있는 것이 아니다.

하나의 상황을 바라보는 방법은 많다. 그리고 모두 똑같이 옳다

현실을 기술함에 있어 규정된 설명은 없다. 상담자들은 자기가 가장 선호하는 이론에 너무 매여 있으면 안 된다. 프랑스의 실존주의 철학자 Emile Chartier(1868~1951)는 다음의 관점으로 말했다. "그 생각이 당신이 가진 유일한 것이라면 그것보다 더 위험한 것은 없다."(O'Hanlon, 2000, p. 53) 해결중심 면담이라 할지라도 만병통치는 아니다.

de Shazer(1985)는 자신의 팀을 만들 때, 모든 사람이 똑같이 생각하거나 같은 일을 하는 것이 그의 목표가 결코 아니었던 이유에 대해 말했다. 그는 각기 다른 접근을 하도록 격려했는데 치료가 효과적이 되도록 했던 것이 정확하게 무엇이었는지 알기를 원했기 때문이다. Bateson(1979) 역시 서로 다른 아이디어들이 실제적으로 얼마나 유용한지 설명하였다(8장 참조).

연습 4

일주일간 일기를 씁니다. 주의를 집중한 후 삶 속에서 그대로 간직하고 싶은 방식을 기록합니다. 일기에 적어 놓은 목표를 토대로 하루를 마치면서 스스로에게 칭찬을 해 줍니다. 그리고 그것도 기록합니다(당신 스스로 이 훈련을 할 수도 있고, 내담자에게 과제로 줄 수도 있습니다).

이론

해결중심 면담은 사회적 구조주의(Cantwell & Holmes, 1994)와 공통점이 많다. 이 이론에서 주장하는 것은 현실에 대한 개인의 개념은—문제, 능력과 가능한 해결책의 본질에 대한 느낌을 포함하여—매일매일 다른 사람과의 의사소통 속에서 만들어진다는 것이다. 즉, 사람들은 다른 사람과의 소통에서 사건에 의미를 부여하고 이 과정에서 언어가 핵심 역할을 하게 된다는 것이다. 내담자 지각과 정의의 변화는 사회 내의 준거 틀 안에서 일어난다. 의미를 부여하는 것은 고립된 활동이 아니다. 사람들은 인종, 가족, 국가, 사회 경제적, 종교적 맥락 내에서 살아간다. 자기가 살고 있는 사회의 영향을 받으면서 의미를 부여하는 방식을 바꾸어 간다.

기원전 3세기경, 고대 그리스인들은 현실의 관찰과 현실의 정의 사이에 차이가 있음을 이해하였다. 한편, 스토아 철학자들은 이론만을 따르고 정열을 버리며 고통을 무시하도록 배웠다. 고통과 어려움에 직면할 때 침착함이 최고의 덕목이었다. 즉, 목표는 불행하지 말자였고, 이는 감정의 영향을 받지 않아야 성취할 수 있다는 것이다. 반대로, 에피쿠로스 학파들은 문화와 선의 실행을 최상의 덕목으로 믿었다. 즉, 목표는 행복하자였고, 이는 긍정적인 감정을 가짐으로써 성취 가능하다.

사회적 구조주의의 관점은 어떻게 상담자와 상담자와의 대화가 내담자의 새로운 실존을 형성하는지 검토하는 데 사용될 수 있다. 내담자의 변화 능력은 사물을 다르게 보는 능력과 연관되어 있다. 현실의 지각과 정의에 있어서 이러한 변화는 내담자가 문제에 대해 선호하는 미래와 이례적인 것에 대한 해결중심 대화를 통해서 우선적으로 그리고 맨 처음에 일어난다.

질문의 의도는 내담자의 목표와 해결책을 그려 내기 위함이며, 일반적으로 목표와 해결책은 이미 내담자의 삶 속에 존재하는 것으로 추정된다. 해결중심 질문들—이 책의 제목이 될 만큼 해결중심 면담에서 중요한 접근임—은 내담자의 미래가 어떠한 모습이며 자신의 목표를 달성하기 위해 어떠한 단계를 밟아야 하는지 반추하도록 청하는 것이다.

차이를 가져다주는 질문은 내담자가 문제가 있음에도 불구하고 어떻게 견디어 왔는지, 삶 속에서 이미 잘되어 가고 있는 것이 무엇인지, 그리고 유지하고 싶은 것이 무엇인지, 첫 회기 약속을 한 이후 이미 개선된 것이 무엇이 있는지 등에 대해 묻는 것이다. 목표 설정 질문, 이례적인 질문, 내담자의 목표 접근 정도에 대한 질문(척도질문), 그리고 유능감 질문은 연관된 정보를 제공한다. 평상시 노출되지 않은 내담자의 또 다른 '단면'을 개발하도록 해 준다. 해결중심 상담자는 모든 해결책을 가진 기술적 상담자가 아니다. 내담자가 자신의 목표와 해결책을 설정하고 스스로 정보를 제공한다.

해결중심 단기치료는 다른 관점으로도 볼 수 있다. 저자가 선호하는 관점은 인지행동치료의 한 형태로 보는 것이다(Bannink, 2005, 2006c). 저자는 이 점을 13장에서 좀 더 탐색하였다.

후속 연구를 위해 저자는 두 가지 가설을 내놓고자 한다. 첫 번째 가설은, 최근의 신경생물학적 통찰과 좌우 두뇌 기능에 대한 최근 지식과 관련된 것이다(Siegel, 1999). 우뇌는 형상을 보고 일차적 감정을 표현하는 등의 비언어적 의사소통 과정을 주로 맡는다. 또한 은유와 역설과 유머를 이해하는 기능을 한다. 소설을 읽을 때 우뇌를 더욱 활성화하며 주로 좌반구를 활성화하여 과학 서적을 읽는다. 좌뇌는 주로 숫자적 표상이라 불리는 언어적 의미의 처리를 맡는다. 좌뇌는 논리적인 분석(원인-결과 관계)을 다룬다. 좌뇌에서 일어나는 일차 선형적 과정의 예로는 문장의 낱말을 읽는 것, 주의 집중하는 것, 그리고 줄거리 속의 사건 순서를 알아내는 것 등이다. 따라서 우리 인간의 언어적 의사소통은 좌뇌에 의해 지배된다. 어떤 연구자들의 의견에 따르면, 우뇌는 세상을 실제보다 더 많이 보고 맥락을 더 잘 파악하는 한편, 좌뇌는 세상을 여러 조각의 정보로 나눈다고 한다. 좌뇌는 나무를 보고 우뇌는 숲을 본다. 저자의 가설은 해결중심 면담이—예를 들어, '심적 연습'과 가정 질문을 사용하는 '그림 그리기'(7장 참조)와 같이—상상력을 빈번히 사용하므로 우뇌의 비언어적이고 총체적인 능력에 우세하게 의존하는 것으로 보인다. 분석적인 문제중심 면담의 경우가 그렇듯이 언어에 의한 신호만을 좌뇌로 보내는 것은 아니다. 예로, 내담자가 질문에 대한 답을 모른다고 할 때 상담자가 가정 질문으로 "만약 알고 있다면……?"이라고 계속하여 질문할 경우 열 명 중 아홉 명이 답을 떠올릴 수 있지 않은가? 내담자 두뇌의 양쪽 반구들이 관여하는 방식이 (부분적으로) 해결중심 면담의 성공을 설명하고 있다.

저자의 두 번째 가설은, Lang의 생물-정보 모델이 해결중심 면담에 적용되는 방법에 관한 것이다(C. W. Korrelboom & ten Broeke, 2004). Lang의 이론에 따르면, 특정 사건이나 상황에 대한 정서 반응의 변화는 그 정서 반응이 기반으로 하고 있는 연상 조직망의 변화를 의미한다. 기억에 부호화된 정보가 변한 것이다. 반응 부호들이 그러한 조직망에서 주요한 결정 요인들이기 때문에, 반응에 정밀하게 영향을 끼침으로써 가장 큰 효과를 얻을 수 있다. 구체적으로 말하면, 행동 수정이 일어나는 최상의 방법은 정서적 지식을 변화시키는 것을 의미한다. 그러나 지식은 미완성일 수 없으므로, 새로운 지식이 추가되어야 한다. 예를 들어, 추가적인 학습이 요구된다(Brewin, 2006 참조). 이것이 바로 역조건화가 적용되면 내담자는 주어진 자극 구조물에 다른 행동 경향성을 연결시키는 방법을 배우게 되는 이유다. 해결중심 단기치료에서의 과제는 종종 역조건화를 활용한다. 내담자는 원하는 행동을 부분적으로 연습하거나 원하는 행동이 이미 일어난 척하도록 한다. 이 과제는 인지치료에서도 부여된다 (J. S. Beck, 1995).

경험적 증거

많은 사람이 다양한 유형의 치료에 대한 근거기반 연구의 중요성을 언급하였다. 중요한 질문은 누구의 '근거'인가다. 치료자나 연구자의 근거인가, 아니면 내담자의 근거인가?

Kazdin(2006)은 치료 성과 연구들이 집단 간 통계적으로 유의미한 차이를 보이는 것에 주목했다. 내담자의 일상생활에 치료가 주는 영향에 대해서 통계적 유의미성이 무엇을 말하고 있는지는 알려진 바가 없다. 유의미성이 늘 관련성을 의미하지는 않는다. 척도나 검사에서 내담자의 점수가 몇 점 높게 나왔다고 해서 이것이 문제가 해결되었고 실제 변화가 내담자의 삶 속에 일어났음을 의미하는가? 통계적 유의미성 대신에, 성공의 측정으로써 임상적 유의미성을 사용하기도 한다. 그 경우, 연구자는 치료가 성공적이었음을 지적하기 위해서 내담자가 변화를 보여야만 하는 영역을 규정해야 한다. 이것 역시 임의적인 측정이다. 이유는 내담자가 무엇이 중요한 변화인지 스스로 결정하지 않기 때문이다. 이 이유로 인해 임상적 유의미성은 임상적 관련성으로 보완되어야 한다. 치료의 효과성을 평가할 때 단지 측정도구상에 나타난 호전뿐만 아니라 내담자 자신이 관련 있다고 여기는 영역에서의 호전을 고려해야 한다. 그때 내담자가 치료에서 이득을 얻지 않았다는 사실을 통계가 놓칠 수는 없다.

연습 5

당신이 즐기는 음악을 왼쪽 귀로만 먼저 듣습니다. 그다음 오른쪽 귀로만 듣습니다. 어떠한 차이가 있나요? 다양한 연구에서 나타난 결과는, 대부분의 (오른손잡이) 사람이 오른쪽 귀보다는(좌뇌와 연결됨) 왼쪽 귀로(우뇌와 연결됨) 음악 듣는 것을 선호한다고 합니다. 왼쪽 귀로 음악을 듣는 것이 보다 더 총체적인 감각을 불러일으키는데, 이것은 '음악의 흐름과 함께 떠다니는' 느낌입니다(Siegel, 1999, p.153). 한편, 오른쪽 귀로 음악을 듣는 느낌은 매우 다릅니다. 덧붙이면, 전문 음악가들의 경우 이와는 반대입니다. 그들은 다른 사람들보다 더 분석적인 귀로 음악을 듣는다고 설명할 수 있을 것입니다.

Wampold와 Bhati(2004)는 치료자가 치료 그 자체보다도 치료의 성공을 훨씬 더 중요시한다고 주장했다. 한편, 근거기반 연구는 이보다 덜 중요한 사실(즉, 치료 자체)에 집중한다는 것이다. 그들의 연구는 치료적 관계가 치료 자체보다 일곱 배나 더 중요함을 보여 준다. 희망의 제공과 자신만의 방법에 대한 상담자의 믿음 등과 같은 비특이성 변인들이 상담자가 적용하는 기법보다 더 중요한 것으로 보인다.

해결중심 단기치료는 증가하는 많은 수의 치료 성과 연구에서 주제가 되고 있다. de Shazer(1991)는 해결중심 단기치료의 성공에 대한 후속 연구를 수행했다. 이전 연구는 Watzlawick 등(1974)에 의해 수행되었다. de Shazer는 평균 4.6회기(Watzlawick et al., 평균 7회기) 이후에 성공률이 80%(Watzlawick et al., 72% 성공률)임을 밝혔다. 18개월 후 성공률은 86%로 증가했고, 3회기 상담은 성공률을 (2회기나 1회기보다는) 어느 정도까지 증가시킨 것으로 나타났다.

de Jong과 Berg(1997)는 성공률 연구에서 치료 목표가 달성되었는지 여부를 물었다. 45%는 달성되었다고 보고하였고, 32%는 호전되었다고 하였고 (도합 77%), 23%는 진전이 없었다고 하였다. 평균은 2.9회기였다. 77%의 성공률은 문제중심 치료 후에 호전되었다고 종종 인용되는 66%의 내담자에 비해 높은 것이다. 게다가 회기 수가 훨씬 적다(중앙값이 6회기가 아닌 2회기임). 이것은 DSM-IV(American Psychiatric Association, 1994)의 진단 기준에 의한 축1(임상 증후군)과 축2(발달장애 및 성격장애) 진단을 가진 내담자에게 해당되었다.

Miller, Hubble과 Duncan(1996)은 한 정신병원에서 해결중심 기법의 적용 후에 40%의 환자들이 3일만에 퇴원할 수 있었다고 하였다. 이러한 개입 이전에는 14% 퇴원률과는 대조적이었으며 입원비가 현저히 감소하였다. 환자들의 재발률은 이러한 개입 이후에는 증가하지 않았다.

de Jong과 Berg(1997)는 내담자가 처음 방문하였을 때 자기평가 설문지를 작성하도록 하였다. 설문지에 열거된 문제로는 우울증, 자살 사고, 섭식장애, 일 관련 문제, 부모-자녀 문제, 가정 폭력, 알코올과 약물 남용, 성적 학대, 사랑하는 사람의 죽음, 자신감 문제, 다중 가정 문제 등이었다. 몇 가지 영역을 제외하고는(공황발작이나 건강 문제를 경험하는 사람들) 치료 시작 후 호전된 내담자는 70%가 넘었다.

Gingerich와 Eisengart(2000)는 해결중심 단기치료의 성과 연구 15개를 검토하여 통계적으로 잘 통제된 연구와 그렇지 않은 연구로 나누었다. 통계적으로 잘 통제된 연구 중 하나에서 해결중심 단기치료가 우울한 학생들을 대상(N=40)으로 한 대인관계 심리치료와 비교하여 동등한 결과를 나타냈다. 그밖에 잘 통제된 연구들에서 해결중심 단기치료가 긍정적인 결과를 보인 경우는, 청소년 자녀를 둔 갈등 경험 부모집단(N=42)과, 정형외과 재활 환자 대상(N=48), 재소자의 재범률(N=59), 그리고 쉼터 청소년들의 반사회적 행동 감소(N=40) 등이었다. 해결중심 단기치료의 한 가지 변형은 웰빙 치료인데(Fava et al., 1998), 무엇보다도 이 단기 심리치료적 전략은 개인 성장, 인생 목표, 자립, 자기수용, 그리고 타인과의 긍정적 관계 등을 다룬다. Fava 등의 연구는 정동장애 치료에 대한 것이었는데(우울증, 광장공포증을 가진 공황장애, 사회공포증, 범불안장애, 강박장애), 웰빙 치료와 인지행동치료 모두 잔류증상의 감소에 유의미한 결과를 나타냈다. Fava 등(1998)은 웰빙 치료가 인지행동치료보다 현저히 좋은 결과를 보였다고 하였다.

Stams, Dekovic, Buist와 de Vries(2006)는 해결중심 단기치료의 효과성 검증 연구를 발표하였는데 이 연구에서 메타 분석을 통해 21개의 국제 연구들을 비교했다. 이 연구들이 해결중심이 될 만한 충분한 요소를 가지고 있는지의 여부는 불명확하다. 연구자들은 다음과 같이 보고했다.

> 결과는 해결중심 단기치료의 적절한 효과를 보여 준다. 전통적인 치료에 비해 더 좋은 효과는 아니나 짧은 시간에 긍정적인 효과를 보고 있으며, 내담자가 중심에 위치해서 전통적인 치료유형에 비해 보다 더 내담자의 자립을 보장해 준다(Stams et al., 2006, p. 90).

Macdonald(2007) 또한 성과 연구들을 고찰하였다. 결론 중의 하나는, 해결중심 단기치료가 낮은 사회 경제적 배경을 가진 내담자에게 있어서 전통적 치료유형보다 효과가 훨씬 좋았다는 것이다. 해결중심 단기치료가 상당히 신속하게 숙달될 수 있고, 상담자 사이에 사기를 증진하는 것으로 결론지었다. de Jong과 Berg(1997)는 후속 연구를 촉진할 수 있는 해결중심 단기치료의 프로토콜을 개발하였다.

효과성과 무효과성(징후와 무징후)

다양한 문제를 가진 성인 대상으로 해결중심 치료를 연구한 문헌이 매우 많다. 알코올 남용(Berg & Miller, 1992), 외상후 스트레스 장애(Bannink, 2008b; Berg & Dolan, 2001; Dolan, 1991; O'Hanlon & Bertolino, 1998), 성격장애와 정신장애(Bakker & Bannink, 2008; O'Hanlon & Rowan, 2003; van der Veen & Appelo, 2002) 등이다. 또 해결중심 단기치료를 '치료 전문가'(Duncan, Hubble, & Miller, 1997; Duncan, Miller, & Sparks, 2004), 아동과 청소년(Bannink, 2008a; Berg & Steiner, 2003; Metcalf, 1995; Selekman, 1993, 1997), 집단 치료(Metcalf, 1998), 발달장애자 간호(Roeden & Bannink, 2007a, 2007b, 2009; Westra & Bannink, 2006a,b), 관리와 코칭(Cauffman, 2003), 조직(Stam & Bannink, 2008), 교육(Goei & Bannink, 2005), 그리고 중재(Bannink, 2006a, b; 2008a, d, e, f, g, h; 2009a, b, d, e, f, g; 2010a, b; Haynes, Haynes, & Fong, 2004) 영역에서 연구하였다.

해결중심 면담 모델은 '모든 부류의 내담자'에게 적용 가능하다(Cladder, 1999). 문제는 기꺼이 이루고자 하는 목표(혹은 회기 과정에서 목표를 정할 수 있는 능력 유무)를 가지고 있는가다. 회기는 미리 정해지지 않지만 평균 3, 4회기가 대다수의 내담자들에게 충분한 것으로 보인다.

저자의 의견으로는 해결중심 면담에 많은 금기사항이 존재한다. 내담자의 목표가 없거나 회기 중 목표 설정이 어려운 상황, 즉 해결중심 면담의 효과가 역으로 나오는 상황으로는 내담자와의 상호교류가 불가능한 경우로서 급성 정신병이나 심한 우울증, 심한 지적 장애의 경우가 있다. 어떤 경우는 정신과 약이 후기 회기에서 해결중심 대화를 가능하게 해 주기도 한다(Bakker & Bannink, 2008). 또한 해결중심 면담은 과거에 해결중심 면담이 잘 실행되었는데도 전혀 또는 불충분한 결과를 낳았던 내담자에게는 효과가 없다. 이례적인 경우로는 내담자가 해결중심 모델을 과잉 긍정적으로 경험할 수 있는 경우다. 그런 경우, 좀 더 문제 해결 접근을 고려할 수 있다.

다른 두 가지 무효과성의 경우는 내담자의 문제가 아니라 상담자나 기관의 문제다. 만약 상담자가 진단을 내리면서 내담자의 뒤에서 조언을 베푸는 상담자의 태도를 바꿀 준비가 되어 있지 않다면 해결중심 면담은 효과가 잘 나지 않는다. 마지막으로, 어떤 기관에서는 환자 대기 명부를 없애지 않기를 원할 수 있다(경제적으로 이득이 되므로). 만약 상담자나 기관이 대기자 명부를 유지하는 데 우선권을 둔다면 해결중심 면담은 내담자를 피상적으로 만나게 되므로 효과를 내지 못하고 만다.

해결중심 면담의 실제

해결중심 결정 나무

de Shazer(1988)는 다음과 같은 해결중심 결정 나무를 제안하였다.

1. 약속을 한 시간과 첫 번째 회기 사이에 어떠한 호전이 생겼는가? 호전이 있었다면 그것에 대해서 질문한다. 없었다면 2번으로 간다.
2. 문제에 이례적인 것을 하나라도 찾을 수 있는가? 즉, 문제가 일어나지 않았던 상황이라든가, 문제가 덜 했던 상황이 있는가? 그렇다면 그것에 대해 질문한다. 아니면 3번으로 간다.
3. 만약 문제가 해결된다면 (충분한 정도로) 어떤 차이가 있을 것인지 내담자가 행동적으로 설명할 수 있는가?

연습 6

한 사람과 짝이 되어 다음 훈련을 시작합니다.

- 짝에게 당신이 경험하고 있는 한 가지 문제나 걱정이나 짜증을 5분간 말합니다. 짝에게 문제중심 방식으로 반응하도록 요청합니다. 예를 들면, "얼마나 오랫동안 그랬어요? 얼마나 심한가요? 얼마나 괴로운가요? 그밖에 어떤 어려움이 있나요? 당신의 삶 속에서 어떤 면에 이 문제가 영향을 주고 있나요? 이전에도 이런 경험이 있었나요?" 등의 질문을 하도록 합니다.

- 동일한 문제, 걱정, 짜증거리를 같은 짝에게 5분간 말하고 나서, 해결중심 방식으로 반응하도록 요청합니다. 예를 들면, "어떻게 문제가 되었나요? 이미 어떤 노력을 했고 어떤 도움이 되었나요? 문제가 없던 때, 혹은 덜 드러날 때는 언제인가요? 어떻게 그것을 다루나요? 무엇을 다르게 하나요? 과거에 유사한 문제를 경험했다면, 그때는 어떻게 해결했나요? 다른 사람들이 이 문제를 어떻게 다루는지에 대해 무엇을 알고 있나요?" 등의 질문을 하도록 합니다. 목표 설정에 대한 질문을 할 수도 있습니다. "이 대화가 끝날 즈음 대화가 유용했고 의미가 있었다고 말할 수 있다면 대화를 통해 무엇을 성취하기를 원하나요?"

- 짝과 함께, 이 두 가지 대화에 어떤 차이가 있는지 나눕니다. 좀 더 긍정적인 경험에 대해 말할 때 목소리가 좀 더 밝고 낙관적인 분위기임을 감지할 수 있습니다. 반면, 문제중심 대화에서는 종종 어떤 무게가 느껴집니다. 또한 당신이 문제를 이미 해결했거나 또는 목표 달성을 위해서 무엇을 해야 하는지 알고 있을 가능성이 있습니다.

- 역할을 바꿉니다. 이제 짝의 문제나 짜증거리에 대해서 듣습니다. 5분 후 문제 해결 방식으로 반응합니다. 이후 5분간 해결중심 방식으로 반응합니다. 짝과 차이에 대해 다시 이야기합니다.

내담자가 희망하는 미래에 대해 살짝 보게 되는 때는 언제인가? 이러한 긍정적인 이례들이 나타나는 경우 상담자는 이것에 대해 보다 많은 정보를 이끌어 낼 수 있다. 만약 목표가 나타나지 않았다면 이 시점에서 만들어질 수 있으므로 상담자는 그것에 대해 질문한다. 만약 그런 경우가 아니라면 문제는 분석될 수 있다. 첫 번째 회기 이전에 아무런 호전이 생기지 않았고, 이례적인 것을 하나도 찾을 수 없고, 기적질문(이 장에 후반부에 설명되어 있음)으로도 행동적 측면에서 아무런 목표가 설정될 수 없을 경우, 문제 분석으로 넘어가는 것이 필요하다. 대부분의 경우는 처음에 문제에 대해 상세하게 그림을 그리지 않고도 해결을 향해 즉시 작업을 시작할 수 있다(de Shazer, 1985).

문제를 분석하고 해결하는 것보다 해결책을 고안해 내는 것이 훨씬 용이하고 더 유용하다. 수많은 내담자가 약속을 한 후에 올바른 방향을 향해 이미 걸음을 시작하는 것으로 판명된다. 따라서 이것을 토대로 첫 회기를 작업할 수 있다. 문제의 이례적인 경우를 찾고, 문제가 덜 문제일 때를 찾고, 내담자가 이미 달성한 목표의 조각들을 찾는 데 성공하게 된다. 해결중심 상담자는 매우 이례적인 것에 관심을 둔다. 변화를 가져오는 차이를 늘 찾는다. 만약 이례적인 것들이 고의적이라면, 내담자 스스로가 다시 이례적인 것들을 나오게 만들 수 있다. 만약 이례적인 것들이 자발적이라면, 내담자는 그것들에 대해 더 많이 알아낼 수 있다. 예를 들어, 이례적인 것들을 예측하려고 노력하는 등이다. 저자는 문제의 규칙에 이례가 되는 것들을 말하고자 한다. 만약 이것이 상담자와 내담자에 의해 확대된다면, 이례들은 내담자가 목표에 더욱 가까이 가게 해 줄 수 있다. 새로운 규칙을 구성할 때까지 이례들은 반복될 수 있다. 이례들을 찾느라 깊이 팔 필요는 없다. 이례들은 표면에 있지만, 일반적으로 내담자들이 간과한다. 이러한 숨겨진 성공들을 알아보고 내담자로 하여금 이것을 가치 있는 것으로 볼 수 있게 청하는 것이 상담자가 해야 하는 일이다. 만약 내담자가 회기와 회기 사이에 과제를 하기 원한다면, 상담자는 과제를 줄 수 있는데 내담자의 동기와 바람에 적합해야 한다(5장 참조).

de Shazer(1994)는 해결중심 면담을 '어깨를 살짝 두드리기'로 비유했다. 해결중심 상담자는 내담자를 밀거나 당길 필요가 없이 내담자의 한 발짝 뒤에서 걸어가면서 같은 방향을 바라보는 것이다. 어깨를 살짝 두드리면서, 내담자가 선호하는 미래를 향해 주의를 집중하게 도울 수 있다. 이 자세를 또한 '뒤에서 한 발짝 인도하기'라고 부른다. 해결중심 질문은 어깨를 살짝 두드리는 것이다. 또한 해결중심 상담자의 자세는 '궁금증을 가진' 자세라고 일컫는다. TV에서 보았던 초췌한 탐정 콜롬보의 자세다. 몇 번이고 반복해서 그는 범죄를 풀려고 한다. 그의 모르는 것 같은 엉성한 자세가 범인은 길을 잘못 들게 하고 다른 사람들은 그를 돕게 만든다.

여섯 가지 중요한 질문 유형

해결중심 면담에서 여섯 가지 가장 중요한 질문 유형은 다음과 같다.

첫 번째 회기 이전에 생긴 변화에 대해 질문하기

"면담 약속을 한 이후에 어떤 변화가 있었나요?" 많은 내담자들은 면담 약속을 한 이후에 호전되었다고 보고한다. 그러면 다음과 같이 질문한다. "그것을 어떻게 해냈나요?" 그리고 "이런 일이 좀 더 자주 있으려면 무엇이 필요할까요?" 모든 일은 변화 가능하다는 전제와 일치하는 질문이며, 요지는 변화가 생길 것인가 아닌가에 있는 것이 아니라, 언제 생기고 또 생겼는가에 있다는 것과 일치한다.

목표에 대해 질문하기

"이 대화의 목표는 무엇인가요?" 또는 "이 대화가 끝날 즈음, 대화가 의미가 있었고 목표가 달성되었다고 말할 수 있다면 대화를 통해 무엇을 성취하기를 원하나요?" 또는 "다시 이곳에 올 필요가 없어진다는 것을 무엇을 통해 알 수 있나요?" 또한 이런 질문도 있다. "문제 대신에 어떤 것을 보고 싶으세요?" 또는 "무엇을 희망하세요? 그것은 어떤 변화를 가져올까요?" 기적질문은 목표 설정을 위한 또 다른 경로가 된다. "밤에 잠이 들었는데 기적이 일어났다고 합시다. 기적이란, 여기 오신 문제가 해결된 것입니다(충분한 정도로). 그러나 자고 있기 때문에 이 사실을 모릅니다. 다음날 아침 문제가 해결된 것을 처음에 어떻게 알게 될까요? 다음날은 어떻게 달라져 있을까요? 당신은 무엇을 다르게 하고 있을까요? 기적이 일어났다는 것을 그날 내내 또 어떻게 알아차릴 수 있을까요? 그 밖에는요? 다른 사람들은 어떻게 알아차릴까요? 그들은 어떤 반응을 보일까요?" 또한 이런 질문도 있다. "어느 지점에서 우리는 만남을 중단할 수 있을까요?"

'그 밖에는?'이라고 질문하기

세부항목에 대한 질문이 열쇠다. "그런 일이 일어나려면 무엇이 필요한가요? 그 일이 일어난다고 가정합시다. 무엇을 다르게 하고 있을까요? 또 그 밖에는요?" 성공으로 보이는 모든 것에 대해, 자원에 대해, 또는 내담자가 스스로 가치 있어 보는 것에 대해 계속 질문하는 것이 중요하다. 더 나아가, 이 질문은 거기 더 있다는 의미를 내포하며, 내담자가 해야 할 일이 무엇인지 찾는 것임을 의미한다.

이례적인 것에 대해 질문하기

"짧은 시간 동안, 언제 작은 기적이 이미 일어났나요?" 또는 "당신이 원하는 상황을 언제 알아보셨나요? 어떻게 알아보았나요? 무엇이 달랐나요? 그것을 어떻게 했나요? 지금이랑 어떻게 달랐나요?" 또한 문제가 부재했거나, 거의 문제가 되지 않았거나, 잠시 동안 문제가 중단되었던 때에 대해서 질문한다. "그럴 때는 어떻게 다른가요?" 내담자는 이런 경우를 간과하곤 한다. 왜냐하면 문제는 늘 존재한다고 마음으로 생각하기 때문이다('모든 게 베이지색이다.').

Wittgenstein은 다음과 같이 기록했다. "우리에게 가장 중요한 일은 숨어 있다. 왜냐하면 단순하고 익숙하기 때문이다(이미 눈 안에 들어와 있기 때문에 알아차리는 것이 불가능하다)."(1953/1968, p. 129) 결과적으로, 이례적인 것을 찾으려고 깊게 분석할 필요는 없는 것이다. 이례적인 것은 표면에 있고 내담자는 간과하고 있을 뿐이다.

척도질문하기

척도질문은 호전, 동기, 자신감에 초점을 둔다. 이 질문은 회기 종료 시 물을 수 있다(Duncan, 2005). 이례적인 것을 찾아보았거나 기적에 대해 이야기를 나눈 후다(더 나아가, 내담자의 목표에 대해서도). 때로 척도질문에 대해 간략하게 설명하거나 내담자에게 척도의 사용에 익숙한지 묻는 것이 유용하다. 종종 다음과 같은 척도질문을 사용한다.

> 만약 기적(또는 달성하고픈 목표)이 10점이고 최악의 상태가 0점이라면, 지금 몇 점에 있나요? 이 숫자가 나오게 된 것은 어떻게 되어서인가요? 1점 상승한다면 어떤 것일까요? 무엇을 다르게 하고 있을까요? 1점을 어떻게 올릴 수 있을까요? 그렇게 하려면 무엇이 필요한가요? 그 밖에는요?

또한 내담자가 마치고자 하는 지점이 어디인지 묻는 것이 유용하다. 10점은 종종 달성 불가능할뿐더러 불필요할 수 있다. 대부분의 내담자들은 7점이나 8점에 만족해한다. 스스로 생각해 보라. 얼마나 자주 10점이었던가? 해결중심 참고문헌에서 척도질문은 다르게도 사용된다. 대부분 0점에서 10점까지 점수로 작업하는데, 때로는 1점에서 10점까지 사용한다. 후자의 경우는 최상의 상황인 0점을 배제한 것이리라. 왜냐하면 상담자를 찾아온 내담자라면 이미 어느 정도 호전을 의미하기 때문이다. 척도를 말할 때 0점에서 10점보다는 10점에서 0점이라고 할 때, 내담자가 보다 높은 점수를 말한다고 생각한다. 이것은 자기지각을 증진하기 때문이다. 이런 이유로, 질문 시 언제나 10점에서 0점으로 질문하여야 한다.

기본적인 해결중심 질문 중의 하나는 "올바른 방향으로 이미 가고 있는 것은 무엇인가요?"이고(3장 참조), 그다음 "그 밖에는요?"다. 최근에 저자는 내담자에게 척도질문을 하기 전에 이와 같은 질문을 먼저 한다. 표준 방법과는 다르다. 표준적으로는 척도를 먼저 묻고 이후 점수가 의미하는 것을 묻는다. 저자의 경험으로는, 표준 방법과 반대로 했을 때 내담자가 좀 더 높은 점수를 말하였다. 이것은 인지적 불일치와 관련이 있다. 예를 들어, 내담자가 낮은 점수를 주는 경우, 그다음에는 올바른 방향으로 가는 것을 많이 명명하기가 어려워진다.

내담자가 이미 가지고 있는 개인의 능력에 대해 질문하기

개인의 능력에 대한 질문은 다음과 같다. "어떻게 그렇게 하지요? 어떻게 ……을 해내시나요? 어떻게 계속하시나요? 어떻게 해서 상황이 더 나빠지지 않지요?" 등이다. 사소하고 긍정적인 세부 사항에 대해 묻는 것 역시 중요하다. 바람직하지 않은 대처 방식을 가진 내담자가 있다면(예: 논쟁 중에 상대방에게 소리 지르는 내담자) 이렇게 말할 수 있다. "목소리를 올릴 만한 이유가 충분함에 틀림없네요. 소리 지르는 것이 어떻게 도움이 되는지 말해 주세요." 이 질문은 내담자의 고통을 인정해 줌과 동시에 내담자로 하여금 답을 생각하도록 돕는다. 그다음, 동일한 효과를 내기 위해서 어떤 다른(더 바람직한) 방법들이 있는지 내담자에게 묻는다.

Winnie-the-Pooh 만화 중에서 성공(success)에 대한 것으로, 어떤 현명한 사람이 동물들에게 그들이 얼마나 성공적일 수 있는지 다음과 같이 말하고 있다.

"성공 레시피는 맛이 어떤가요?"라고 Pooh가 물었다.

"레시피는 아니고요."라고 현자가 말했다. 그는 상자에서 종이 한 장을 꺼내서 무엇인가를 적기 시작했다. 다 적은 후 종이를 돌려 가면서 동물 친구들에게 보여 주었다. 다음이 그가 적은 것이다.

Select Dream.	꿈을 하나 고르세요.
Use your dreams to set Goal.	꿈을 사용해서 목표를 정하세요.
Create a Plan.	계획을 만드세요.
Consider Resources.	자원을 생각해 보세요.
Enhance Skills are Abilities.	기술과 능력을 높이세요.
Spend time Wisely.	시간을 현명하게 쓰세요.
Start! Get Organized and Go.	시작하세요! 정리해서 가세요.

"Suchness(본질)가 되네요!" 라고 Piglet이 외쳤다.

"비슷하긴 한데요."라고 현자가 답했다. "정확하게 말해서 Success가 되지요."(Allen & Allen, 1997, p. 17)

연습 7

문제가 있었던 때를 하나 떠올립니다. 그때 어떻게 해결했나요? 그 당시 도움이 되었던 것을 최소 세 가지 떠올립니다. 지금 문제가 생긴다면 그 세 가지 전략 중에서 어느 것을 다시 적용할 수 있을까요? 다른 사람들의 문제 해결법은 어떤 것들인가요?

Walter와 Peller는 문제와 해결의 구별을 모두 단념했다. 그들은 '자기가

선호하는 것'에 대해 이야기했는데 이것이 내담자와 더욱 창조적으로 대화를 하게 해 준다고 믿었다. "우리의 기본적인 연구 질문은 '어떻게 해결책을 만들 것인가'에서부터 '어떻게 대화의 공간을 만들어서 어디서 목적과, 선호하는 것과, 가능성들이 출현하여 발전할지 궁금하다'로 바뀌었다."(Walter & Peller, 2000, p. xii). 또한 de Bono는 주장하기를 희망하는 결과를 '계획하는 것'이 종종 갈등 자체와 아무 관련성이 없다고 하였다. 그는 '해결책'이라는 용어를 사용하지 않았다. "나는 '해결책'을 계획한다는 말을 좋아하지도 않는다. 왜냐하면 문제가 존재한다는 의미가 내포되어 있기 때문이다."(de Bono, 1985, p. 42)

인터넷을 통한 해결중심 면담

지난 몇 년간 기술의 발달은 디지털 방식의 대화 수행을 가능하게 해 주었다. 온라인 치료는 미래 방식이다. 다음 장에서 설명하는 첫 번째 그리고 이후 회기를 위한 해결중심 프로토콜의 사용은 이 점에서 견고한 구조를 제공해 준다. 해결중심 단기치료를 온라인으로 실시하는 실험들은 네덜란드에서 지속 중이다. 예를 들어, 플라텐 온라인(Praten Online)이라는 웹사이트에서 12세부터 20세까지의 십대들이 해결중심 상담자와 익명으로 대화를 할 수 있는데 결과의 전망이 좋다.

요 약

- 해결책을 찾는 것은 문제를 해결하는 것과 다르다. 해결중심 면담은 문제에 초점을 두지 않는다. 다음과 같이 질문한다. "문제 대신에 무엇을 보고 싶으신가요?" "무엇이 당신의 목표인가요?" "올바른 방향으로 이미 진행하고 있는 것은 무엇인가요?" 원칙적으로, 해결중심 상담자는 질문을 하지, 조언을 주지 않는다(Smock, Froerer, & Bavelas, 개인적 교류에서, 2009; Tomori & Bavelas, 2007).

〈표 1-1〉 문제중심과 해결중심 면담의 차이점

문제중심 면담	해결중심 면담
정서/감정에 초점을 둔다.	보고(의미) 행동하는 것에 초점을 둔다.
결점을 찾는 것이 중요하다.	해결책을 만드는 것이 중요하다.
내담자의 관점은 중요하지 않다.	내담자의 관점이 타당화된다(관점 포기를 더 용이하게 해 준다).
누구의 잘못인가?	무엇이 일어나야 한다고 내담자가 생각하는가?
동기가 의심이 된다.	동기는 추구되고 사용된다.
과거가 중요하다.	미래가 중요하다.
상담자는 직면시킨다.	상담자는 내담자의 관점을 수용하고 질문한다. "어떤 점에서 그것이 도움이 되나요?"
상담자는 내담자를 설득한다.	상담자는 내담자가 설득하도록 한다.
큰 변화가 필요하다.	작은 변화라도 종종 충분하다.
자원은 얻어야 한다.	필요한 자원은 이미 존재한다.
문제는 늘 존재한다.	문제는 항상 존재하는 것이 아니다.
이론-결정적 대화가 사용된다.	내담자-결정 대화가 사용된다.
문제에 대한 통찰과 이해가 사전 조건이 된다.	문제에 대한 통찰과 이해는 변화와 함께 오거나 변화 이후에 온다.
변화 이론은 상담자의 소유다.	변화 이론은 내담자의 소유다. 상담자는 묻는다. "어떻게 이것이 도움이 될까요?"

- 사건은 과거를 향하지 않고 미래를 향한다. 내담자는 자신의 목표를 세우는 능력이 있다고 간주되며 해결책을 떠올리고 수행할 능력이 있다.
- 열 가지 원칙에 기반을 둔 해결중심 면담의 간략한 역사가 이 장에 소개되어 있다.
- 이론적 토대, 연구, 효과성과 무효과성을 설명하였다.

• 해결중심 면담의 실제는 여섯 가지 중요한 해결중심 질문 유형으로 기술
  하였다.
• 〈표 1-1〉은 문제중심과 해결중심 면담 모델의 차이에 대한 개관이다.

02

동기와 협력관계

1001
Question

동기와 협력관계

배를 만들고 싶으면 나무를 가져다가 모으라고 다른 사람들을 재촉하지 말라.
그 대신 일을 나누고 위임하고 광대하고 끝없는 바다를 향한 열망을 가르치라.

-Antoine de Saint-Exupéry, 『바다의 지혜』

행동 변화를 위한 동기

행동 변화를 위한 동기는 목표 달성을 위해서 자신의 행동을 변화시키려는 내담자의 의지를 말한다. 내담자가 상담자를 방문했다고 해서 행동 변화 의지를 의미하는 것은 아니다. 내담자가 은연중에 바라는 것은, 상담자가 해결책을 주거나 또는 관계를 변화하라고 지적해 주는 것이다. Metcalf는 "상담자 자신이 해결에 속해 있지 않는다면 문제에 속해 있는 것이 된다."라고 하였다(1998, p. 5).

이 장에서 다루는 것은 상담 초기에 치료에 대한 내담자의 결단과 행동 변화에 대한 동기를 어떻게 측정할 수 있는가이며, 내담자의 이러한 결단과 행동 변화 동기를 어떤 방법으로 증진시킬 수 있는가다. 상담자들이 자주 주장하기로는, 자신들이 볼 때 내담자에게 충분한 동기가 없다면 치료를 시작도 할 수 없다고 말한다. 내담자가 즉시 행동을 변화할 준비가 되어 있지 않으면 많은 경우 상담자는 당황스러워 한다. Schippers와 de Jonge은 다음과 같이 말한다.

> 내담자의 동기가 없다는 말은 세 가지 측면에서 볼 수 있다. 의지가 없다, 능력이 없다, 또는 때가 아니다. 그러나 행동 변화 동기에 대한 정의를 내리는 것은 그렇게 쉬운 일이 아니다. 변화 동기는 행동으로 인한 긍정적 · 부정적 결과들의 합이 절대 아니다. 무엇이 긍정적 결과이고 부정적 결과인지를 결정하는 것은 내담자의 관점이기 때문이며 내담자의 관점이 상담자가 중요하다고 생각하는 것과 반드시 일치하지는 않는다(2002, p. 251).

Appelo는 내담자가 변화 의지가 있다고 말하는 것이 잘못된 생각이라고 주장한다.

> 노력하는 것을 보여 주지 않고 변화하지 않는 내담자 때문에 짜증을 느끼는 상담자들은 외현적 행동에 너무 많은 관심을 두지 않는 것이 바람직하다. 변화 의지의 부재에 대해서 생물학적 · 인지적 · 사회적 동기를 들여다보는 것이 훨씬 유익하다(2009, p. 73).

'생물학적 동기'란 인간의 두뇌가 자동화되는 선천적 성향을 가지고 있다는 사실을 의미한다. 정신적 프로그램이 일단 형성되어 자동화되면 영원히 인간의 두뇌 속에 저장된다. 그 저장된 기억은 언제든지 재활성화되어서 행동을 통제한다. 따라서 Appelo의 말에 따르면, 성공적인 행동 변화 이후라도 종종 문제가 재발된다는 것이다. 한편, 인지적 요인은 인간으로 하여금 고통을 무시하게도 하고 개인적 노력이 불필요하거나 불가능하다고 믿도록 만든다. 그리하여 개인의 목표를 제한하면서 또 다른 목표를 설정하지 못하게 하거나 애매

모호하게 만들어 버리기도 하는데 '지금-여기'라는 관점에서 불리할 경우 그 목표를 제거한다. 또 다른 오해를 초래하는데, 인간이 바라는 상황의 가치를 저하시키면서 지금 상황이 그리 나쁘지 않다고 달래 준다. 이 두 가지 오해가 인지적 부조화를 막거나 상쇄시킨다. 또 다른 오해는 실패를 외적 요인으로 보게 함으로써 변화 동기를 일으키지 않는 것이다. 마지막으로, 행동을 반복하고 견고히 하고 자동화하는 데 가장 유력한 결정 요인은 사회적 강화다. 사람들은 집단에 속해 있는 것을 좋아하고 종종 바람직하지 않은 행동을 하도록 강화된다. 새로운 사회적 지지 자원을 얻으려는 의지가 없을 때 많은 사람이 행동 변화에 대해 생각조차 하지 않는 이유이기도 하다.

동기면담(Motivational Interviewing: MI)의 원리 중 하나가 무조건적인 수용이다(Miller & Rollnick, 2002). 상담자는 협동성, 개인적 책임, 그리고 행동 선택의 자유에 근거하여 내담자와의 관계를 형성한다. Miller와 Rollnick은 비도덕적인 방법으로 문제행동에 접근하는 데 선행 조건이 되는 자신의 편견을 버리지 못하거나 버릴 수 없는 상담자는 동기면담에 몰입하기가 어렵다고 본다. 상담자는 내담자에게 공감적으로 반응하고 논쟁을 피하고 내담자의 자기효능감을 증진시켜 주어야 한다. Miller와 Rollnick은 '변화대화(change talk)'라는 용어를 사용하였다. 변화대화란 내담자의 고유한 변화 이유를 이끌어 내고 변화할 때의 이득에 대해서 소통하는 방법이다. '변화대화'는 변화를 촉진시킨다. '변화대화'를 이끌어 내는 한 가지 방법은 유발적 질문을 하는 것으로 Miller와 Rollnick이 밝혀냈다. 예를 들어, "어떻게 지금과는 다르게 할 수 있습니까?" "지금으로부터 5년 후에는 삶이 어떻게 달라질까요?" "만약에 변화하고 싶다면 변화의 용기를 어디에서 찾을 수 있나요?" 등이다.

Prochaska, Norcross와 DiClemente(1994)는 행동 변화단계 모델을 개발하였다. 내담자가 무관심한 태도나 문제를 알지 못하는 태도를 보이는 경우(소위 방문형 내담자) 강조해야 할 점은 정보 제공하기와 변화해야 할 행동과 그 행동에 의한 염려, 또는 문제점의 연관성을 만들어 주는 것이다. 그다음 단계로, 변화를 인식하고 있는 사람(소위 불평형 내담자)에게 강조할 점은 원하는 행동이 무엇인지를 결정하고 시작하는 것이다. 그다음 단계는 행동 실천단계, 유지단계, 그리고 아마도 재발이 따른다. Prochaska 등이 개발한 행동 변화 단계 모델은 해결중심 면담에서 치료적 관계에 대한 설명과 광범위하게 비교될 수 있다.

Orlemans, Eelen과 Hermans(1995), 그리고 Bannink(2007a)는 안정된 행동 변화는 외적 강화를 점진적으로 내적 강화로 돌리면 얻을 수 있다고 지적하였다.

> 외적 강화는 행동을 인위적으로 성공시키고 내적 강화는 자연스럽게 행동과 연결되어 있다. 행동을 스스로 만족스러운 결과로 이끈다. 일반적으로 내적 · 외적 강화가 함께 나타나지만 명백한 것은 외적 강화만으로는 행동이 지속될 것이라는 것을 장담하지 못한다. 만약에 아이가 트럼펫 연습 후에 사탕을 얻을 유일한 목적으로 악기를 배운다면 그것은 외적 통제하에 있게 되어 보상을 주지 않으면 소거된다. 대중이 좋아하는 멜로디를 레슨 초반에 배우게 되면 그것이 내적 강화가 되어 연습 행동을 견고히 해 줄 수 있다는 말은 빈말이 아니다(Orlemans et al., 1995, p. 111).

해결중심 상담자는 내담자가 성공 경험과 기술에 대해서 이야기하도록 초청하고, 이례적인 경험을 찾도록 이끌어 줌으로써 방문형이나 불평형 태도를 고객형 태도로 변화하도록 고무할 수 있다. 속성에 대한 긍정적 해석과 칭찬은 상담자가 제공해 줄 수 있는 외적 강화다. 개인의 능력에 대한 질문은 내담자로 하여금 성공 경험에 대해서 이야기하면서 스스로를 칭찬할 수 있게 촉진시킨다. 이런 방법으로 상담자는 상담이 끝난 후에라도 안정적인 행동 변화가 지속될 수 있도록 돕는다.

해결중심 상담자는 회기 중에 자신의 질문을 조심스럽게 맞추어 가며 내담자의 행동 변화에 대해 과제를 제안하는 것을 잘한다. 이에 대해 5장에서 자세히 다루고 있다.

그렇다면 상담자가 갖는 도전이란 방문형과 불평형 내담자를 고객형 내담자로 만드는 것이다. 행동 변화에 방향을 두고 있는 상담자에 의한 개입을 내담자가 받아들이지 않을 수도 있는데, 이 경우 내담자가 스스로 문제가 없다고 생각하거나(방문형) 또는 다른 사람이나 다른 것(배우자, 건강, 주거, 직장)이 변해야 된다고 생각하는 사람(불평형)일 때 그러하다. 해결중심 상담자는 내담자가 가지고 있는 동기를 칭찬하여 행동 변화를 동기화하도록 훈련되어 있다. 상담자는 상담 초기에서뿐 아니라 상담 전반에 걸쳐 동기화에 주의를 기울인다. 예를 들어, 상담자가 내담자와는 달리 다른 목표나 더 큰 목표를 가지고 있다면 그 내담자는 언제든지 불평형 내담자로 되돌아갈 수 있으며 행동 변화에 더 이상 동기화되지 않을 것이다.

　해결중심 면담에 관한 문헌에서 내담자를 자발적 또는 비자발적 내담자로 구분한다. 누군가에 의해서 보내진 내담자는 비자발적 내담자로서 방문형 관계를 갖게 된다. 내담자는 상담자와 만나야 하는 사람이 의뢰인이라고 생각한다. 내담자는 스스로 문제가 없다고 생각한다. 이런 경우, 의뢰자가 어떤 동기에서 의뢰했다고 생각하는지 내담자가 지각하는 내용을 묻는 것이 유용하다.

　마지막으로, 중요한 것은 내담자, 상담자, 목표의 관계다. 내담자가 누군가에 의해 의뢰되어 상담에 왔을 때 특히 내담자뿐 아니라 목표에 따라서 이들의 관계가 달라진다. 해결중심 상담자는 내담자의 행동 변화를 동기화시키는 전문가다. 내담자가 의뢰되었거나 또는 내담자가 생각하기에 다른 사람이 문제여서 그 사람이 변해야 한다고 생각할 경우에는 특히 중요하다. 내담자의 결단과 동기 증진을 위한 수많은 개입 방법으로 해결중심 면담은 비관적인 상담자 혹은 거의 희망이 없다고 보는 태도를 가진 상담자를 개선시킬 수 있다.

사례 1

15세 딸 때문에 걱정이 많은 부모가 딸과 함께 해결중심 상담자를 찾았다. 딸의 체중 때문에 걱정이었다. 딸의 몸무게는 40kg인데 계속 체중이 줄고 있다. 딸은 학교도 빠지고 있다. 아버지는 몰래 딸의 샌드위치에 버터를 듬뿍 발라 주곤 했지만 정말 어찌해야 할지 몰라서 힘들어 하였다. 한편, 딸은 체중이 적다고 전혀 느끼려 않고 오히려 뚱뚱하다고 생각했다. 부모(의뢰인)는 이 경우 불평형 내담자가 된다. 왜냐하면 딸이 변화해야 한다고 생각하며 상담자가 그 변화가 일어나도록 도와주어야 한다고 생각하기 때문이다. 한편, 딸은 방문형이다. 자신의 체중이나 식생활이 문제라고 생각하지 않기 때문이다. 상담자는 그들 모두에게 상담에 온 것을 칭찬해 주었는데 특히 딸에게 그렇게 하였다. 딸은 상담자와 부모와 함께 시간을 보내는 것보다 더 유익한 것이 많다고 생각했다. 딸에게 목표가 무엇인지 물어보자(여기 상담에 와 있는 동안) 부모가 자기를 좀 내버려 두는 것이라고 하였다. 상담자는 부모가 그렇게 할 수 있도록 하려면 최소한 어떻게 행동이 달라져야 할지 물었다. 딸이 대답하기를 "제가 학교에 잘 다닌다면 그럴 수도 있겠지요." 부모가 자기를 좀 내버려 둔다면 학교에 잘 다닐 의향이 있었던 것이다. 따라서 그 목표에 관한 한 딸은 고객형 내담자가 된 것이다. 그 다음 단계로 딸의 체중과 식생활에 대해 이야기하는 것이 가능해졌다.

협력 관계: 방문형, 불평형 그리고 고객형

연구 결과에 따르면, 협력관계가 상담 효과에 매우 중요하다. 내담자 요인 40%, 관계요인 30%, 희망과 기대 15%, 방법과 시도 15%가 상담 효과에 기여한다(Duncan et al., 2004). Wampold와 Bhati(2004)는 긍정적 치료관계가 상담 성공의 60% 이상을 차지하며 상담자가 가지는 기법에 대한 신념이 30%, 기법 자체는 10%에 해당된다고 주장했다. 내담자의 변화 이유를 경청하고 내담자의 목표를 수용하는 것이 중요하다. 내담자가 생각하기에 무엇이 도움이 되고 어떤 일이 일어나야 되는지 경청하는 것이 매우 중요하다. 그들의 삶에서 어떻게 변화가 일어났고 이미 도움이 된 것이 무엇인지 물어보는 것이 유용하다. Duncan 등은 SRS(회기 평가 척도)를 개발했는데 그 척도의 타당도가 밝혀져 회기의 효과성을 증진시켰다. 왜냐하면 그 척도가 상담자로 하여금 회기에 대해서 직접적인 피드백을 얻도록 도와주기 때문이다. 그 척도는 네 가지 주제로 된 짧은 목록인데 내담자가 상담 회기를 평가하도록 해 준다(부록 E 참조). 이모티콘으로 된 아동용 척도가 있다. 네 가지 평가 주제는 다음과 같다.

- **관계성** 나는 경청되었고 이해받았고 존경받았다고 느꼈다.
- **목표와 주제** 우리는 내가 중요하다고 생각하는 것에 대해 이야기했고 작업했다.
- **접근이나 기법** 상담자의 접근법은 나에게 적합하다.
- **전반적 측면** 전반적으로 이 회기는 내게 적절했다.

내담자에게 협력관계에 대해서 각 회기 종료 시 10점에서 0점으로 평가하도록 한다. 평가 질문들은 다음 단계로 진행한다. 예를 들어, 내담자가 관계성에서 5점을 주는 경우 상담자는 어떻게 해서 5점이 되었는지, 6점이라면 어떤 모습일지, 그리고 다음 회기에 좀 더 높은 점수를 내려면 상담자가 무엇을 다르게 해야 할지 내담자에게 묻는다. SRS(11장 참조)는 상담자와 내담자의 협력관계에서 대화를 이끌어 나가는 것을 중요하게 본다.

첫 회기와 이후 회기에서 모두 해결중심 상담자는 내담자와의 관계에 유의해야 한다. 그 관계가 방문형인지, 불평형인지, 고객형인지 확인한다.

방문형 관계란 내담자가 타자(판사, 배우자, 보험 회사, 보호관찰소, 학교, 부모 등)에 의해 의뢰된 경우로서 내담자는 자신이 문제가 있다고 보지 않고 도움도 구하지 않는다. 한편, 타자들은 내담자를 걱정하거나 내담자로 인해 문제가 있다고 말한다. 내담자는 행동 변화에 동기가 없어 보인다. 상담자는 도움을 요청하는 것이 가능해질 수 있는 맥락을 만들어 가야 한다. 중요한 것은 내담자가 상담자와의 관계를 통해서 어떤 것을 얻고 싶은지 알아보는 것이다. 예를 들어, 상담자는 의뢰인이 앞으로 무엇이 달라지기를 원하는지 물을 수 있고 내담자가 이 과정에 어느 수준까지 협조하고 싶은지(최소 혹은 최대) 묻는다. 또 중요한 질문은 내담자가 어떻게 해서 상담자와 이렇게 만나게 되었는지 묻는 것이다. 왜냐하면 일반적으로 의뢰인이 무엇이 이루어져야 하는지를 말하기 때문이다. 예를 들어, 내담자가 폭력을 사용하지 않아야 한다고 말한다. 방문형 관계에서는 다음 지침이 유용하다.

- 내담자가 그러한 행동과 생각을 할 만한 이유가 있다고 간주한다. 비자발적 내담자는 종종 방어적 태도를 가질 것임을 기억하라. 상담에 온 것은 내담자의 생각이 아니기 때문이다.
- 상담자는 자신의 판단을 보류하고, 내담자가 경계하고 때론 방어적인 태도를 가지게 만드는 내담자의 지각이 충분히 이해할 만하다고 공감한다. 그것은 무조건적인 수용이다.
- 내담자에게 무엇을 하고 싶은지(왜냐하면 내담자가 이곳에 와 있기 때문에) 물어보고 내담자가 답을 하면 수용한다.
- 내담자가 상담자와 함께 있기를 꺼려 한다는 사실을 인정해 준다. "이 회기에 다시 오지 않으려면 어떤 변화가 있어야 할까요?" "가능한 한 이곳에 있는 시간을 가장 짧게 하려면 어떻게 해야 할까요?"라는 질문이 도움된다.

불평형 내담자는 문제에 대해 정보를 제공하면서 많은 고통을 경험하고 있다며 도움을 요청하지만 여전히 자기 자신이 문제나 해결책의 일부라고 보지는 않는다. 내담자가 한때는 고객형일 가능성이 있긴 하지만 지금은 아니다. 내담자는 자기 자신이 아니라 다른 사람 혹은 다른 것이 문제의 원인이라고 보고 그들이 변해야 한다고 말한다. 내담자는 행동 변화에 동기가 없어 보인다. 내담자가 원하는 것은 처방약, 기적, 또는 상담자들의 도움으로 다른 사람의 행동이 변하는 것이다. 해결중심 상담자는 내담자의 고통을 인정하고 ("어떻게 견디어 냈나요?") 문제가 없거나 문제가 되지 않았을 때를 떠올리도록 생각하도록 제안하고 그 당시에 무엇이 달랐고 무엇을 다르게 했는지 묻는다. 문제가 잠깐 동안 중단되었을 때를 생각하도록 청한다. 상담자가 내담자에게 자기가 추구하는 목표를 조금 이루었던 때와 그때 무엇이 달랐는지, 그리고 무엇을 다르게 했는지에 대해 주의를 기울이도록 청할 수 있다. 이런 질문을 하면서 상담자는 더 이상 문제가 아니라 목표와 해결책에 대해 이야기하도록 초대한다.

고객형 내담자는 자신이 문제와 해결책의 일부라고 본다. 그들은 고통을 경험하면서 도움을 요청하고 또한 행동 변화에 동기화되어 있다. 내담자는 '나' 또는 '우리'라는 단어를 사용하면서 도움을 청한다. "이 문제를 해결하기 위해 내가 무엇을 해야 하나요?" "좋은 관계를 회복하기 위해서 우리는 어떻게 해야 하나요?"라는 질문을 상담자에게 한다. 고객형 관계는 상담자가 처음 만나는 내담자들에게서 많이 볼 수 없다. 대부분의 상담자에게 있어 초기에 고객형 관계가 형성되면 금상첨화다. 내담자의 성공적인 회기는 상담자에게도 긍정적 강화가 되기 때문에 중요하다. 하지만 방문형과 불평형 내담자의 행동 변화 동기를 증진시키는 것이 상담자의 주요 도전 과제다.

사례 2

불평형 내담자의 전형적 사례. 어떤 부부가 관계치료를 위해 상담자를 찾아왔다. 아내가 말하기를 "저 사람이 자기 감정을 좀 더 표현하고 자기 자신에 대해 좀 더 솔직해진다면 저는 더 자주 관계를 하고 싶어 할 것 같아요."라고 말했다. 한편, 남편이 말하기를 "저는 집사람이 더 자주 저랑 잠자리를 원한다면 제 감정을 잘 보여 줄 수 있을 것 같습니다."라고 하였다.

이러한 유형 분류는 상담자와 내담자의 관계에 항상 적용되고 내담자의 개인 특성에는 적용되지 않으나, 편의상 방문형, 불평형, 고객형 내담자로 부르도록 한다. 플랑드르 지역에서는 내담자 유형을 쇼핑에 비유한다. 방문형 내담자는 가게 앞을 '지나가는 사람'으로 상담 가게 밖에서 안을 들여다보고 서 있는 사람이다. 불평형 내담자는 '둘러보는 사람'이 되는데 가게에 들어와서 둘러보기만 한다. 고객형 내담자는 '구매자'다(Le Fevere de Ten Have, 2002). 한편, '지나가는 사람'이 어떻게 해서 가게 밖에서 안을 들여다보게 되는지 자세히 설명하지 않았다.

두 명 이상의 내담자가 참여하는 회기에서는 여러 가지 관계 유형이 공존할 수 있다. 예를 들면, 한 사람은 고객형이고 또 다른 사람은 불평형이 될 수 있다. 관계치료나 관계중재가 시작될 때 종종 두 사람 모두 불평형으로 나타날 수 있다. 두 사람 모두 문제가 있다고 인정하지만 서로에게 문제의 원인이 있다고 생각하고 상대방이 바뀌어야 한다고 본다. 방문형, 불평형, 고객형 삼분법은 연속선상에서 고려해야 한다. 각각의 내담자의 입장을 타당화해 주고 수용해야 한다. 회기에 나타났다는 사실만으로도 내담자를 방문형으로 볼 수 있다. 그렇지 않았다면 나타나지도 않았을 것이다. 해결중심 상담자는 그들이 상담에 온 것에 대해 항상 칭찬해야 한다. 직접적 칭찬, 속성에 대한 긍정적 해석, 그리고 내담자의 개인적 능력에 관한 질문(간접적 칭찬)은 영향력이 있고 동기를 이끌어 내는 개입 전략이다. 이런 전략은 대화에서 긍정적인 분위기를 증진시키면서 내담자로 하여금 더욱더 긍정적인 방식으로 자신을 보도록 이끌어 준다. 이것은 3장에서 다시 논의한다.

경험으로 보면 부정적 역전이(상담자의 짜증, 의기소침, 불안정)가 일어날 때 그 이유는 종종 내담자가 아직 고객형이 아닌데도 불구하고 상담자가 내담자를 고객형으로 간주하여 전략을 사용하기 때문이다.

사례 3

이혼 중재 상담에서 해결중심 상담자는 그들이 상담에 온 것을 칭찬하였고 중재를 통해 합당한 양육 동의에 이르도록 함께 살펴보기로 한 그들의 의지에 대해 칭찬하였다. 또 부모 모두가 자녀로 인해 상담자를 찾아올 만큼 자녀를 깊이 사랑하고 있음이 틀림없다고 말해 주었다(속성에 대한 긍정적 해석). 그리고 아내가 중재 과정을 서두르지 않음에 대해 칭찬해 주었다. 왜냐하면 아내는 이 중재를 철저하고 적합하게 해결하기를 원했기 때문이다. 남편에 대해서는 모든 상황을 신속하게 정리하기를 원하지만 상황을 강제로 하지 않으려는 인내심을 칭찬해 주었다.

방문형과 불평형을 위한 해결중심 질문

방문형을 위한 몇 가지 해결중심 질문들이다.

- "이곳에 오게 된 것은 누구의 생각이었나요?"
- "가장 바라는 것은 무엇인가요? 그 바람이 이루어진다면 어떻게 달라질

까요?"

- "의뢰인은 무엇이 달라져야 한다고 생각할까요?"
- "의뢰인은 최소한 무엇이 달라져야 한다고 생각할까요?"
- "의뢰인이 걱정하는 것이 타당하다고 보나요?"
- "의뢰인은 여기에서 무엇을 해야 한다고 생각할까요?"
- "이곳에 오지 않기 위해서는 무엇이 필요한가요?"
- "여기에 다시 올 필요가 없다는 것을 의뢰인에게 어떻게 확신시켜 줄 수 있나요?"
- "그것을 하기로 결정했다면 의뢰인과의 관계가 어떻게 달라질까요?"
- "오늘 여기서 무엇을 함께 이야기해야 한다고 생각하나요?"
- "하고 싶은 것이 있나요? 그것을 하도록 스스로 어떻게 동기를 줄 수 있나요?"
- "최소한으로, 무엇을 다르게 행동할 수 있거나 해야 할까요?"
- "최근에 그것을 했던 때는 언제인가요?" "그것을 다시 하기로 마음먹는다면, 첫걸음은 무엇일까요?"
- "책임을 져야 한다면 삶이 어떻게 달라질까요?"
- "기적이 일어났다고 생각합시다. 첫걸음은 어떤 것일까요?"
- "충분히 했다는 것을 어떻게 알까요?"
- "아직은 일어나지 않은 어떤 일들이 삶 속에서 일어날까요?"
- "목표는 무엇인가요?"
- "그렇게 생각하는 데는 분명한 이유가 있을 겁니다. 좀 더 이야기해 주세요."
- "문제가 해결될 수 있다는 느낌을 주는 것은 무엇인가요?"
- "상담을 지속하지 않으면, 어떤 일이 일어날까요?"
- "이전 상담자와의 경험에 비추어, 제가 무엇을 해야 하고 하지 말아야 할까요?"
- "궁금해 하는 것으로서 우리가 함께 살펴볼 것이 있나요?"

- "'그것은 절대 안 돼.'라고 생각하게 만드는 것으로서 여기에서 일어날 수 있는 것은 무엇이라고 생각합니까?"
- "그것을 원하지 않는 모든 이유를 제쳐 두고 혹시 그것을 원할 수도 있다거나 그것이 효과가 있을 수 있다는 생각을 해 본 적이 있나요?"
- "나중에 의미 있다고 느낄 만한 것 중에서 의제로 넣는다면 어떤 것이 있을까요?"
- "오늘 이곳에 오게 된 것이 결국 좋은 생각이었다는 것을 어떻게 알 수 있을까요?"
- "'이것들은 나와는 상관이 없어.'라고 말하는데, 혹시 당신의 소관에 있는 것은 무엇입니까?
- "아무 일도 안 하면 어떻게 될까요?"
- "아무것도 하지 않는다면 최악의 상황은 무엇이 될까요?"

연습 9

의뢰된 내담자 한 명을 떠올리세요. 상담에 와서 무언가 얻기를 원한다고 말한 사람을 떠올리세요. 상담에서 무언가를 얻기 원하는 내담자였나요? 아니면 다른 사람이 내담자로부터 무엇인가를 바랐나요? 첫 번째 질문에서 '아니요'라고 하면 그 내담자는 목표가 없습니다. 내담자가 말하기를 다른 사람이 자기를 여기에 오도록 했다고 한다면 그 내담자는 비자발적 내담자, 즉 방문형 내담자입니다.

다음은 불평형을 위한 몇 가지 해결중심 질문들이다.

- "이것이 어떻게 해서 문제가 되나요?"
- "제가 어떻게 도울 수 있나요?"
- "문제가 되지 않았거나 혹은 두드러지지 않았을 때는 언제입니까?"
- "문제가 문제로 되지 않았을 때는 언제입니까? 혹은 잠시라도 그것이 문제가 아니었던 때는 언제입니까?"
- "어떻게 대처하고 있나요?"
- "가장 바라는 것은 무엇인가요? 그 바람이 이루어진다면 어떻게 달라질까요?"
- "그것을 계속할 수만 있다면 여기에 오신 목적을 달성한 것이 될까요?"
- "문제가 해결될 수 있다는 느낌을 주는 것은 무엇인가요?"
- "괜찮기 때문에 그대로 유지하고 싶은 것은 무엇인가요?"
- "절대로 달라져서는 안 되는 것은 무엇입니까?"
- "내려놓아야 할 때가 됐는데 여전히 붙잡고 있는 것은 무엇입니까?"
- "어떤 부분에서 가장 많은 변화를 보길 원하나요?"
- "고려해 보았지만 아직 시도해 보지 않은 것은 무엇인가요?"
- (척도질문을 한 다음에) "그 점수를 어떻게 유지하고 있나요?"
- "많은 것을 겪었으면서 어떻게 그렇게 잘해 왔나요?"
- "지금까지 어떤 것을 겪어 왔나요?"
- "스스로 달라지고 싶은 것이 있다면 무엇입니까?"
- "당신이 바라는 변화가 일어났다면(예를 들어, 어떤 사람이 변화하였다든가, 새로운 직업이 생겼다거나, 새 집을 장만하였다거나, 병이 나았다거나) 어떻게 달라지겠습니까?"
- "상대방이나 상황이 바뀌지 않는다면 어떻게 하겠습니까?"
- "당신이 상대방으로부터 원하는 것을 그 사람이 한다면 그 사람은 당신이 자기를 어떻게 다르게 대우했다고 말할까요?"
- "최소한 이루고 싶은 것은 무엇인가요?"
- "상대방이 당신이 원하는 대로 달라진다고 합시다. 그렇다면 그 사람과

의 관계는 어떻게 달라질까요?" 그리고 "그것이 어떻게 도움이 될까요?"

- "두 분이 공동의 목표를 가지고 있다면 그것은 무엇일까요?"
- (만약 내담자의 응답이 '모르겠어요.'라고 하면) "안다고 가정하면 뭐라고 말 하겠습니까?" (7장 참조)
- "상대방이 ~욕구를 존중해 주었다고 가정합시다. 두 분의 관계가 어떻게 달라질까요?"
- "다른 상담자들과의 경험을 바탕으로 볼 때 제(상담자)가 해야 하거나 하지 말아야 하는 것은 무엇인가요?"
- "10점에서 0점 척도에서, 10점은 가능성이 매우 높다, 0점은 가능성이 전 혀 없다고 한다면, 해결책을 찾을 가능성은 몇 점일까요?"
- "좋은 관계를 만들려면(또는 회복하려면) 상대방으로부터 필요로 하는 것 이 무엇입니까?"
- "좋은 관계를 만들려면(또는 회복하려면) 최소한 당신이 상대방에게 주어 야 할 것은 무엇입니까?"
- "이 관계를 긍정적인 방향으로 종결하려면 상대방에게 무엇을 필요로 합 니까?"
- "이 관계를 긍정적인 방향으로 종결하려면 당신은 상대방에게 무엇을 주 어야 합니까?"
- "좋은 관계를 만들려고(또는 회복하려고) 상대방이 당신이 필요로 하는 것 을 제공해 준다면 당신은 어떻게 달라지겠습니까?"
- "두 분이 긍정적인 방향으로 관계를 종결하고자 상대방이 당신이 원하는 대로 제공해 준다면 어떻게 달라지겠습니까?"
- "지금까지 당신이 원하지 않는 것에 대해 많은 이야기를 하였는데, 원하 는 것은 무엇입니까?
- "문제 대신에 원하는 것은 무엇입니까?"

방문형을 위한 어떤 질문은 불평형을 위한 질문이기도 하다. 10장에는

1,001가지 해결중심 질문들이 제시되어 있다.

Walter와 Peller(1992)는 만약에 내담자가 문제의 원인으로 다른 사람을 지목했을 때 사용할 수 있는 네 가지 전략을 제시하였다. 이 내담자는 불평형으로 문제나 해결책의 일부로서 자신을 볼 수가 없고 다른 사람이나 다른 것이 문제의 원인이라고 보고 그들이 변해야 한다고 생각한다. 저자의 경험으로는, 세 번째 질문이 특히 좋은 결과를 가져왔다.

- "이 문제를 돕길 원하지만 저는 마술사는 아닙니다. 누군가가 누군가를 변화시킬 능력이 있다고는 믿지 않습니다. 그 외에 어떻게 도와드릴까요?"
- (상대방이 변하지 않을 경우 앞으로의 삶을 함께 살펴 가면서) "지금 원하는 것은 무엇입니까?"
- (상대방이 변하지 않을 경우 앞으로의 삶을 함께 살펴 가면서) "상대방이 당신이 원하는 방식으로 변한다면 어떻게 달라지겠습니까?" "언제 그것이 이미 달라져 있었습니까?" "달라졌을 때 상대방은 어떻게 다르게 행동했나요?" "당신은 무엇이 달라졌습니까?"
- (내담자가 암시한 의지나 목표와 내담자가 시도한 해결책을 발견하면서) "궁극적으로 함께 달성하고 싶은 것은 무엇입니까?" "상대방의 문제가 해결되었다면 당신에게 어떤 변화가 일어날 것 같습니까?" "당신의 책임이 아니고 상대방이 해야 하는 것임을 어떻게 알았나요?" "그렇게 하기 어려웠지만 상대방에게 책임을 갖도록 어떻게 했나요?"

저항은 존재하지 않는다

Walter와 Peller에 따르면, "내담자는 항상 협력한다. 그들은 어떻게 변화가 일어나는지 보여 준다. 우리가 그들의 생각을 이해하고 그들에게 맞게 행동하는 한 협력은 불가피하다."라고 한다(1992, p. 200). 내담자에게 무엇이 최상인지 상담자가 알아야 한다는 생각은 의학 모델로부터 기인한다. 내담자가 상담자의 제안과 조언을 따르지 않으면 그것은 내담자 자신의 성격적 결함이나 깊은 정신병리 때문이라는 것이다. 의학 모델에서 기대하는 것은 개입을 통해 상담자가 내담자를 호전시킬 수 있다는 것이다. 그것이 효과가 있게 되면 상담자는 자신의 일에 대해 역량이 있다고 느끼면서 내담자의 호전에 대해 스스로 신뢰한다. 호전이 없으면 비난은 빈번하게 내담자에게 향하고 그렇게 함으로써 상담자는 책임을 벗는다.

de Shazer(1984)는 논문 「저항의 죽음」에서 주장하기를, 상담자가 저항의 표시를 어떻게 보는가 하는 것이 내담자가 협력할 것인가를 선택하는 독특한 방법이 된다고 하였다. 예를 들어, 주어진 과제를 하지 않는다고 해서 내담자가 저항을 보이는 것은 아니다. 이것이 그 내담자의 협력하는 방식인데, 즉 그 과제가 내담자의 방식에 적합하지 않다는 것을 상담자에게 말해 주는 것이다.

de Shazer가 가정했던 것은 내담자가 스스로 원하는 것을 성취하는 방법뿐만 아니라 자신이 원하고 필요로 하는 것을 알아낼 능력이 있다는 것이다. 그런 능력을 발견할 수 있도록 돕고 생산적인 삶과 그들이 생산적인 삶을 살아가도록 안내하는 것이 상담자의 과제인 것이다.

de Shazer는 상담자와 내담자의 관계를 테니스 팀의 이미지로 재미있게 보여 준다.

> 저항을 중심 개념으로 보면, 상담자와 내담자는 대결 구도의 테니스 선수들과 같은 모습이다. 서로 이기려고 몰두하는데, 상담자는 상담이 성공하려면 이겨야 한다. 그러나 협력을 중심 개념으로 보면, 상담자와 내담자는 네트 한쪽에 같이 서 있는 테니스 선수들과 같다. 이때 협력이 필수적이다. 물론 때로는 옆에 있는 파트너와 논쟁을 할 수도 있지만 같은 쪽에 서야만 앞에 있는 공동의 적을 협동적으로 패배시킬 수 있다(1984, p. 85).

상담자는 내담자와 코트에서 같이 서서 경기를 한다. 서로 다른 편에 서 있는 것이 아니다. 다른 편에 서서 대결 구도로 서 있는 것이 아니다. 상담자는 테니스 코트 밖에 서 있는 것도 아니다. 여기서 상대편은 '문제'라는 것이다. 이런 관점은 이야기식 접근과 상응하는데 여기에서 문제를 의인화하여 적으로 만드는 것이 흔히 사용되는 개입 방법이다(7장 참조).

Selekman은 열 가지 해결중심 면담의 해결 원칙 개관을 통해 저항이 도움이 되는 개념이 아님을 주장하였다.

> 저항은 내담자가 변화를 원하지 않고 상담자는 내담자의 체계로부터 분리되어 있음을 의미한다. de Shazer는 상담자가 저항, 권위, 통제에 초점을 맞추지 말고 상담자-내담자 협력의 위치에서 각각의 내담자 사례들을 접근해야 한다고 단호하게 주장하였다(1993, p. 25).

O'Hanlon(2003)은 정중하게 내담자의 저항을 해소하는 스물여섯 가지 방법을 제안하였다. 예를 들어, 내담자가 처해 있는 상황을 타당화해 주고 수용하면서 동시에 내담자가 변화할 수 있게끔 도전을 주는 것이다. 이런 방법으로 내담자를 무조건적으로 수용하는 것보다 한 단계 넘어선다. 이러한 접근이 내담자중심 치료에 만연하다. 연구자가 밝힌 또 하나의 기법은 '예, 그리고'를 사용하는 것인데 이 기법은 이 장 후반부에 설명되어 있다.

Leary의 장미

문제는 주로 어떻게 사람들이 서로 반응하는가에 따라 결정된다. Leary (1957)는 사회적 관계를 분류하는 실제적 모델을 개발하였다. 이것을 소위 Leary의 장미라고 부른다. 그는 두 가지 중심 차원으로 나누었다. 하나는 권위와 영향력('상위 차원') 또는 그것의 부족('하위 차원')이며, 또 다른 하나는 개인적 근접성과 연민('더불어 차원') 또는 거리감('대결 차원')이다. 이 두 가지 차원은 사람들이 서로 어떻게 교류하는지 보여 준다. 권위를 향한 강한 욕구를 가진 사람들은 타인들 위에 선다. 그들은 빠르게 투쟁에 참여하여 자기가 해야 할 것을 타인들에게 말한다. 권위의 연속선상의 반대편에 있는 사람들은 복종적이거나 의존적인 입장을 취한다. 만약에 영향력 분배가 동일하다면 그 관계는 평형을 이룬다. 동일하지 않다면 그 관계는 상호 보완적이 된다. 어떤 사람들은 타인과 함께 일을 할 때만 행복을 느낀다. 지지와 도움을 제공하는 등의 협력 행동이 그 사람들에게 적합하다. 연속선상의 반대편 끝에 있는 사람들은 거리감을 만들고 반대편 의견을 가지는 행동과 연관이 있다.

이 차원들을 토대로 하여 Leary는 네 가지의 의사소통 위치를 개발하였다. 하위 차원과 더불어 차원, 상위 차원과 더불어 차원, 하위 차원과 대결 차원, 그리고 상위 차원과 대결 차원 등이다. 내담자나 상담자는 이 네 가지 입장 중에 한 가지 입장을 선호하는 경향이 있다. 어떤 경우는 두 개 이상의 위치를 선호하는 경우도 있다. 어떤 한 사람이 택한 의사소통 위치가 상대방으로 하여금 보완적(상호 보완적) 또는 반대적(대칭적) 교류 위치에 있게 한다. 상위 차원은 하위 차원을 유발하고, 하위 차원은 상위 차원을 유발하고, 더불어 차원이 대결 차원을 이끌어 내고, 대결 차원이 더불어 차원을 촉진한다. 의사소통 행동과 이로 인한 상호 교류적 간섭이 이와 같은 규칙에 따라 움직인다. 상담자는 이 행동을 신속하게 알아낼 수 있는데 자기 자신의 반응과, 자기에게 강요된 상호 교류적 위치를 근거로 하여 가능하다. 상담자는 또한 내담자가 위치를 바꾸도록 도와줄 수 있는데, 예를 들면 하위 차원과 더불어 차원에서 상위 차원과 더불어 차원으로 바꿀 수 있다. 그 방법은 '잘 모르는 것 같은 태도'를 취하는 해결중심 방법(콜롬보 태도)과 내담자를 유능한 전문가로 간주함으로써 가능하다.

네 가지 중요 위치는 다음과 같다.

- **상위 더불어** 나는 리더십과 결속의 위치를 택하고 상대방으로부터 마음에서 우러난 온순함을 다독여 통솔한다.
- **하위 더불어** 나는 상대방과의 관계에서 의존적이고 공손한 위치를 택하면서 상대방이 주도적인 위치에 서도록 밀어 준다.
- **하위 대결** 나는 상대방과의 관계에서 의존적이고 의혹적인 태도를 택하여 상대방이 나를 무시하도록 만든다(상대방에게 논쟁적이고 불평을 함).
- **상위 대결** 나는 상대방과의 관계에서 우월하면서도 적대적인 태도를 취하여 상대방이 나를 무서워하게 한다.

연습 11

전문가 위치에서 볼 때 여러분은 Leary의 장미 중 어느 위치를 선호하는지 생각해 보세요. 어떤 회기에서 잠시나마 다른 위치를 택함으로써 성공을 경험한 적이 있는지 떠올리세요. 그러한 변화가 여러분과 여러분의 내담자에게 어떤 차이를 가져왔나요?

의학 모델에서 상담자는 상위 더불어 위치를 택한다(상담자가 전문가다). 이때 내담자는 자동적으로 하위 더불어(또는 하위 대결) 위치에 있게 된다. 해결중심 상담에서 상담자는 가능한 한 많은 경우 하위 더불어 위치를 택한다(한 발짝 뒤에서 '모르는 것처럼' 하는 태도). 이 경우 내담자는 자동적으로 상위 더불어 위치로 옮겨 가고 내담자가 전문가가 된다. 상담자는 내담자가 선호하는 위치에 주의를 기울이고 또 내담자가 상위 더불어 위치에서 하위 더불어 위치로 내려오게 함으로써 내담자로부터 협력, 결심과 동기를 증진하는 것이다. 내담자의 역량에 대해서 물어볼 때 상담자와 내담자의 동등한 협력 관계가 만들어진다.

더불어 위치에 있는 내담자가 고객형이다. 행동 변화와 관련하여 반대편 위치에 서 있는 내담자는 불평형이다. 해결중심 질문과 내담자의 능력에 대해 이야기하도록 요청하는 상담자는 내담자로 하여금 더불어 위치로 움직이도록 돕는다. 만약 상담자가 자신의 짜증, 불안정, 의기소침한 것을 느낀다면 부정적 역전이가 일어난 것이다. 즉, 내담자의 행동에 대해서 상담자가 부정적 반응을 한 것이다. 실제 일반적으로 이러한 현상이 일어나는 이유는 관계가 방문형 혹은 불평형인데 상담자가 잘못 오인하여 내담자를 고객형으로 간주했기 때문이다.

'예, 그러나'와 '예, 그리고'의 차이

'예, 그러나'라는 표현은 상대방의 의견에 동의하지 않을 때 사용된다. 내담자가 이 말을 할 때 상담자는 저항의 형태로 종종 해석한다. "물론 선생님이 옳으세요. 하지만…… 예, 그러나 전 다르게 봐요." '예, 그러나'와 같은 발언은 대화에서 에너지를 소진하는데 이렇게 되면 누가 옳은지를 가리려는 논쟁으로 바로 바뀌곤 한다. '예, 그러나'는 사실상 '아니오, 왜냐하면'의 간접적인 표현이다(Leary의 장미에서 대결 위치).

'예, 그리고'를 사용하는 것이 나은데, 이것은 새로운 가능성을 만들고 협력을 향상시킨다. '예, 그러나'는 그 밖의 위치들을 배제해 버린다. '예, 그리고'라고 함으로써 상담자와 내담자는 상호 보완적이 된다. 내담자(와 상담자)가 '예, 그러나'를 자주 사용한다면 대부분의 경우 불평형 관계로 분류될 수 있다. 면담과 과제 제안에서도 그 의미는 동일하다.

연습 12

'예, 그러나'와 '예, 그리고'의 차이를 집단에게 설명하십시오. 한 사람에게 아무 이야기나 하라고 요청한 후(예를 들어, 날씨 또는 뉴스에 관한 것) 또 한 사람에게 '예, 그러나'로 말을 이끌어 가도록 하십시오. 세 번째 사람에게도 그다음 사람에게 '예, 그러나'로 이어 가도록 합니다. 5분간 지속합니다. 이런 방식으로 참가자들이 어디에 이르렀는지 물어보십시오. 그 대화가 원을 그리고 있었음을 알게 될 것이며 참가자들이 서로에게 자기가 옳음을 확신시키려는 방법을 찾고 있음을 알게 될 것입니다. 분위기는 곧 부정적으로 바뀔 것입니다. 동일한 연습을 하는데 이번에는 '예, 그리고'로 대체합니다. 5분 후 모든 사람은 긍정적이고 새로운 분위기의 주제가 떠오르는 것을 알게 될 것입니다. '예, 그리고' 연습은 협력을 증진하는 데 **훌륭한** 기법입니다.

동기와 자신감 측정하기

동기와 자신감에 관한 척도질문을 하는 것은 내담자들이 자신의 행동 변화에 얼마나 동기화되었는지, 그리고 목표 달성에 얼마만큼 자신감이 있는지 알아보는 방법이다. 이 방법은 또한 내담자의 동기와 자신감을 이끌어 낸다. 상담자는 동기와 자신감에 대해 스스로에게 동일한 질문을 한다. 행동 변화와 동기를 측정하는 데 유용한 몇 가지 해결중심 질문은 다음과 같다.

- "당신이 얼마나 동기를 가지고 있는지, 그리고 여기로 오게 한 문제를 해결하는 데 얼마나 노력을 할 것인지에 대해 척도질문을 하겠습니다. 10점은 목표 달성에 최선을 다하겠다이며 0점은 상황이 좋아질 때까지 기다리겠다라면, 지금 몇 점입니까?"
- 높은 점수를 주는 경우 다음 질문을 한다. "이렇게 열심히 하겠다는 의지는 어디에서 오는 걸까요?" 그리고 목표를 이루고자 그렇게 동기화되어 있음을 내담자에게 칭찬해 준다.
- 낮은 점수(예: 2점인 경우)는 다음과 같이 질문한다. "어떻게 0점이나 1점이 아닌 2점을 유지할 수 있나요?"
- 다음 질문을 한다. "1점이 높아진다면 어떻게 달라질까요?" "1점을 더 높이려면 무엇이 더 필요할까요?" 또는 "그 점수에 가려면 누가 또는 어떤 것이 도움이 될까요?"

특히 상담 초기에 내담자가 이루려는 목표에 대해 얼마나 자신감이 있는지를 묻는 것이 유용하다. 예를 들어, 첫 회기에서 목표 개념화 후에, 즉 이례적인 것들이 밝혀진 후에 할 수 있다. 또는 내담자가 상담이나 상담자에게 대해 거의 자신감이 없다고 이미 언급했을 수도 있다. 그런 경우라도 내담자의 언급을 심도 있게 탐색하기 위해서 척도질문을 하는 것은 좋은 생각이다. 내담자와 내담자 삶에 있어서 중요한 사람들에 대해 척도질문을 자주 사용하는 것은 내담자의 호전, 동기, 자신감을 평가하는 데 훌륭한 잣대가 되어 준다.

자신감 측정을 위해 사용되는 몇 가지 척도질문은 다음과 같다.

- "10점은 목표 달성에 자신감이 매우 많다이고 0점은 자신감이 전혀 없다라면 현재 몇 점입니까?"
- 내담자가 높은 점수를 주는 경우 다음과 같이 칭찬해 준다. "당신은 한번 마음먹으면 성공할 것이라고 매우 확신하는 사람이군요." 또는 "목표 달성에 그런 자신감은 어디에서 옵니까?"
- 내담자가 낮은 점수(예: 3점)를 주었다면 역량에 대해 질문한다. "현재 상황에도 불구하고 어떻게 3점을 유지합니까?" 그리고 "1점이 올라간다면 어떤 모습일까요?" "그 점수에 도달하기 위해 어떤 것이 필요한가요?" 또는 "1점 올리기 위해 누가 그리고 무엇이 도와줄 수 있을까요?"
- "상담을 마무리해도 좋다는 자신감이 당신에게 충분함을 제가 어떻게 알 수 있나요?"
- "다음 6개월 동안 이 점수를 유지할 수 있다는 자신감은 얼마입니까?"

사례 4

첫 회기에서 내담자는 이번 상담이 네 번째인데 상담에 성공할 자신감이 거의 없다고 말했다. 지난 세 번의 상담에서 많은 성공을 거두지 못했다고 하였다. 그런데 매우 낙천적인 상담자는 내담자의 이런 말을 탐색하지 않았다. 한편, 내담자는 나아질 자신감이 거의 없다는 말을 반복해서 말하였다. 대화가 헛돌고 분위기가 긴장되었다. 상담자는 더 노력을 하였고 내담자는 점점 수동적이 되었다. 상담자는 척도질문을 하고 이전에 받았던 도움에 대한 내담자의 실망감을 인정해 줌으로써 그의 낮은 자신감을 탐색했어야 했다. 그렇게 했다면 내담자의 자신감을 높이고 목표를 개념화하는 문을 열었을 것이다. 상담자는 또한 과거의 부정적 경험에도 불구하고 다시 상담을 시작하는 이유에 대해 물어볼 수도 있다.

희망 제공하기

무망감으로 내담자를 이끌 수 있는 상황은 두 가지다. 하나는 상황이 원하지 않는 방향으로 변할 것이라는 두려움 때문에 불안정하게 느낄 때이고, 또 다른 하나는 변화가 분명 필요하지만 아무것도 변할 수 없을 것이라며 두려워할 때다. 이 두 경우 모두 미래에 대한 통제력을 잃었다는 압도적인 느낌이 있다.

Miller, Duncan과 Hubble(1997), 그리고 Duncan 등(2004)은 내담자와의 교류 과정에서 변화에 대한 희망을 제공하고 변화에 대한 긍정적 기대를 만들어 내는 것이 중요하다고 강조하였다. 이들에 따르면, 상담자 자신의 가정, 태도, 행동이 종종 '희망 없는 사례'로 이끌어 간다. 연구자들은 상담자가 실패하게 되는 네 가지 경우를 밝히고 있는데 9장에 자세히 설명하였다. 이들은 또한 희망이 어떠한 차이를 가져오는지 사례를 제공하였다.

어떤 작은 병원에서 한 환자가 죽게 되었다. 의사들은 그가 회복할 거라는 희망을 포기했다. 의사들은 그의 병의 원인을 알아낼 수 없었다. 다행히도 어떤 유명한 진단 전문의가 그 병원에 방문차 들렀는데, 의사들은 만약 이 유명한 의사가 그 환자의 병을 진단할 수만 있다면 그들이 환자의 병을 고칠 수 있을 거라고 말했다. 전문의가 그 병원에 도착했을 때 그 환자는 거의 죽음 직전이었다. 그 전문의는 환자를 잠시 살펴보고 다음과 같이 중얼거렸다. "Moribundus."(라틴어: 죽어 가고 있음) 그리고 나서 다음 환자에게 걸어갔다. 라틴어를 전혀 모르는 그 환자는 몇 년 후 그 유명한 전문의를 찾았다. 전문의에게 말하기를 "진단을 해 주셔서 정말 감사합니다. 의사들이 말하기를 선생님께서 저의 병을 진단해 주신다면 제가 나을 거라고 했거든요."

상담자와 상담을 찾으려는 단순한 의지는 희망과 긍정적 기대를 유발한다. 만약 잠시 휴식 시간을 갖고 피드백을 제공하는 것처럼 내담자의 관심을 끌고 유지하는 의식을 가지거나 내담자의 제한점보다는 대안을 향해 내담자의 관심을 돌리도록 할 때 희망과 긍정적 기대감은 견고해진다. 상담자는 내담자의 주의를 실패 경험 대신에 이전의 성공 경험에 기울이도록 해 줌으로써 긍정적 기대감을 높인다. 그렇게 하면 내담자가 자기 자신과 처지를 보다 긍정적인 입장으로 바라보게 된다.

상담자가 자신의 상담 과정과 접근에 믿음을 가지고 효과에 관심을 보이는 것이 중요하다. 상담 절차와 접근은 내담자의 안목에서 볼 때 신뢰할 수 있는 것이어야 하고 내담자가 경험했던 성공에서부터 유래되었거나 연관된 것이어야 한다. 미래에 초점을 맞추어야 한다. 내담자의 개인적 통제력을 강조해야 하고 내담자를 문제로부터 분리시킴으로써 내담자를 '비난하지 않아야' 한다.

5회기 모델에서 사기 저하를 치료하는 것을 강조하였다(Stoffer, 2001). 사기 저하된 사람이 누구이고 사기 저하의 본질이 무엇인지를 묻는다(상담자 역시 사기가 저하될 수 있다). 그 모델에 따르면, 내담자는 문제가 있어서가 아니라 문제를 어떻게 다루어야 할지 모르기 때문에 전문가의 도움을 찾는다. 사기 저하 해소 또는 사기 증진이 희망을 제공하는 것과 동일한 것이라고 저자는 생각한다. 사기 저하라는 것이 부정적인 용어로 개념화된 것일 뿐이다. 이것과 상응하여 Frank(1974)는 '사기 복원'이라고 불렀다.

희망 제공하기에 필요한 팁

Duncan 등은 이미 많은 도움을 받았지만 실제로 도움이 되지 않았던 사람을 가리켜 때로 '불가능한 베테랑'이라고 불렀다.

> 불가능한 베테랑은 문제의 제기에서 때로 압도적이다. 이 문제들은 때로 회기를 가득 채워서 상담자로 하여금 숨이 막혀 산소를 필요로 하게 만든다. 그런데 그 문제를 변화 가능하다는 의미 표현으로 설명하는 즉시, 그토록 필요로 했던 산소와 신선한 공기의 흐름이 내담자와 상담자에게 불어온다(1997, p. 64).

내담자와 상담하는 동안에 내담자가 앞으로 자신이 원하는 꿈을 꾸면서 그 환상과 꿈이 실현되는 방향으로 나아가기 시작할 때 그것이 희망의 표시임을 상담자는 알아차려야 한다. 상담자는 내담자가 희망을 가졌었던 때에 대해 떠올리도록 요청하고 다음 질문을 한다. "그때는 어땠나요? 그때는 무엇을 하고 있었나요? 그때는 정확하게 무엇을 원했나요?" 이와 같이 희망찬 생각들이 현재 시제로 옮겨 올 수 있고 새로운 희망을 갖도록 해 준다. 사실 내담자는 전에 그런 경험을 한 적이 있기 때문이다. 즉, 내담자는 자기 삶에 관해서는 전문가다. 하나의 사소한 차이라도 내담자가 더 많은 희망을 갖도록 돕는 것이 중요하다. 희망이란 산을 옮기는 것이 아니라 바위를 하나씩 하나씩 떼어 내 옮기는 것과 같다. 내담자가 아주 작은 차이를 보여 준 적이 있다면 한 걸음 나간 것이고 더욱 많은 통제를 보여 준 것이다. 과제 제안으로, 내담자가 자기 목표를 달성할 것이라는 희망을 주는 것이 어떤 일인지 관찰하도록 제안할 수 있다.

사례 5

해결중심 치료에서 한 여성 내담자가 30kg을 줄인다면 행복하겠다고 말했다.

상담자가 질문을 하였다. "처음 0.5~1kg을 줄이게 되면 삶이 어떻게 달라질까요?"라고 하자 내담자가 대답하기를 "조금은 나아질 거예요."라고 했다. 그러고 나면 체중을 더 줄일 가능성이 확실해질 거라고 대답했다. 상담자는 "조금 나아지고 그리고 약간의 희망을 갖게 되는 것이 삶에 어떤 차이를 가져올까요?"라고 물었다. 내담자는 "더 자주 외출하고 아이들과 남편에게 좀 더 상냥해질 것 같아요."라고 말했다. 왜냐하면 기분이 좋아질 것이기 때문이라고 했다. 내담자는 자신이 원하는 미래에 대한 비전이 점차 확대되었고 비로소 내담자가 첫 번째 행동을 실천할 가능성을 증가시켰다.

희망을 얻는 다양한 방법을 내담자에게 시도해 볼 수 있다. 한 사람에게 효과가 있다고 해서 다른 사람에게도 적합한 것은 아니다. 유머의 여지가 있다면 도움이 될 것이다. 왜냐하면 웃음은 긴장을 줄이고 관점을 바꾸기 때문이다. 내담자는 또한 희망의 시간을 상기시키는 것을 떠올릴 수 있어서 종종 그것을 생각하고 바라볼 수 있다.

희망은 일반적으로 천천히 자라난다. 내담자는 다음날에 자신의 행동을 예측하고 문제에 이례적인 경우가 있음을 알게 되고 자기의 생각보다 더 많은 통제를 할 수 있음을 알게 된다. 상담자는 내담자의 희망에 대해 질문을 하고 내담자의 창조성을 자극하여 희망을 증가시킬 수 있다. 다음 장에서 희망의 중요성에 대해 더 설명할 것이다.

희망과 희망이 증가될 수 있는 방법에 대한 몇 가지 해결중심 질문은 다음과 같다.

- "최고의 희망은 무엇입니까? 그것이 어떤 차이를 가져오나요?"
- "이것이 문제가 되고 있는 동안에도 희망을 갖게 한 것은 무엇인가요?"
- "최근에 결정을 하는 데 희망을 가졌던 것이 영향을 주었나요?"
- "더 많은 희망이 있다고 가정합시다. 당신의 삶이나 대인관계가 어떻게

달라질까요?"

- "더 많은 희망을 가진다면, 목표 달성에 어떻게 도움이 될까요?"
- "더 많은 희망을 안겨다 줄 최소한의 변화는 무엇입니까?
- "충분한 희망을 가지고 있음을 어떻게 알 수 있나요?"
- "언제 희망적으로 느꼈으며, 그것을 어떻게 하였나요?"
- "희망을 생각하면, 무엇을 떠올리게 되나요?"
- "매일 아침 희망을 떠올리는 그림이 벽에 걸려 있다면 어떤 그림인가요?"
- "어떤 향기, 생각, 노래나 소리가 희망을 떠오르게 해 줄까요?"
- "10점에서 0점 척도에서 10점은 희망이 많다, 0점은 희망이 전혀 없다 라면, 지금 몇 점을 줄 수 있습니까?"
- "1점이 더 올라간다면 어떻게 달라질까요? 무엇을 달리하고 있고, 어떻게 다르게 생각하고 있을까요?"
- "1점이 더 올라간다면 어떻게 달라질까요?"
- "삶에서 많은 희망이나 더 많은 희망을 가졌던 때를 말해 주세요."
- "문제를 살펴보면서 어떤 부분이 다소간 희망을 줄 수 있을까요?"
- "희망을 더 많이 가진 사람이 있다면, 당신이 처한 이 상황에서 그 사람은 무엇을 할까요?"
- "무엇이 그리고 누가 당신에게 더 많은 희망을 줄 수 있을까요? 혹은 당신의 희망을 빼앗을 수 있을까요?"
- "희망이 보이지 않을 때 어떻게 하면 희망을 눈에 보이게 할 수 있을까요?"
- "다음 회기까지 더 많은 희망을 가지기 원한다면 다시 만나기 전에 당신은 무엇을 할 것이며 또는 제가 무엇을 하기를 바라나요?"
- "아주 적지만 우리의 대화에서 어떤 것이 당신에게 희망을 주었을까요?"
- "이 문제를 해결하는 데 당신이 올바른 길을 걷고 있음을 알려 주는 것은 무엇인가요?"
- "긍정적 순간들이 조금 더 지속될 수 있다고 가정합시다. 어떻게 달라질

까요?"

- "~에서 ~로 1점이 올라간 것이 어떤 희망을 주었나요?"

상담자가 내담자로 하여금 목표 달성을 하게 도와줄 자신의 능력에 자신감이 없어서 바람직한 효과를 볼 희망을 잃어버렸다면 상담자는 희망을 회복하기 위해 필요한 것이 무엇인지를 검토해야 한다(이 장의 앞부분에 있는 '동기와 자신감 측정하기' 참조). 또한 상담자는 상담을 보류하고 동료에게 의뢰할 수도 있다.

연습 13

여러분이 오랫동안 간직해 온 바람을 하나 떠올리고 잠시 동안 그것을 성취하는 것에 희망이 없다고 생각해 보십시오. 그 바람은 여러분의 경력, 대인관계, 재정, 건강과 관련된 것일 수 있습니다. 스스로에게 희망을 고취하는 해결중심 질문을 해 보십시오. 그리고 나서 그것이 실현될 수 있을 거라는 여러분의 희망이 어떻게 증가하는지 기록하십시오.

해결중심 모델은 상담자에게도 효과가 있다. 이 모델은 소진 증상을 예방하거나 치료해 줄 수 있는데 왜냐하면 상담 분위기가 긍정적이 되고 내담자가 목표를 달성하도록 상담자가 도울 수 있기 때문이다.

요 약

- 상담자와 내담자의 협력관계에서 방문형, 불평형, 고객형의 구분은 필수

적이다. 왜냐하면 상담자가 어떤 질문을 할 것인지, 그리고 어떠한 과제를 제안할 것인지를 결정할 수 있기 때문이다.

• 해결중심 상담자는 내담자의 행동 변화 동기를 보완하고 증진하는 방법을 알고 있다. 저항은 도움이 되는 개념은 아니며 불필요하게 내담자가 적이 되도록 만든다.

• 대화 증진 방법에는 동기와 자신감에 대한 질문, 상담자의 위치의 융통성(Leary의 장미), 상담자와 내담자가 사용하는 '예, 그러나' 대신 '예, 그리고'를 사용하는 것, 희망을 제공하고 증가시키는 방법으로서 해결중심 질문과 팁이 포함된다.

03

첫 번째 회기

1001
Question

첫 번째 회기

꿈이 없다면 어떻게 꿈을 실현시킬 수가 있을까?

⟨*South Pacific*⟩

오프닝

첫 번째 해결중심 회기에서 상담자는 다음에 유의해야 한다.

- **회기의 구조**(짧은 휴식시간을 가지고 동료와 자문을 받을 것인지 결정한다) **및 회기 기간에 대한 정보 제공하기** 상담자는 해결중심 방식으로 상담을 하게 될 것이라고 내담자에게 설명한다. 상담자가 적용하는 회기 모델에 대해 투명해야 한다. 내담자와 동료들은 '문제중심 게임'이 유일한 게임이라고 생각해 왔는데, 새로운 해결중심 게임의 가능성을 이야기해 줌으로써 문제로부터 해결책으로 초점을 바꾸도록 도와준다. 또는 내담자 스스로가 문제중심이나 해결중심 치료 중 한 가지를 선택하도록

한다(Bannink, 2009f).

- **내담자와 라포 형성하기**(긍정적인 치료관계) 내담자의 직업이나 대인관계, 취미에 대해서 묻고 내담자가 잘하는 것 또는 즐기는 것이 무엇인지 묻고, 내담자가 자랑스럽게 생각하는 것에 주의를 둠으로써 관계를 형성한다. 그렇게 함으로써 상담자는 가치 있는 소중한 정보를 얻게 된다. 내담자가 목표를 이루기 위해 가지고 있는 장점과 자원은 그 밖에 어떤 것이 있는가 등의 질문이다.

원칙적으로는 해결중심 면담을 하는 중에 문제에 대해서 자세히 알아야 할 필요는 없으나 시간이 가다 보면 문제에 대한 이야기들이 나올 수 있다. 차트를 미리 읽을 필요는 없고 진단명을 미리 알 필요는 없다. 의뢰인이 사례를 가리켜서 상당히 '힘들고 복잡한 사례'라고 했다면 상담자의 긍정적 기대와 희망에 부정적 영향을 받을 위험성이 있기 때문이다. 상담 중에 문제에 대한 정보를 입수하는 것이 도움이 된다면 물어볼 수는 있다. 부록 A에서 첫 회기를 위한 두 가지 프로토콜을 참조하라.

회기 기간

저자의 경험상, 해결중심 회기의 적정 시간은 45분이고 내담자가 두 명 이상일 경우는 1시간 반 정도다. 내담자를 알고 라포를 형성하고 회기 구조를 설명하고 목표를 설정하고 이례적인 일들에 대해 질문하고 척도질문을 하고 내담자가 방문형, 불평형, 고객형인지를 살펴보는 데 충분한 시간이다. 원한다면 5분 정도 휴식 시간을 가질 수 있고 휴식 시간이 지난 다음에는 과제에 대한 피드백을 제공하고 내담자에게 회기에 대한 피드백을 말하도록 할 수 있다. 경험적으로 볼 때, 모든 해결중심 상담자가 이런 절차를 따르지는 않는다. 어떤 사람은 휴식 시간을 가지지 않고 마지막에 과제에 대해 이야기한다. 회기 내내 칭찬과 능력에 대한 질문이 충분히 나왔을 경우에는 피드백 시간에 반복할 필요가 없다(피드백은 이 장 후반부에 자세히 설명). 만약에 내담자가 원한다면 다음 면담 약속을 잡는다.

모든 해결중심 회기는 원칙적으로
마지막 회기라고 여긴다

이론상 모든 회기는 마지막 회기로 여긴다. 해결중심 면담은 사전에 결정된 고정적 회기 회수로 시작하지 않는데 이 점은 5회기 모델과는 다르고 또 처음부터 10회기의 약속을 잡아야 하는 상담과도 다르다. 첫 번째 회기를 마칠 때 해결중심 질문을 던진다. "여기 다시 오는 것이 필요하거나 도움이 될까요?" 내담자가 다시 오기를 원한다고 한다면 다음 질문은 "언제 다시 오겠습니까?"라고 질문한다.

가능한 한, 해결중심 상담자는 내담자가 얼마나 자주 회기에 오고 싶은지 결정하도록 한다. 내담자가 바로 오겠다고 하면 목표 달성에 대한 현저한 동기에 대해 칭찬한다. 내담자가 한참 후에 오는 것을 원할 수 있는데, 그 경우 상담자는 내담자가 충분한 시간을 가지고 자신의 행동 대안을 연습하고 그 상황을 유심히 관찰하고자 하는 분명한 의지에 대해서도 칭찬한다.

수많은 사례에서—독자가 생각하는 것보다 더 많은 경우에—추가 회기가 필요하지 않을 경우가 많은데, 왜냐하면 내담자는 첫 회기에서 자기가 제대로 된 길을 가고 있고 목표도 선명해졌음을 알게 되었다고 믿기 때문이다. 저자의 관점에서 내담자가 다시 찾아오는 경우를 보면, 상담자가 그것이 중요하거나 필요하다고 생각하고 내담자는 스스로 혼자 할 수 있을 거라는 자신감이 없기 때문이다. 해결중심 상담자는 내담자를 끌고 가는 배로 간주하기보다는 한 발짝 뒤에서 밀어 주면서 인도해 주는 것이 더 낫다. 이 방법은 꼼짝 못하고 있는 내담자로 하여금 박혀 있는 배를 다시 넓은 바다로 갈 수 있도록 해 준다. 내담자가 안전하게 항구에 도착했는지의 여부를 알아보기 위해서 상담자가 함께 배를 타고 갈 필요는 없다. 경험에서 보면, 내담자가 구체적이고 긍정적이고 현실적인 목표를 가지고 있는 한 스스로 전진하면서 목표 달성에 필요한 행동을 실천하곤 한다. 만약에 원한다면 이러한 행동 절차와 순서를 상담에서 계획하고 안내해 준다. 45분씩 3~4회기가 평균적이며, 대부분의 해결중심 상담은 단기적이기 때문에 비용을 절약할 수 있다.

첫 회기의 컴퓨터 모델

de Shazer(1998)는 첫 회기 모델을 고안했는데 여기서 다음과 같은 질문을 한다.

불평을 하고 있는가

불평을 하고 있지 않다면 내담자는 방문형이다. 이 경우 상담자는 칭찬을 해 주면서 내담자의 세계관을 따라가고 내담자가 원한다면 다음 상담 약속을 할 수 있을 뿐이다. 불평을 한다면 이 내담자는 불평형 내담자이거나 또는 고객형일 수도 있다. 이 경우 상담자는 내담자와 함께 문제의 이례적인 경우들(문제가 없거나 문제가 두드러지지 않았을 때)을 알아본다. 경험에서 보면, 관계치료나 관계중재에 와 있는 다수의 내담자 중 한 사람은 고객형, 다른 한 사람은 불평형이거나 두 사람 모두 불평형일 수 있다. 또는 반대로 한 사람은 불평형, 다른 한 사람은 방문형이기도 하다. 상담자가 이러한 구분을 가능한 한 신속하게 하는 것이 상담의 성공에 결정적이다. 왜냐하면 추후 상담과 과제가 그 유형에 따라 맞춰지기 때문이다.

이례적인 경우를 가지고 있는가

이례적인 경우가 없었다면 상담자는 기적질문을 하여 해결 가설을 세우도록 내담자를 돕는다. 그리고 상담자와 내담자는 함께 기적과 문제의 차이점에 대해서 탐색한다. 만약 이례적인 경우를 가지고 있다면 상담자와 내담자는 이례적인 경우와 문제의 차이점을 찾고 어느 수준까지 내담자가 이례적인 일의 발생에 통제력을 가지고 있는지 살펴본다. 부록 A에서 첫 회기를 위한 두 가지 프로토콜을 참조하라.

이례적인 경우가 있었는가 또는 해결 가설이 있었는가

만일 이례적인 경우나 해결 가설이 있다면 목표를 설정하고 다음 과제를 제안할 수 있다. 효과가 있었던 것을 지속하도록 하고, 더 많이 하도록 하고, 가장 쉬웠던 것을 하도록 하고, 겉으로 보기에 우연히 일어난 이례적인 일을 예측하도록 하고, 결과를 설명하도록 하고, 또는 우연으로 보이는 이례적인 경우에 대해 더 많이 배우도록 한다. 부록 B에서 목표 개념화를 위한 프로토콜을 참조하라. 목표가 애매모호해서 훌륭한 해결 가설이 떠오르지 않는다면 상담자는 과제로서 다음을 제안할 수 있는데 내담자가 그대로 유지하기를 원하는 것이 무엇인지, 달라질 필요가 없는 것은 무엇인지, 다음 시간에 그 과제를 함께 나눈다. 또한 해결중심 상담자는 내담자의 불평에 대해 탐색하고 분석한다.

Walter와 Peller(1992)는 해결책 개발을 위한 안내도를 만들었는데 다음 영역들이 포함된다([그림 3-1] 참조).

- 내담자의 바람이나 불평에서부터 목표로 간다. 불만을 가진 것에 대해서 어떤 변화가 있기를 원하는가?
- 문제에서 이례적인 것이 있었는가?
- 있다면 반복 가능한가? 효과가 있는 것은 더 많이 하라.
- 우연히 일어난 이례적인 경우가 있는가? 그것에 대해 더 자세히 알아보라.
- 이례적인 것은 없고 목표만 있는가? 목표에서 한 부분을 실천하라.

가능하다면 항상 내담자의 바람과 불평을 목표로 진술한다. 즉, 무언가가 실천되어야 하는 이슈인 것이다. 내담자에게 하는 질문은 과제의 세 가지 유형을 결정한다. 활용 가능한 이례적인 경우를 찾을 경우 기적(해결 가설)은 일반적으로 불필요하다.

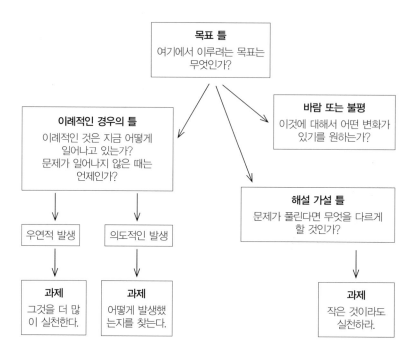

[그림 3-1] 해결책 개발을 위한 안내도
출처: Walter, J. L., & Peller, J. E.(1992)

피드백

　해결중심 치료에서 매 회기 끝에 하는 피드백은 해결중심 회기 중간에 주는 피드백과는 다르다. 과정에서 주는 피드백의 경우는 상담자가 문제의 본질과 심각도에 대해서 알게 된 정보를 사용해서 어떤 행동이 내담자에게 가장 이득이 될 것인지를 결정한다. 상담자는 이러한 행동을 취하거나 조언을 줌으로써 내담자가 과제로 따르도록 격려한다. 이러한 행동은(개입) 긍정적 변화를 유발시킨다. 개입은 상담자가 전문가로서 수집한 정보를 토대로 하여 고안되며 상담자가 분석을 하고 이론을 토대로 하여 찾은 것이다. 결과적으로 변화를 유발시키는 사람은 상담자인 것이다.

해결중심 회기에서 회기 끝에 하는 피드백은 과정 중의 구성요소만큼이나 중요하다. 변화를 유발하는 것은 상담자가 아니고 내담자다. 회기 중 내담자는 자신과 자신이 처한 상황에 대해 정보를 제공해 준다. 피드백에서 상담자는 내담자의 목표 실현을 위해 유용한 정보들을 조직화하고 강조한다. 피드백을 주기 전에 해결중심 상담자는 5분간 휴식을 가짐으로써 어떤 피드백을 줄 것인지를 생각해 본다. 내담자에게 회기에 대해 회상하라고 하여 휴식 시간 이후에 이야기하도록 할 수 있고 또는 내담자가 회기 평가 척도(SRS)를 작성하도록 할 수 있다(2장, 11장, 부록 E 참조).

연습 14

회기 시작을 여는 말을 어떻게 할 것인지 생각하십시오. 문제중심 질문을 선택할 수도 있습니다. "여기에 온 문제는 무엇입니까?" 또는 "무엇이 문제입니까?" 중립적인 질문을 할 수도 있습니다. "여기에 오신 이유는 무엇입니까?" 또는 여러분이 열심히 도울 것이라는 의미를 함축한 질문을 할 수도 있습니다. "어떻게 도와드릴까요?" 또는 회기 목표와 관련된 해결중심 질문을 선택할 수도 있습니다. "오늘 방문한 목적은 무엇입니까?" 또는 "오늘 만남에서 이루어야 할 것이 무엇인가요?" "그래서 저를 만나러 온 것이 도움이 되었고 의미 있다고 말할 수 있을까요?" 또는 "다음에 다시 오게 될 필요가 없으려면 오늘의 만남에서 이루고자 원하는 것은 무엇입니까?" 또는 "목표를 달성함으로써 여기 다시 올 필요가 없다고 하려면 어떻게 해야 합니까?" 또는 "문제 대신에 무엇이 일어나기를 원합니까?" 또는 여러분은 기적질문을 할 수도 있습니다. "잠 든 동안 밤새 기적이 일어났고 그 기적으로 여기 오게 한 문제가 해결되었다면 다음날 아침 기적이 일어났다는 사실을 모른 채 깨어서 기적이 일어났음을 어떻게 가장 먼저 알아차릴까요? 무엇이 달라지고 무엇을 다르게 할까요? 그 밖에 기적이 일어났음을 또 누가 알아차릴까요? 그 사람은 어떻게 알아차릴까요? 그 사람은 어떻게 반응할까요? 그럴 때 어떨까요? 그러면 당신은 그것에 대해 어떻게 반응을 할까요? 기적이 일어났음을 하루 종일 그 밖에 무엇으로 알 수 있을까요? 그 밖에 어떤 것을 다르게 할까요? 사람들은 그것에 대해 어떻게 반응할까요?" 그리고 만일 적용 가능하다면 다음 질문을 합니다. "대인관계가 어떻게 변할까요? 그 밖에 무엇이 달라질까요?" 또는 다음 질문을 할 수 있습니다. "최상의 희망은 무엇인가요? 그 희망이 실현된다면 무엇이 달라질까요?"

가능한 모든 것을 시도해 보고 내담자 반응의 차이와 상담 분위기의 차이에 대해 관찰하십시오.

상담자와 내담자는 휴식 시간 동안에 같은 방에 있을 수도 있고 잠시 한 사람이 떠나 있을 수도 있다. 상담자가 동료나 동료 팀과 자문을 구하고 싶을 때 내담자로부터 떨어져 있을 수도 있고 내담자가 있을 때 자문할 수도 있다. 저자의 경험으로, 내담자가 있을 때 현저하게 힘이 있는 개입이 될 수가 있는데 왜냐하면 내담자가 잘하고 있는 모든 것에 대해서 직접 들을 수 있게 되고(칭찬해 주기) 자신의 목표에 더 다가갈 수 있는 방법들(과제)에 대해 직접 들을 수 있기 때문이다.

휴식 시간을 가지면서 피드백을 주는 것이 반드시 해야 하는 것은 아님을 기억하라. 어떤 상담자는 그렇게 하는 것이 유용하고 즐겁다고 하며 늘 그렇게 하는 반면, 저자를 포함한 어떤 상담자들은 그렇게 하지는 않는다. 그렇게 하지 않는 상담자의 경우 그 구성방식이 갑작스러운 스타일 변화로 경험되기 때문이다. 휴식 전에 상담자는 아무것도 모르는 태도를 취하다가 휴식 후에 내담자에게 해야 할 것을 말해 주는 전문가가 되기 때문이다. 또 이 구성방식 대신에 회기 중간에 조금 다른 방식으로 조금 더 비공식적인 방법으로 칭찬해 주기와 과제 제안하기가 가능하기 때문이다. 독자는 양쪽 구성 방식을 모두 시도해 보고 자신에게 가장 잘 맞고 상담 장면 환경에 가장 적절한 방식을 찾도록 권한다.

피드백 개념화를 위한 몇 가지 해결중심 질문은 다음과 같다.

- 목표는 잘 정의되었는가? 목표는 무엇인가?
- 이례적인 경우는 있는가? 어떤 것이 있는가?
- 이례는 의도적인 것이었나? 우연적인 것이었나?
- 상담자와 내담자의 관계는 어떠한가? (방문형, 불평형, 고객형)

피드백에는 고정화된 구조가 있는데 세 가지 구성요소로 이루어진다.

- **칭찬해 주기** 피드백에는 칭찬이 들어간다. 칭찬은 긍정적 강화의 형태다. 내담자가 중요하다고 보는 것을 인정해 주고 내담자의 성공 경험과 역량을 확인시켜 준다.
- **이어 주기** 소위 '합당한 이유'라고 부르는데 이 이유를 통해서 칭찬해 주기를 과제 제안으로 연결시켜 준다. 이어 주기는 종종 '그리고 왜냐하면……'으로 시작한다.
- **과제 제안하기** 세 번째 구성요소는 내담자에게 한 가지 또는 그 이상의 과제를 할당해 주는 것이다. 과제는 두 가지 부류로 나누는데 관찰과제와 행동과제다. 5장에서 과제에 대해 자세하게 설명하고 있다.

상담자가 휴식 시간을 가지기 원할 경우, 휴식 시간에 대해서 회기 시작 때 말해 주는 것이 낫고 휴식하기 전에 과제 제안을 원하는지의 여부를 물어보는 편이 낫다. 내담자는 늘 과제를 원하지 않을 수도 있다. 종종 회기에서 내담자가 문제에 대한 생각을 바꿀 수 있기 때문이다. 휴식하기 전에 내담자가 알아야 되는 것이나 아직 언급하지 않는 것이 있는지의 여부를 내담자에게 물어볼 수도 있다(de Shazer, 1994).

관찰과제를 줄 경우, 상담자는 내담자가 자신의 목표를 이루도록 해 줄 가능성이 있는 삶의 측면들에 주의를 기울이도록 제안한다. 예를 들어, 문제가 없었거나 두드러지지 않았을 때가 언제이고, 그때 무엇이 달랐으며, 무엇을 다르게 했는지 떠올리도록 하는 것이다. 또한 목표가 한동안 가깝게 느껴졌던 때는 언제였고 언제 그런 일이 있었는지를 찾아보도록 할 수 있다. 만약에 내담자가 원한다면 후속 회기에서 이야기할 것들을 적도록 한다.

행동과제란 내담자가 자신의 목표에 좀 더 가까이 갈 수 있도록 해 줄 행동들을 말한다. 관찰과제처럼 행동과제 역시 내담자가 제공한 정보를 토대로 하며 따라서 그 과제들은 내담자에게 의미가 있어야 한다. 행동과제의 한 예로, 내담자가 했던 행동 중에서 전에 도움이 되었던 행동을 지속적으로 하도록 제안하는 것이다.

사례 6

해결중심 회기에서 경미한 지적 장애를 가진 내담자가 말하기를 여자 친구와 헤어졌고 더 이상 인생의 의미가 없다고 하였다. 그는 매우 불행했고 상담지원팀은 걱정이 되었다. 그가 죽기를 바란다면 과연 개방병동에 있을 수 있는가? 상담자는 내담자의 슬픔을 인정해 주면서 그의 목표가 무엇인지 물었다. 그러고 나서 "이 모든 슬픔 대신에 무엇을 가지고 싶은가?"라고 물었다. 내담자는 "다시 쾌활해지고 싶어요."라고 대답했다. 이 답에 대해서 상담자는 '쾌활하다는 것이 어떤 것이며, 그렇게 하려면 무엇을 해야 하는지' 물었다. 내담자는 '노래를 많이 부르면서 행복해지는 것'이라고 말했다. 상담자는 '어떤 노래를 상담자에게 불러 주고 싶은지, 그리고 내담자가 좋아하는 음악을 상담자를 위해서 연주해 줄 수 있는지' 물었다. 하나에서 또 다른 하나로 이어지는 것이다. 내담자는 나지막히 노래를 부르기 시작했다. 점차 목소리가 커졌다. 그는 편안해하면서 얼굴에는 미소가 떠올랐다. 상담자는 아름다운 음악과 목소리를 칭찬해 주었고 자기의 기분을 좋게 해 주는 것이 무엇인지 알고 있음에 대해 칭찬하였다. 상담지원팀과 내담자는 약속하기를, 이후에도 그가 기분이 우울해지면 그 음악을 연주하고 노래를 부르기로 했다. 이것이 바로 행동과제의 한 예다. 효과가 있는 것을 하거나 또는 더 많이 하는 것이다.

방문형, 불평형, 고객형을 위한 피드백은 각각 다르다. 각 사례마다 해결중심 상담자는 칭찬해 주기를 한다. 속성에 대한 긍정적 해석과 칭찬은 내담자와의 훌륭하고 좋은 관계(라포)를 형성하게 하며 내담자가 가지고 있는 역량과 변화에 대한 희망을 견고하게 해 준다. 두 명 이상의 내담자를 상담할 경우 칭찬이 갖는 또 하나의 긍정적 효과란 상대방이 듣는 칭찬을 함께 듣고 상대방을 보다 긍정적 측면에서 보게 해 준다는 것이다.

방문형 내담자에게는 과제를 주지 않는 것이 중요하다. 불평형 내담자에게는 관찰과제만 제안한다. 고객형 내담자에게는 행동과제와 관찰과제를 모두 제안한다. 내담자가 고객형인지 아닌지가 의심스럽다면 불평형 내담자의 위치에 걸맞는 개입을 선택하는 것이 최상이다. 내담자가 불평형인지 아닌지가 의심스럽다면 고객형에게 걸맞는 개입을 택하는 것이 최상이다. 두 명 이상의 내담자가 있을 경우 변화할 준비가 가장 되어 있지 않은 내담자에게 맞추어 개입을 시작한다. 왜냐하면 그 내담자가 일반적으로 가장 많은 주의 집중을 요구하기 때문이다. 다음 사례에서처럼 모든 동기 수준을 다룰 수도 있다.

사례 7

20명의 사람들이 회사 내 훈련에 참석하였다. 대부분이 고객형 참가자들이었다. 그들은 새로운 것을 배우는 데 흥미가 있고 학습한 것을 어떻게 실전에 적용할 것인지에도 관심이 있었다. 어떤 사람은 불평형 참가자였다. 그들은 목표 생산량을 달성해야 한다는 많은 압력으로 직장에서 문제를 경험하고 있는 사람들이었다. 한편, 그들은 관리부서가 해결해야 할 것이라고 느끼며 자신들은 문제나 해결책에 관여되지 않는 것으로 보았다. 몇몇 사람들은 방문형이었다. 그들은 관리부서에서 가라고 하여 참가하였고 문제가 없다고 생각하고 아무것도 힘든 일이 없다고 하였다. 훈련 첫날이 끝날 때 해결중심 상담자는 다음과 같은 과제를 제안하였다. "지금부터 다음 훈련 때까지 어떤 과제를 하고자 하는 사람들은 자료를 읽고 오늘 이야기한 것을 적용하기 바랍니다(행동과제). 대안적으로는 업무가 잘되어 가기 때문에 그대로 유지하고 싶은 것이 무엇인지 살펴보고 다음 시간에 와서 이야기하십시오(관찰과제). 그리고 아무것도 하고 싶지 않은 사람은 아무것도 하지 않아도 됩니다."

경험적으로 볼 때 행동 변화를 원하는 사람들(고객형)이 참가하고 있는 집단 작업을 시작할 때, 불평형과 방문형의 집단원들이 후반부에 가서 행동에 대한 동기가 유발되곤 한다. 왜냐하면 뒤처지고 싶지 않기 때문이다. 만약 방문형과 불평형이 고객형이 되지 않는다면 그러지 않은 타당한 이유가 있을 것이며 그것에 대해서 기회가 될 때 이야기하도록 한다.

동기는 연속선상에 있다. 모든 내담자 유형이 수용될 수 있고 반드시 바뀌어야 할 필요는 없다. 이렇게 할 때 내담자와의 협동이 더 용이하고 더 긍정적이 된다.

연습 15

다음 대화를 5분 이상 지속하면서 상대방에게 최소 세 가지 칭찬을 해 주고 대화 분위기가 어떻게 변하는지 살펴보십시오. 상대방이 말한 것, 만들어 낸 것, 행동한 것, 또는 상대방의 외모에 대해 직접적으로 칭찬할 수 있습니다. 간접적인 칭찬은 해결중심 능력 질문을 사용하여 내담자로부터 자기 칭찬을 유발하는 것입니다. "어떻게 ～에 성공하였나요?" "어떻게 그것을 잘할 수 있었나요?" "어떻게 그렇게 좋은 아이디어가 떠올랐나요?" 또 속성에 대한 긍정적 해석으로 칭찬할 수 있다. "당신은 매우 결단력이 있는 사람임에 틀림없군요. 조금 더 이야기해 주세요." "책임감이 매우 강한 사람임에 틀림없군요." 또는 "그러니까 필요하다면 투쟁할 의지가 있는 분이군요." 또는 "자녀를 ～할 정도로 사랑하는 분임에 틀림없군요. 좀 더 이야기해 주세요."

많은 내담자는 피드백을 매우 가치 있게 생각한다. 때로 회기에서의 내용을 휴식하는 동안 생각할 수 있는 시간을 상담자가 가지는(여러 동료나 직원 팀과 상의한다) 것에 대해 내담자가 감사하며 내담자 자신들도 상담에 대해 피드백을 할 수 있는 것이 좋다고 말한다. 휴식 시간을 갖는 것에 대해서 이상하게 생각하는 사람은 한 명도 없다. 그렇지만 회기가 시작될 때 회기 구조에 대해서 설명하는 것이 유용하다. 상담자는 다음과 같이 말한다. "30분 후에 5분간 휴식을 하면서 지금까지의 내용을 생각해 보도록 하겠습니다. 여러분도 그렇게 하시길 바랍니다. 왜냐하면 회기 내용에 대해 어떤 생각을 하고 있는지 듣는 것이 중요하다고 생각하기 때문입니다. 잠시 제가 방을 떠나 있겠습니다. 여러분은 여기에 그대로 계십시오. 5분 후 제가 돌아와서 어떤 생각을 하셨는지 듣겠습니다. 그리고 제 생각이 무엇인지, 여러분의 목표를 달성하는 데 무엇이 도움이 될지에 대해 말씀드리도록 하겠습니다."

이례적인 경우로, 내담자에게 주는 모든 피드백이 긍정적일 경우 내담자는 이의를 제기할 수도 있다. 그 피드백이 내담자에게 현실적으로 느껴지지 않을 수 있기 때문이다. 때로 내담자는 문제에 깊이 들어가서 해결책을 찾거나 문제의 원인을 이해하는 것이 필수적이라고 느낀다. 그 경우 긍정적 피드백 전에 다음과 같이 말하는 것이 도움이 된다. "이 말이 과잉 긍정적으로 생각될 수 있겠습니다만……."

극도로 문제중심적인 내담자에게 해결중심 상담자는 효과 있는 것에만 초점을 맞춘다고 소개한다. 그것으로 불충분하면 상담자는 문제에 좀 더 많은 시간을 할애한다. 내담자가 문제에 대해서 이야기를 나누는 것이 목표 달성에 어떻게 도움이 된다고 생각하는지 물어볼 수 있다. 또는 상담자가 이야기 치료 모델을 가지고 작업하거나 내담자를 문제중심 동료 상담자에게 의뢰할 수도 있다. 상담자가 활용하는 기법을 투명하게 설명하는 것이 내담자와 동료에게 모두 중요하다. 부록 D에서는 피드백을 개념화하는 데 도움이 되는 프로토콜이 제시되어 있다.

네 가지 기본 해결중심 질문

이 책의 10장에 1,001가지의 해결중심 질문이 제시되어 있다. 간단히 정리하면 네 가지 기본 해결중심 질문이 있다.

1. "최상의 희망은 무엇입니까?"
2. "그 희망이 무엇을 다르게 만듭니까?"
3. "올바른 방향으로 가고 있는 것은 무엇입니까?"
4. "호전하고 있다는 증거는 무엇이 될까요? 그다음 행동은 무엇이 될까요?"

희망이론

첫 번째 질문은 내담자가 희망하는 것이 무엇인지 묻는 것이다. 앞에서 언급한 것과 같이 희망과 기대감은 성공적 치료에서 중요한 역할을 한다. 내담자가 무엇을 희망하는가에 대한 질문이 아니라 내담자에게 최상의 희망이 무엇인지를 묻는 것이다. 그다음에는 그 밖에 어떤 것을 희망하는지 묻는다.

상담자는 내담자가 충분히 말했다고 생각될 때까지 "그 밖에?"라는 질문을 계속한다. 희망에 대한 질문은 "모든 길은 로마로 통한다."라는 이미지를 명확하게 해 준다.

1950년대 이후 의사와 심리학자들은 사람의 건강과 복지에 희망이 하는 역할을 지적하였다. APA 기조연설에서, Menninger(1959)는 희망이 아직까지 연구되지 않은 힘과 치유의 근원이라고 말했다. Menninger는 희망이 정신과적 치료와 훈련에 없어서는 안 될 요인이라고 믿었다.

심리치료에서 희망에 대한 관심이 처음에는 희망적인 생각을 증가시키는 것보다는 절망을 감소하는 데 맞춰졌다. 절망과 자살의 연관성을 볼 때, Beck, Weissman, Lester와 Trexles는 무망감과의 싸움에 초점을 맞추었다. 무망감에 대한 그들의 정의는 다음과 같다. "공통분모가 미래에 대한 부정적 기대인 인지도식 체계다."(A. T. Beck et al., 1974, p. 864)

그러나 무망감을 줄이는 것은 희망을 증가시키는 것과는 다르다. 희망을 제공하는 것과 그것의 부정적 공식을 비교하라. 사기 저하를 올리는 것이 된다(Stoffer, 2001). Frank(1974)는 '사기의 회복'이라고 불렀다. Bakker와 Bannink(2008)가 주장하기를, 희망을 제공하는 것이 위기 개입에서 중요한데 내담자에게 최상의 희망이 무엇인지 묻고 그것이 어떠한 변화를 가져올지 질문함으로써 내담자가 바라는 미래를 볼 수 있도록 해 준다.

1990년대에 Snyder는 희망에 대한 연구를 수행하였다. 그는 희망이론에서 목표 달성에 초점을 둔 희망의 인지 모델을 제안하였다. 동기와 계획은 목표를 이루는 데 필수적인 것으로서 두 가지 모두 고려되어야 한다. Snyder 등은 희망을 "긍정적 정서 상태인데 그것의 토대는 (a)매체와 (b)경로가 성공적으로 상호작용한 결과에 토대를 둔 것이다."라고 정의하였다(1991, p. 287).

희망은 여행으로 간주된다. 희망 여행을 할 때 세 가지가 필요하다. 목적지(목표), 지도(경로), 이동 수단(매체) 등이다. 희망의 첫 번째 구성 요인은 목표 개념화다. 어느 정도의 어려움을 가진 목표를 설정할 때 가장 많은 희망이 생성된다. 너무 어려운 목표나 너무 쉬운 목표일 경우 사람들은 최선을 다하지 않는다. Snyder는 희망찬 사람(높은 희망을 가진 사람)과 그렇지 않은 사람(낮은 희망을 가진 사람)을 구별하였다. 목표가 애매모호한 희망이 없는 사람과 비교하여 희망찬 사람은 일반적으로 목표가 보다 명료하다.

희망의 두 번째 구성 요인은 생각의 경로다. 생각의 경로는 목표를 이루는 방법을 고안하는 것과 해결책의 '정신적 안내도'를 그리는 것과 관련된다. 예를 들어, 운동선수들이 경기를 잘하기 위해서 필요한 단계들을 시각화할 때 실력이 향상되는 것으로 나타났다. 여기에서도 희망찬 사람과 그렇지 않은 사람이 구별될 수 있음을 나타낸다. 희망찬 사람은 자세한 안내도를 그릴 줄 아는 기술이 많다. 대안책을 떠올리는 것을 더 잘한다. 그래서 원래 경로가 막혀도 목표를 달성할 수 있다. 게다가 나타날 수 있는 어려움들을 예상하는 능력이 더 좋다. 그래서 탄력성이 더 있다. 마지막으로, 큰 목표를 많은 작은 목표들로 나누는 것이 용이하다는 것을 알고 있다.

희망의 마지막 구성요인은 매체다. 목표를 설정하고 경로를 만들었다고 해도 내담자가 충분히 동기화되지 않을 경우 바라는 결과를 가질 수 없다. 이 구성요인은 걸림돌이 있음에도 불구하고 자기 자신을 동력화하여 목표 방향으로 전진하게 만드는 능력에 대한 생각을 말한다. Snyder의 연구 결과에서 밝힌 것은 희망찬 사람들은 긍정적 자기 표현하기를 더 좋아한다는 것이다. 예를 들면, "성공할 거예요." "할 수 있어요." 등이다. 따라서 희망이란 가지고 있는 것뿐만 아니라 하고 있는 것이 주를 이룬다.

희망의 세 가지 중요 요인은 복잡하게 연결되어 있어서, 그중 하나만을 이끌어 내도 희망찬 생각이 전체 과정에 긍정적 영향을 미친다.

그것은 어떤 차이를 가져오는가

두 번째 질문은 차이에 관한 것이다. Bateson(1979)은 차이를 가져오는 것들에 대해 언급하였는데 상담자의 시각에서가 아니라 내담자의 시각에서였다. 질문은 다음과 같다. 내담자가 바라는 것이 현실로 나타나면 무엇이 달라질 것인가? 무슨 차이를 만들 것인가? 그 밖에 어떤 차이가 있을 것인가? 내담자의 삶에서 중요한 사람들을 위해 무엇을 다르게 할 수 있을까? 이 사람들과의 관계는 어떻게 달라질 것인가? 등이다.

차이점에 대한 질문은 로마로 가는 길을 보게 하는 것이 아니라 로마를 보게 해 준다.

올바른 방향으로 가고 있는 것은 무엇인가

세 번째 질문은 '올바른 방향으로 가고 있는 것은 무엇인가?'에 관한 것이다. 희망이론에서 기술한 것처럼, 지도는 여행을 해 본 길과 해 보지 않은 길로 구성되어 있다. 연구 결과에 따르면, 여행해야 할 길을 미리 바라보기보다 이미 여행을 했던 길을 때로 뒤돌아보는 것이 유용하다. "올바른 방향으로 되어 가고 있는 것은 무엇인가?" "어떻게 그렇게 할 수 있었는가?" "그 밖에 올바른 방향으로 가고 있는 것은 무엇인가?" "그밖의 것은 무엇인가?" 등의 질문은 많은 이례적인 경우들과 긍정적 정서와 다음 행동을 취하려는 동기를 이끌어 낸다.

저자의 소견으로는 내담자에게 우선 이런 질문들을 하고 나서 척도질문을 하게 되면 척도 점수가 더 높아지곤 한다. 이 현상은 인지부조화와 관련 가능성이 있다. 낮은 점수를 매기는 내담자는 올바른 방향으로 되어 있는 것들을 많이 말하지 못한다. 척도에 더 높은 점수를 주게 되면 희망과 자신감을 더 많이 갖게 해 주어서 나머지 길을 찾아보게 되고 그렇게 하려는 동기도 더 많아진다. 이 점이 대부분의 해결중심 문헌에서 제안한 것과는 다른 점이다. 즉, 척도질문을 하고 나서 그 점수가 의미하는 것을 물을 때는 내담자의 대답을 제한시킬 수 있다.

호전의 다음 근거는 무엇인가

네 번째 질문은 호전을 보여 주는 후속적인 근거들에 대해 묻는 것이다. Walter와 Peller(2000)는 상담에서 호전되고 있다는 표시나 근거를 찾기 위해 어떻게 하는지를 설명하였다. 예를 들어, 전문가는 다음 질문을 한다. "보다 편안해졌다는 것을 가르쳐 주는 몇 가지 근거로는 어떤 것이 있나요?" "더 좋아졌다는 것을 보여 주는 근거는 무엇입니까?" "상황이 원하는 대로 가고 있음을 보여 주는 또 다른 근거는 무엇입니까?" "그 밖의 다른 근거는 무엇입니까?" 이 질문들은 상황이 더 좋아지고 있음을 확실히 해야 할 사람이 누구인지에 여지를 둔다. 따라서 다음 질문을 추가하는 것이 도움이 된다. "그다음에 해야 할 것은 무엇입니까?" 이 질문은 변화를 가져와야 할 사람이 내담자임을 명백하게 해 준다.

첫 번째 회기에서 고려해야 할 몇 가지 사항

목표와 수단의 구별

목표와 수단을 구별하는 것은 중요하다. 목표란 내담자가 도착하기 원하는 어떤 상황이며, 수단이란 그것을 이루는 데 사용하는 방법들이다. 로마가 목표가 되고 로마로 가는 길들이 수단이 된다. "최상의 희망은 어떤 것입니까?"라는 질문은 종종 로마로 가는 길을 시사하며 추후 질문—"그것이 어떤 차이를 가져올까요?"—은 내담자가 바라는 미래, 즉 로마 그 자체를 떠올리게 하는 것이다. 내담자에게 목표를 물을 때 종종 수단에 대해서 말하기도 한다. 이 경우 상담자가 수단을 목표로 받아들이면 목표는 일반적으로 잘못 정의되어서 상담이 성공적으로 되기 위해 가야 할 방향이 불분명해진다. 1장에서 저자가 강조했던 관점을 반복해 보면 목표(들)보다는 한 가지 목표에 대해 이야기하는 것이 좋으며 이 점은 해결중심 참고문헌에 널리 알려져 있다. 경험상 내담자에게 목표를 물어보면 내담자는 대부분 수단을 말한다. 수단의 예로 '더욱 자기 주장적이 되는 것' '과거의 경험을 처리하는 것' '통찰을 얻는 것'

'직업을 구하는 것' 등이 있다. 상담자가 다음과 같이 질문을 하면 목표가 나타난다. "앞으로 당신이 원하는 것처럼 자기 주장적이 되었다고 가정한다면 삶이 어떻게 달라지겠습니까?" "지금은 어떻게 다르고 무엇을 다르게 하겠습니까?" 등이다. 앞으로 목표를 이루기 위한 수단으로서 언급된 것들에 대해서도 이런 식으로 질문한다. 그리고 긍정적으로 개념화된 목표를 가지고 작업하도록 권하는데 이 목표들은 소위 융통성 있는 목표들이다. 이 용어는 Snyder(2002)의 희망이론에서 유래되었다. 문제 해결과 더불어 내담자는 더욱 풍요롭고 행복한 삶을 향해서 '펼쳐 나아가고' 더 나은 복지를 경험할 수 있다. 다시 말하면 해결중심 단기치료는 대부분의 전통적 치료와는 달리 증상 해소를 넘어선다.

목표 개념화에 대한 몇 가지 해결중심 질문은 다음과 같다.

- "무슨 일로 오셨나요?"
- "문제 대신에 원하는 것은 무엇인가요?"
- "가장 바라는 것은 무엇인가요? 그 바람이 이루어진다면 어떻게 달라질까요? 상담이 성공적이었고 의미가 있으며 유용했다고 말하려면 상담이 끝날 때까지 무엇을 성취해야 할까요?"
- 기적질문: "오늘 밤 잠든 사이에 기적이 일어났다고 상상합시다. 모든 문제가 사라졌습니다. 하지만 그걸 모른 채 자고 있었습니다. 다음날 아침 기적이 일어났음을 어떻게 알 수 있을까요? 또 이외에는 어떻게 알 수 있을까요?"
- "다시 상담에 올 필요가 없다면 어떻게 그것을 알 수 있을까요?"
- "문제가 해결된다면 무엇이 (관계에서) 달라질까요?"
- "상담의 결과로 무엇이 달라지기를 바랍니까?"
- "언제 상담을 종료할 수 있을까요?"
- "여기에서 이루고 싶은 것은 무엇입니까?(관계, 자녀, 직장)"

추가적으로, 그림으로 보여 주는 방법으로서 화이트보드나 칠판, 종이를 가지고 목표와 수단을 시각화한다. 이 기법은 7장에 설명되어 있다. 1명 이상의 내담자가 상담에 있을 경우—예를 들어, 대인관계치료, 가족치료, 집단치료, 팀 코칭, 중재—에 참여하고 있다면 중요한 것은 집단의 목표를 개념화하는 것이다. 종종 목표로서 짜여 있는 것은 협동적인 대인관계로 변화된 상황이다. 그 목표는 파트너나 부모, 이웃과의 개인적인 관계, 고용주와 고용인 간의 전문적 관계, 또는 동료관계, 팀들 간의 관계가 될 수 있다. 협력적인 관계가 가능한 한 긍정적인 방식으로 마무리되는 것이 이들의 공동 목표가 될 수 있다.

공동 목표를 이루는 수단은 많다. 공동 목표를 찾아내기 위해서 상담자는 그들이 바라는 상황이 만들어질 때 무엇이 달라질 것인지를 내담자들에게 묻는다. 내담자는 종종 관계가 충분히 견고해지거나 관계가 종료되는 것이라고 대답한다. 내담자는 목표와 수단에 대해서 나름대로 해석한다. 그들이 함께 로마의 모습이 어떠한지, 그리고 어떻게 로마에 도착할 수 있는지를 결정한다. 원칙상 내담자는 공동 목표를 개념화하는 능력이 있는 유능한 사람이다.

집단치료에서 내담자는 자신의 개인 목표를 가질 수 있는데 이때 다른 사람들은 '지지자'가 되어 돕는다(Furman & Ahola, 2007).

사례 8

14세 남아의 문제로 상담에 부모(이혼), 어머니의 남자친구, 아이의 법적 후견인이 참석하였다. 아이에게 좋은 결정이 어떤 것인지, 무엇을 해야 할지에 대해서 서로 다른 의견을 가지고 있었다. 모두들 자신의 관점이 옳다고 주장하였다. 이로 인해 분위기가 더욱 격앙되었다. 이런 사례에서는 대화를 미래로 옮겨 가는 것이 도움이 될 수 있다. 해결중심 상담자는 참석한 모든 사람에게 미래를 어떻게 보는지 물었다. 아이가 성장하여 자립해서 집을 떠날 때 어떤 사람이 되기를 원하는가? 이때 그들의 관점의 유사성이 뚜렷해졌다. 즉, 아이가 독립적이고 사교적이고 졸업장을 가지고 있고 친구들도 많이 있는 것 등이다. 그들은 모두 공동 목표에 참여하여 그 목표를 달성하기 위해 필요한 것이 무엇인지 들여다보기 시작했다. 10점에서 0점까지 척도에서, 10점은 공동 목표가 완전히 이루어지는 것이고 0점은 전혀 이루어지지 않은 것을 의미하면, 현재 아이가 몇 점인지, 점수가 높아진다면 어떤 모습이 될지, 그리고 어떻게 높은 점수를 달성할 수 있을지에 대해서 이야기하였다. 상호 교류적 매트릭스의 관점에서 질문을 하였다. 예를 들어, 아이의 어머니에게는 다음 질문을 하였다. "1점을 올리기 위해서 필요한 것이 무엇이라고 후견인은 이야기할까요?" 불행히도 아이는 이 회기에 참석하고 있지 않았다. 참석하였다면 아이가 대화에 참여하여 자기의 생각을 이야기할 수 있고 다른 사람이 생각하는 아이를 위한 목표에 대해서 들을 수 있었을 것이다. 그들이 그렇게까지 긍정적이고 만장일치를 보이는 것을 보면 아이는 아마도 놀랐을 것이다.

기적질문의 이득

어떤 상담자는 매 첫 회기에 일상적으로 기적질문을 하는 반면, 또 다른 상담자는 그렇지 않다. 기적질문을 빈번히 사용하는 이유는 다음과 같다.

- 내담자가 어디에 도달하고 싶은지, 구체적으로 그 목표가 어떤 것인지를 함께 찾는 데 유용한 방법이다.
- 이 목적을 위해서 목표 개념화에 대한 다른 질문도 할 수 있다. 기적을 설명하면서 내담자는 마치 기적이 일어난 것처럼 비언어적으로 반응한다.
- 이러한 반응은 내담자가 원하는 미래에 더 가까이 가게 해 주며 기적이 실제로 일어나도록 해야 할 행동을 조금씩 하게 해 준다.
- 기적질문은 이례적인 것에 대해서 질문하는 데 훌륭한 시작점이 되어 준다. 왜냐하면 다음과 같이 물을 수 있기 때문이다. "그 기적에 작은 부분으로 이미 이루어진 것은 언제입니까?" 상담자는 기적이 일어난 후에 내

담자의 삶이 어떻게 달라질 수 있는지 물어볼 수 있다.

- 기적질문을 하고 기적의 작은 부분이라도 짧은 시간 동안 일어난 적이 언제였는지를 찾아보면 내담자와의 대화가 정체와 퇴행 대신 호전할 수 있도록 촉진해 준다.

"나는 기적을 믿지 않아요."

대부분의 내담자는 기적질문에 대해 놀라는 반응을 한다. 아이들의 경우, 기적이라는 말 대신에 마술 지팡이의 이미지를 사용할 수 있으며 마술 지팡이가 있어서 세 가지 소원을 들어준다면 무엇이 될지 물어본다. 내담자가 기적을 믿지 않는다고 말하더라도 상담자는 다음 질문을 하여 내담자가 바라는 결과를 설명하도록 시도한다.

- "기적은 일어나지 않았지만, 아침에 일어나 보니 문제가 정말 사라지고 없다면 삶은 무엇이 달라질까요?"
- "기적을 믿을 필요는 없지만 기적을 믿는다고 가정한다면 그 기적은 어떤 모습일까요?"
- "그렇지만 기적이 일어났다고 가정한다면 삶은 어떻게 달라질까요?"
- "사실 기적은 일어나지 않습니다. 그렇지만 한 가지 실험을 해도 될까요? 내일 모든 문제가 사라져 버린다고 상상해 보면 내일은 어떤 모습이 될까요?"
- "우리 모두 현실에 두 발을 딛고 있습니다. 그렇다면 이상적인 하루는 어떤 모습일까요?"

다음과 같이 말함으로써 기적질문에 대해 소개하는 것이 도움이 되기도 한다. "조금 이상한 질문을 하려고 합니다. 한밤중에 기적이 일어났다고 상상해 봅시다." 내담자가 상상력이 좋은지 물어볼 수도 있다. 상상력이 좋은 내담자는 기적질문을 즐길 수 있다.

'예-꾸러미' 만들기

'예-꾸러미' 만들기는 훌륭한 영업사원들이 종종 사용하는 최면기법인데, 그들 자신도 깨닫지 못한 채 사용하곤 한다. 내담자가 계속해서 '예'라고 답하게 이끄는 방식으로 말을 이어 간다. 그렇게 하다 보면 내담자는 증거가 충분하지 않은 제안에 대해서도 '예'라고 대답하게 된다. 이 기법은 긍정적인 맥락을 만든다. '예-꾸러미'는 기적질문을 하기 전에 해결중심 면담에서 주로 사용되어 내담자가 기적질문에 대해 긍정적으로 반응할 가능성을 최대화시킨다.

예를 들어, 다음과 같은 순서로 기적을 소개할 수 있다. "오늘 상담을 마치고 집으로 가거나 또 다른 곳으로 가겠지요?(예) 저녁때가 되면 무엇을 좀 먹겠지요?(예) 밤이 되면 해야 할 일을 하거나 집에서 지내겠지요?(예) 밤에 잠자리에 들겠지요?(예) 잠이 들겠지요?(예) 잠자는 동안 집안은 완전히 조용하겠지요?(예) 한밤중에 기적이 일어납니다(예)." 이와 같은 최면 어법은 내담자로 하여금 매우 주의를 집중하게 해 주며 협동하도록 돕는다.

균형 잡힌 회기

관계, 가족, 집단치료에서처럼 한 명 이상의 내담자가 참여하는 경우는 회기 중에 평형을 유지하는 것이 중요하다. 모든 내담자에게 동일한 관심과 인정과 칭찬을 해 주어야 한다. 그중 한 사람에게만 긴 시간 대화를 나누게 될 경우 다른 사람들은 언제 자기 순서가 되는지를 알아야 한다. 예를 들어, 상담자는 다음과 같이 말한다. "여러분의 목표가 완전히 명료화되도록 몇 가지 질문을 더 하겠습니다. 잠시 동안 다른 분에게 같은 질문을 할 것인데 그들의 의견도 중요하기 때문입니다."

내담자 간의 힘의 균형에 대해 주의를 기울일 필요가 있다. 상담자는 힘의 불균형이 일어날 때를 알아야 할 필요가 있다. 일반적으로 관계에서는 비대칭이 있을 수 있는데, 왜냐하면 고통의 수준이 다르기 때문이다. 그러나 이것이 걸림돌이 되어서는 안 된다. 힘의 불균형이 지각될 경우 그것을 언급하고 상담자는 그 불균형이 문제가 되는지, 문제가 된다면 어떻게 그렇게 되는지를 내담자들에게 물을 수 있다. 그리고 상담이 그들의 공동 목표가 되는데 어떻게 기여할지 살펴본다.

문제에 관하여 이야기하기

어떤 내담자는 문제에 대해 이야기하는 것을 좋아하는데 문제가 상담이나 치료의 목적이라고 생각하기 때문이다(이전에 언급하였던 문제중심 게임). 그럴 경우, 상담자는 내담자로 하여금 간단하게 문제에 대해 이야기하도록 하고 자세하게 설명하도록 요구하지 않는다. 왜냐하면 문제 대화가 긍정적 강화물이 되지 않기 때문이다. 다음 질문을 함으로써 문제에 대해 다른 시각으로 이야기를 시작할 수 있다. "그것이 어떻게 문제가 되나요?" 또한 해결중심 기법에 대해 정보를 주는 것이 중요하다. 새로운 치료 게임이 적용되고 있음을 명백하게 해 준다. 즉, 불가능에 대한 것이 아니라 가능한 것에 대한 게임이라는 사실이다. 내담자의 관점을 타당화해 주는 것이 중요하다. "그럴 만한 충분한 이유가 있음에 틀림없군요. 조금 더 이야기해 주세요." 이런 방식으로 상담자는 내담자의 의견과 생각을 존중해 주어야 한다. 회기의 시작에서 상담자는 또한 내담자가 이야기해야 할 것을 이야기하도록 기회를 주어야 하며 그러고 나서 회기를 해결중심 방식으로 다시 진행한다. 이 방법은 해결중심 중재에서 효과적으로 밝혀졌다(Bannink, 2008d, e, f, h, g).

가설은 불필요하다

많은 치료 유형에서 상담자가 내담자의 불평이나 문제의 출처 또는 초래 원인에 대해서 가설을 세우는 일이 흔하다. 정신분석 치료 형태에서는 가설이 치료의 필수 부분으로 고려되기까지 한다. 문제중심 인지행동 상담자 역시 분석과 가설을 만든다. 이러한 가설 개념화를 하는 상담자는 일반적으로 자신이 생각하기에 내담자가 도달해야 하는 지점이 어디인지를 결정한다. 다시 말해서, 상담자가 치료 목표와 그 목표를 달성하는 수단을 결정하여 내담자가 가질 수 있는 대안들을 제안하도록 한다. 공황장애로 고통을 받는 내담자의 경우, 정신분석 상담자는 내담자의 과거 경험에서 그 원인을 찾으려 하여 공황 장애의 근원에 대해 가설을 만든다. 예를 들어, 상담자는 내담자의 공황장애가 내담자를 인정해 주지 않는 어머니와의 관계에 뿌리를 둔다고 생각하여 여성에게 버림받을 것이라는 내담자의 두려움에 도전하도록 한다.

때로 문제중심 상담자들은 해설적 가설을 개념화하는데, 여기서 그 가설은 내담자가 달성 가능하고 희망하는 치료 목표를 향한 출발점이 된다고 보는 것이다. Rijnders(2004)는 자신의 단기 심리치료 모델에서 치료의 핵심을 조망과 관점의 개선으로 보았다. 이러한 개선은 내담자 자신의 해결기술을 기능적으로 재활용하도록 조력하는 것이라고 보았다. 이러한 목표에서 해설적 가설이 설정되어 내담자의 불평, 상황, 성격특성 안에서 내담자가 가지는 관계의 관점을 강조하였다.

가설과 수수께끼를 좋아하는 사람은 상담자뿐만 아니라 내담자들도 종종 자신의 불평과 문제와 관련하여 가설을 세우고 몰입한다. 모든 상황이 어떻게 맞추어지는지를 알기만 하면 불평이나 문제가 저절로 사라질 것이라는 생각을 내담자가 종종 가지고 있는 것이다. 불행히도 늘 이것이 맞는 것은 아니다. 따라서 내담자가 어떤 가설을 꺼내 놓을 경우 해결중심 상담자는 정중하게 경청해야 하지만 그것에 대해 질문을 하지는 않는다.

가설을 치료의 보조 수단으로서 중요하다고 추정하는 것과는 사뭇 대조적으로, de Shazer의 다음 주장이 지지를 받고 있다. "가설이 떠오르면 아스피린 두 알을 먹고 잠자리로 가서 내일 그것이 사라지기를 희망하라."(개인적 교류에서, 1998) 여기서 의미하는 것은 상담자가 내담자와 함께 목표와 수단을 찾을 때 가설을 설정하는 것이 불필요하다는 것이며, 이뿐만 아니라 오히려 역효과를 가져올 수 있다는 것이다. 왜냐하면 상담자가 내담자에게 어느 방향으로 고개를 돌려야 할지를 말해 준다면 그 시야를 벗어난 가능한 해결책들을 간과할 것이기 때문이다.

은유 사용하기

내담자들은 자신의 문제를 설명할 때 종종 은유를 사용한다. 내담자가 사용하는 은유적 표현은 목표 개념화를 할 때 상담자에게 도움이 될 수 있고 또한 척도질문을 할 때도 도움이 될 수 있다. 내담자는 다음과 같이 말할 수 있다. "뼛속까지 편안하지 않습니다." "벼랑 끝에 있습니다." "실오라기라도 잡고 싶습니다." 또는 "옛날로 돌아가고 싶어요."라고 말할 경우 상담자는 내담자가 바라는 미래를 자세히 설명해 달라고 요청한다. 예를 들면, 내담자가 옛날로 다시 돌아간다면 지금의 삶이 어떤 모습이 될지, 지금과는 다르게 무엇을 하고 있을지, 그러한 변화를 누가 알아차릴지 등을 묻는다. 그러고 나서 척도질문을 한다. "10점에서 0점 척도에서, 10점은 옛날의 모습으로 완전히 돌아가는 것이고 0점은 더 이상 옛날로 돌아갈 수 없음을 깨달은 것이라면 현재 몇 점입니까?" 척도질문 후에 일반적으로 후속 질문을 한다. 내담자가 어떤 의미로 은유를 사용했는지 알아내고, 세상에 대해서 또 다른 관점을 얻는데 그 은유들을 어떻게 바꿀 수 있는지 살펴보려면 '세탁된 언어' 기법을 사용할 수 있다(Tompkins & Lawley, 2003).

열린질문하기

닫힌질문 대신 가능한 한 열린질문을 많이 하라(어떻게, 무엇을, 언제, 그러나 '왜'라는 질문은 제외). 열린질문의 예는 다음과 같다. "어떤 일로 오셨나요?" 닫힌질문은 다음과 같다. "오신 이유가 있나요?" 또 다른 열린질문의 예는 다음과 같다. "상황이 좀 더 나아지는 경우는 언제입니까?" 다른 닫힌질문은 "상황이 좀 더 나아진 때가 있었나요?" 열린질문하기는 상담자가 내담자에 대해 알지 못한다는 태도로 내담자가 전문가의 역할을 하게끔 하는 것과 더 일치한다. 열린질문을 하면 상담자가 아닌 내담자에게 통제력과 책임이 있음을 확신시켜 준다. 닫힌질문을 하면 내담자는 단순히 예 또는 아니요로 대답할 가능성이 높다. 방문형이나 불평형 내담자의 경우는 더욱 그러한데, 왜냐하면 그들은 이야기할 마음이 생기지 않기 때문이다. 그렇게 되면 늘 새로운 질문을 계속해야 하는 사람은 상담자가 되어서 결국 회기가 어색해져 버릴 수 있다. 열린질문은 내담자 편에서 적극적인 태도와 반영, 보다 상세한 반응을 하도록 요청한다. 분명 해결중심 질문을 하는 방식은 종종 답을 결정해 준다.

정상화하기와 중립성 유지하기

가능하다면 언제든지 내담자의 문제와 그 문제에 대해서 내담자와 내담자의 환경이 반응하는 방식들에 대해서 정상화하고 중립성을 유지하도록 하는 것이 바람직하다. 예를 들면, "그런 이야기를 들었을 때 화가 난 것이 당연하지요." 또는 "그렇게 생각하는 것이 이해할 만합니다." 중립적인 언어를 사용하는 것이 필수적이다. 비난, 위협, 상처 주는 말, 부정적 정서를 함축하는 말들은 가능한 한 피해야 한다. 정상화하기는 내담자를 편안하게 하고 상대방에 대해 도덕적 판단을 바꾸도록 하며 상대방으로부터 더 많은 이해를 받거나 하도록 독려해 준다.

늘 기억해야 할 중요한 점은 내담자 자신이 문제가 아니라 내담자는 문제를 가진 사람이라는 점이다. 해결중심 면담에서는 우울증이나 경계선과 같은 명칭은 사용하지 않는다. 왜냐하면 내담자는 문제나 진단 그 이상이기 때문이다. "영수 씨가 우울증입니다."라고 말하는 대신에 상담자는 "그의 이름은 영수이고 영수 씨는 우울한 일로 고통받고 있습니다."라고 말한다. O'Hanlon과 Rowan 역시 한 개인과 질병을 구별하여 질병이 그 개인에게 미치는 영향을 살피는 것이 중요하다고 강조하였다. '어떤 병이 있느냐고 묻지 말고 병을 가진 그는 어떤 사람인가'를 묻는다(2003, p. 49).

문제에 대한 이야기를 부추기지 말고 칭찬하기

가능한 한 상담자는 문제에 대해 이야기하는 것을 부추기지 않아야 한다(학습이론에서 문제에 대해 이야기하는 것은 처벌을 주는 것과 같다). 대신 목표와 해결책에 대한 이야기는 늘상 격려해야 한다(학습이론에서 보면 해결에 대한 이야기가 나오면 긍정적 강화를 해 주는 것이다). 때로 내담자는 문제중심 방식으로 이야기하도록 유도하기를 은근히 바란다. 상담자는 비언어적 수준에서 가능한 한 문제중심 언어적 표현에 대해 주의를 기울이지 않아야 하는데 그런 표현들을 드러내서 주의를 기울이지 않거나 내담자를 바라보지 않거나 고개를 끄덕이지 않아야 한다. 바람직한 행동에 대해서 상담자가 특별히 주의를 집중해 주고 원하는 결과에 대해 이야기를 하고 칭찬하고 긍정적으로 속성을 해석해 주고 개인의 능력에 대한 질문을 할 때 긍정적 강화가 발생하는 것이다. 또한 회기에서 내담자가 원하는 것을 다룰 때 상담자가 기록을 더 많이 하는 것을 보거나, 내담자가 원하지 않은 것을 다룰 때는 기록을 하지 않는 것을 봄으로써 또한 긍정적 강화가 발생한다. de Groot(2004)는 긍정적 강화가 가지는 중요성과 잠재력을 강조하였다. 다양한 긍정적 강화를 제공하는 것이 중요하며 내담자에게 다양하게 칭찬을 해 주는 것이 좋다.

Verbiest(2004)는 칭찬의 언어에 대해 연구하였다. 두 가지 유형의 칭찬으로 구별하였는데, 결속칭찬과 격려칭찬이었다. 상대방이 칭찬받을 만한 가치가 있다고 생각하는 것에 대해 칭찬해 줌으로써 칭찬하는 사람과 듣는 사람이 얼마나 가까운지, 또 얼마나 많은 동일한 가치관을 함께 나누고 있는지를 보여 줄 수 있다. 결속칭찬은 종종 사회적으로 동등한 사람들 사이에서 일어나는데 특별히 외모를 주제로 하여 여성들 간에서 보인다. 격려칭찬은 받는 사람에게 주는 효과가 다양하기 때문에 덜 직설적이고 더욱 확산적이다. 이 유형은 주로 불평등한 위치에 있는 사람들에게서 일어나는데, 부모와 자녀, 고용주와 고용인, 상담자와 내담자 사이다. 이 유형의 칭찬은 대부분 윗사람이 아랫사람에게 주는 것이기 때문에 아랫사람이 윗사람에게 하는 경우는 아첨으로 들릴 수 있다. 이러한 칭찬은 외면적인 것보다는 주로 성취한 것, 업무 등에 대한 것이다. Verbiest(2004)가 주장하기를, 이러한 칭찬을 할 때 칭찬해 주는 사람은 어떤 면에서 칭찬 받는 사람을 안내해 주게 된다. 칭찬을 받는 사람에게 칭찬은 바람직한 행동을 보여 주도록 이끄는 것이 될 수 있다. 예를 들어, 그릇을 깨끗이 비운 아이를 칭찬하면 내일도 잘할 수 있음을 확신시켜 주게 된다. 남성은 여성에 비해 칭찬을 다르게 다룬다. 남성에게 있어 칭찬은 힘의 관계에 중요한 영향을 미친다. 칭찬을 하는 사람은 상대방을 판단하거나 평가하는 위치에 있곤 한다. 따라서 칭찬은 사회적 위치의 불평등을 의미한다.

Arts, Hoogduin, Keijsers, Severeijnen과 Schaap(1994)는 심리치료에서 칭찬을 체계적으로 사용할 때 상담자와 내담자의 긍정적 협력관계를 보장할 뿐만 아니라 칭찬이 없는 심리치료에 비해서 그 효과가 30% 정도 향상되었다고 밝혔다.

연습 16

이 연습은 경청 연습으로 여러분이 동료나 가족 및 집단치료에서 사용할 수 있습니다.

두 사람 중에 한 사람은 상대방에게 최근 성공 경험이나 자랑스럽게 느끼거나 행복해 하는 것에 대해 이야기합니다. 상대방은 많은 칭찬을 하면서 반응합니다. 칭찬은 직접적인 칭찬, 개인의 능력에 대한 질문, 성향에 대한 긍정적 해석의 형태로 할 수 있습니다. 이야기를 한 사람이 그 칭찬 중에서 가장 기분 좋게 했던 것이 어떤 것인지 말합니다.

그러고 나서 동일한 사람 또는 다른 집단원이 나머지 사람들에게 최근에 일어난 일 중에 성가셨던 일을 이야기합니다. 나머지 사람들은 역시 많은 칭찬을 하면서 반응합니다. 그러고 나서 이야기한 사람은 그중에서 가장 마음에 다가온 칭찬이 어떤 것이었는지 말합니다.

이 훈련을 통해서 불평형 내담자에게 칭찬을 하는 것이 얼마나 어려운지 느끼게 됩니다(그러나 불쾌한 일을 이야기한 사람이라고 해서 늘 불평형 내담자는 아닙니다).

조금 더 구체적으로 말하기 시작하면 항상 한 걸음 더 나아간다

사소한 것을 자세하게 설명하도록 요청하는 것은 내담자가 원하는 행동을 확대시키는 데 도구가 된다. 예를 들어, "그것을 어떻게 했는지 구체적으로 말해 주세요." 또는 "굉장한 기적처럼 들리는데 상황이 더 나아지고 있다는 것을 알려 준 최초의 증거는 무엇일까요?" "가장 쉬운 행동으로서 실천할 수 있는 것은 무엇입니까?" 내담자의 반응을 다음 질문으로 항상 한 단계 더 이끌어 낼 수 있다. "그리고 그 밖에는?" 그리고 "그 밖에는 무엇이 있나요?" 상담자는 내담자를 달라지게 만드는 근거들에 대해서 질문한다. "올바른 길에 있다는 것을 가르쳐 주는 작은 근거는 무엇일까요? 올바른 길에 있음을 알려 주는 가장 작은 근거는 무엇이 될까요?"(Walter & Peller, 2000, p. 93)

바꾸어 말하기

불가능한 것을 가능한 것으로 바꾸기 위해서 내담자의 진술을 바꾸어 말하는 것이 도움이 된다. 동사의 시제가 다음의 측면에서 역할을 할 수 있다. 문제를 과거시제로 말하고, 가능한 것들은 미래나 현재시제로 말하고, 조건절 사용은 피하라.

- "여자에게 절대로 데이트 신청을 하지 못해요."라고 말한다면, "지금까지 데이트 신청이 익숙하지 않았군요."
- "체중을 줄일 수가 없어요."라고 말한다면, "아직까지 체중을 줄이는 데 능숙하지 않았군요."
- "우울증에서 벗어날 수만 있다면 취미생활을 할 수 있을 텐데요."라고 말한다면, "우울증에서 벗어나면 취미생활을 할 수 있을 거예요."
- "만약에 직장을 잡을 수만 있다면 좋을 것 같아요."라고 말한다면, "직장을 찾으면 좋아질 거군요."
- "우울합니다."라고 말한다면, "우울이 발목을 잡고 있다는 거군요."

가설적 언어와 핵심 낱말 사용하기

가설적 언어와 가정적 질문은 가능한 한 자주 사용한다. "상대방이 당신이 원하는 방식으로 조금이라도 바뀐다면 어떻게 다르게 행동하겠습니까?"

상담자는 내담자가 사용하는 핵심 낱말을 반복하여 가능한 한 많이 내담자 언어를 사용한다. 발달장애를 가진 내담자나 아동과 작업을 하는 상담자라면 특히 이것이 합당하다는 것은 말할 필요도 없다(Roeden & Bannink, 2007a, 2007b; Westra & Bannink, 2006a, 2006b).

요약해 주기

내담자가 한 말을 요약해 준다. '요약해 주기'는 내담자의 준거 틀을 이해하고 내담자의 협력관계가 더욱 견고해지도록 기여한다. 또한 '요약해 주기'는 상담자와 경청하는 동안 평가하는 성향이 있는지를 확인시켜 주고 상담자가 회기에 집중할 수 있도록 돕는다.

연습 17

내담자에게 다음과 같이 제안하십시오. "당신의 삶에 대한 이야기를 쓰는데 제2막이라고 제목을 붙인다고 가정하십시오. 그 이야기에는 현재의 문제를 빠트릴 수도 있습니다. 문제를 포함하고 있는 제1막과 어떻게 다를까요? 2막에서는 어떤 사람들을 제외했고 어떤 사람들을 추가했나요? 지금부터 다음 시간까지 문제가 줄어들도록 하기 위해 2막에서 어떤 생각들을 할 수 있을까요?"

내담자가 상담자보다 더 많이 노력해야 한다

상담자가 내담자보다 더 많이 노력한다면 상담자는 무언가 잘못하고 있는 것이므로 상담자는 뒤로 물러나서 많은 열린질문을 하는 편이 낫다. 이런 경우 상담자가 내담자보다 더 목표 달성을 원하는 경우이든지, 또는 내담자의 목표가 아직 명료하지 않은 경우일 가능성이 있다. 또는 내담자가 불평형인데 상담자는 내담자를 고객형으로 생각하기 때문이거나 상담자가 자신의 목표를 추구하고 있기 때문일 수도 있다. 그 경우 상담자는 첫 회기를 위한 프로토콜을 사용해서 다시 원점으로 돌아가 새로 시작해야 한다. 내담자는 원하는데 상담자가 매우 피곤하여 어떤 재미있는 일도 할 수 없게 되는 경우가 되어서는 안 된다. 회기가 끝날 때까지 두 사람 모두 에너지를 가지는 것이 최상이다.

감정 표현하기

내담자가 두려워하거나 화를 내거나 실망을 한다면, 그러한 감정은 내담자가 돌봄을 원하거나 존중되거나 감사를 받거나 사랑받기를 원하고 있음을 알려 준다는 사실을 기억하는 것이 좋다. 정서에는 양면이 있다는 사실을 의식하는 것이 도움이 된다. 표현되는 한쪽 면만 있는 것이 아니다.

내담자의 편에서 사려 깊고 배려심 있는 면을 보여 주는 증거를 소중히 여기고 강조하는 것이 상담자의 과제다(칭찬해 주기 또는 속성을 긍정적으로 해석함으로써 강조하기). 따라서 문제의 긍정적 측면을 밝혀 줌으로써 희망을 고취시킨다. 상담자는 새롭고 좋은 이름을 붙일 수 있다. 예를 들어, 분노는 염려와 민감성의 증거로 명명할 수 있다. 또한 다음과 같은 질문을 할 수 있다. "상황이 다시 좋아질 수 있음을 어떤 것을 통해 알 수 있나요?" 또는 "지금보다 더 그 관계를 잘 유지할 수 있다는 것은 무엇을 통해 알 수 있나요?" 상황이 더 좋았을 때를 설명하면서 내담자가 종종 더 많이 반응하곤 한다. 그 경우 이전에 있었던 성공 경험에 대해 계속 질문을 하고 그 성공들이 어떻게 발생했고 성공을 반복하려면 무엇이 필요한지 묻는다.

내담자의 감정을 타당화하고 정상화하는 것에 추가하여("당연히 화가 나시지요. 이해할 만합니다.") 상담자는 회기에 온 것에 대해 내담자를 칭찬한다. 왜냐하면 내담자가 두려움, 실망, 분노에도 불구하고 포기하지 않았음을 보여주기 때문이다.

문제중심 면담 모델에서는 문제에 대해 이야기하고 감정을 표현하는 것을 중요한 전략으로 간주한다(감정의 정화라고 하는 정신분석적 개념과 같이 이것은 '깨끗이 한다' '순화한다'라는 의미를 가진다). 많은 심리치료 장면에서 탁자에 놓인 화장지를 볼 수 있는데 이것은 감정을 표현하는 것, 우는 것이 치료에 효과가 있다는 간접적인 암시다.

Frijda(1986)는 감정은 사람의 행동하려는 의지의 변화로 이루어져 있다고 주장하였다. 감정을 표현한 것만이 감정의 목적이 달성되었음을 의미하는 것은 아니다. 슬픔 표현(우는 것)의 목표는 도움과 관심을 요청하는 것이다. 해결중심 면담은 감정의 표현 자체보다는 감정의 목표에 초점을 맞춘다. 감정 표현을 문제를 해결하는 중요한 수단으로 간주하지 않으므로 울거나 분노를 표현하는 것을 고무하지 않는다. 해결중심 상담자는 탁자에 화장지를 두지 않는다. 그러나 감정을 표현하는 것이 내담자가 목표를 달성하는 데 어떻게 도움을 줄 수 있는지 물을 수 있다. 그럼에도 불구하고 상담자는 문제가 내담자의 감정에 주는 영향을 인정하는 것이 중요하다.

상담이 시작되면, 예를 들어 중재에서 한 번은 내담자로 하여금 '절대적으로 이야기해야 하는 것을 이야기하도록' 요청하는 것이 도움이 된다. 이렇게 함으로써 감정이 지속적으로 지체하게 만드는 위험성을 줄일 수 있다.

심리치료는 주로 부정적 감정에 주의를 집중한다. 따라서 긍정적 감정보다는 부정적 감정이 더 많다. 예를 들어, 네 가지 기본 감정을 생각해 보자. 분노, 공포, 슬픔, 행복—여기에 긍정적인 것은 단 한 가지고 나머지 세 가지는 부정적 감정이다. 20세기의 지난 30년간의 심리학적 문헌을 보면 46,000편의 논문이 우울에 관한 것이고 오직 400편만이 행복에 관한 것이다(Myers, 2000). Frerdrickson(2003)이 소개한 확장 및 건립 이론은 긍정적 감정에 초점을 맞추고 있다.

부정적 감정은 즉각적인 생존 가치를 가진다. 예를 들어, 도피-투쟁 반응을 유발하는 공포를 생각해 보자. 긍정적 감정은 즉각적인 생존 가치를 가지진 않지만 창조성과 새로운 행동의 착수로 이끌어 주어 기술을 만들게 한다. 더불어 연구 결과, 긍정적 감정은 부정적 감정을 없애는 효과를 가지고 있음을 밝혔는데 긍정적 감정을 강조하면 부정적 감정은 시들해지거나 사라진다는 것이다. 이 점은 해결중심 면담과 일치하며 내담자가 바라는 미래의 이례적인 경우와 능력에 대한 해결책 대화에 초점을 두는 것과도 일치한다. 간접적인 칭찬을 해 주면 내담자는 긍정적 감정을 갖게 된다.

인정해 주기

내담자의 문제가 미치는 부정적 영향을 인정하지 않고서는 해결중심 면담은 불가능하다. 내담자는 문제나 불평 때문에 상당한 고통 속에 있고 일반적으로 회기 중에 그러한 사실을 알리고 싶어 한다. 상담자는 내담자의 이야기를 존중하여 경청하면서 가능한 한 신속하게 해결중심 대화로 이동한다.

문제나 불평이 완전히 단절되고 분석된다거나 내담자에게 자신의 문제에 대한 관점을 상세히 말할 수 있는 모든 기회를 제공했다고 그것으로 충분히 '인정해 주기'를 했다고 말한다면 그것은 잘못된 생각이다. 상담자가 다음과 같이 말해 준다면 인정해 주기가 되면서 내담자가 모든 문제를 설명하게 하는 것보다 상당히 적은 시간이 들 수 있다. "지금이 불편한 상황이라는 것을 이해합니다." 또는 "이러한 교착 상태에서 빠져나오지 못하는 것을 깨달아 아는 것이 얼마나 답답한지 상상이 됩니다." 더 나아가서 내담자가 바라는 미래에 초점을 유지하게 되면 회기의 분위기가 긍정적으로 지속된다. 이러한 점에서 상담이 해결중심이고 어떤 식으로 진행될 것인지를 내담자에게 바로 설명하는 것이 유용하다. 왜냐하면 새로운 상담자에게 자기의 문제에 대해 다시 설명을 해야 한다는 인상을 가질 수 있기 때문이다. 아직도 대부분의 상담자들이 문제중심 접근으로 작업을 하고 있다. 따라서 내담자가 가능한 한 문제에 대해 많이 이야기함으로써 자기가 해야 할 것을 하고 있다고 생각할 수가 있다.

상담자는 다음 질문으로 선택할 수 있게 해 준다. "상담이 해결중심으로 가는 것이 좋겠습니까? 아니면 문제중심으로 가는 것이 좋겠습니까?" 이러한 맥락에서 Apelo(2009)는 증상 완화 대신에 내담자의 강점 증진에 초점 맞추는 것을 이야기하였다. 저자의 경험으로, 고객형이면서 자기의 문제에 대해 무언가 하려는 동기가 있는 내담자의 경우 종종 해결중심 상담, 강점중심 접근을 선택한다. 불평형 내담자는 문제중심 상담, 불평중심 접근을 선택한다(Bannink, 2009f). 저자가 믿기로는 아직 행동을 하도록 요구하지 않기 때문에 그러한 선택을 한다고 본다. 결국 어떠한 행동 변화에 앞서서 문제가 우선 분석되고 탐색되거나 문제의 근원 또는 문제를 초래하는 이유들에 대해 통찰이 있어야 한다.

인정해 주기를 할 때 사용할 수 있는 몇 가지 해결중심 질문은 다음과 같다.

- "어떻게 대처를 하고 있습니까?"
- "상황이 더 나빠지지 않을 것을 어떻게 확신할 수 있습니까? 어떻게 그렇게 할 수 있습니까?"
- "이것이 문제가 되고 이것이 불편한 상황이라는 것을 이해합니다. 어떻게 달라지기를 원합니까?"
- "이것이 어떻게 문제가 되고 있습니까?"
- "불행히도 상황이 예전으로 돌아갈 수 없다고 동의하는 것 같네요. 맞습니까?"
- "당신에게 무엇이 중요한지 압니다. 어떠한 해결책으로 원하는 것을 이룰 수 있을까요?"
- "시작하기 전에 꼭 할 말이 있다면 무엇일까요?"

요 약

- 첫 번째 회기에서는 상담자와 내담자가 서로를 알고 목표를 개념화하고 이례적인 경우를 찾아보고 척도질문에 주의를 집중해야 한다. 상담자는 개인의 능력에 대한 질문을 하고 칭찬을 해 줌으로써 라포를 형성한다. 회기가 끝날 때 내담자의 유형에 따라 피드백을 주는데, 방문형, 불평형, 고객형이 있다.

- 원칙적으로, 내담자가 다음 회기에 오는 것이 필요하다고 보거나 동의할 것이라고 생각하는 경우가 아니라면 해결중심 회기는 매번 마지막 회기가 된다. 그 경우, 다음 회기에 오고 싶다면 내담자는 언제 올 것인지를 결정한다.

- de Shazer의 컴퓨터 모델과 첫 번째 회기를 위한 프로토콜은 해결중심 면담을 위한 명료한 구조를 제공해 준다.

- 첫 번째 회기(그리고 각각의 후속 회기)를 진행할 때 사용할 수 있는 네 가지 기본 해결중심 질문이 있다.

- 추가적인 고려사항의 목록은 첫 번째 회기를 유쾌하고 해결중심 방식으로 진행하도록 상담자를 돕는다.

04

다음 회기들

1001
Question

04
다음 회기들

같은 것을 반복하면서 다른 결과를 기대하는 것은 미친 짓이다.

-Albert Einstein

다음 회기의 목표

de Shazer에 따르면(1994), 두 번째 그리고 후속 회기들은 모두 다음 목표를 갖는다.

- 지난번 회기 이후 이번 회기까지 어떠한 호전이 있었는지 확실하게 구별해야 한다. 상담자가 주의 깊게 창의적으로 바라보면 호전된 것을 언제든지 발견할 수 있다.
- 지난 회기에서 상담자와 함께했던 것이 유용했는지, 그리고 상황이 잘 되어 간다는 느낌을 주었는지 확인한다.
- 내담자가 지금 하고 있거나 벌어진 일로 인해 상황이 호전되어 무엇을 더

많이 또는 더 자주 해야 하는지를 알게 되었는지 찾도록 내담자를 돕는다.

- 상황이 호전되어 더 이상의 상담이 필요하지 않는지의 여부를 내담자가 살펴보도록 돕는다.
- 어떠한 호전도 없다면 효과가 없는 것은 더 이상 하지 않도록 내담자와 함께 상담자가 확인시켜 주고 새로운 접근방법을 함께 찾아간다.

후속 회기를 여는 질문

해결중심 상담자가 후속 회기를 여는 질문은 다음과 같다. "무엇이 더 좋아지고 있나요?" 이 질문은 은연중에 무언가 나아지고 있다는 점을 암시하며 무엇이 더 나아지고 있는지에 주의를 집중할 필요가 있음을 알려 준다. 따라서 그 질문은 다음과는 근본적으로 다르다. 예를 들어, "무엇이 좋아졌나요?" "어떠세요?" 또는 "마지막 회기 이후로 상황이 어떤가요?" 내담자의 호전된 것에 대해 열린질문을 하면 상담자가 얻을 수 있는 답을 정해 주는 것이 된다.

내담자는 일반적으로 이 질문에 대해 놀란 반응을 보인다. 왜냐하면 그러한 질문을 기대하지 않기 때문이다. 때로 내담자들은 처음에는 "아무것도 아닙니다."라고 답하는데, 왜냐하면 내담자의 관점에서 자기가 경험한 것이기 때문이다. 더 좋아진 것에 대해 내담자가 아무 생각도 하지 않았기 때문이다. 그 경우 상담자는 매우 자세하게 질문을 함으로써 최근에 있었던 일과 문제가 없어졌거나 덜 문제가 되었던 때가 언제였는지 함께 찾는다. 이례적인 것을 찾으려고 한다면 언제든지 찾을 수 있다는 전제하에 상담자는 질문을 할 때 이례적인 것이 있는지의 여부를 묻지 말고 현재 이례적인 것이나 과거에 이례적인 것이 언제 있었는지를 묻는다.

저자의 경험으로, 상담자가 매 회기를 여는 이 질문을 하면 내담자는 회기가 시작되기도 전에 어떤 대답을 할지 기대하면서 생각하게 된다.

회기마다 3장에서 제시한 네 가지 기본 해결중심 질문을 할 수 있다. 이 질문은 각 회기마다(예: "이 회기에 당신이 가지는 최상의 희망은 무엇인가요?"), 전체 치료에 대해서 또는 내담자의 인생 전반에 대해서 묻는 질문이다.

de Jong과 Berg(1997)는 해결중심 회기에서 활동을 구별하고자 약자인 EARS를 개발하였다. E는 유발하기(eliciting)다(호전된 것, 그리고 이례적인 것에 대해 이야기를 이끌어 내는 것). A는 확대하기(amplifying)다. 먼저 내담자에게 이례적인 것이 일어나는 경우와 문제가 일어나는 경우의 차이점을 자세하게 기술하도록 한다. 이후 어떻게 이례가 일어났는지, 특히 내담자가 어떤 역할을 했는지에 대해서 검토한다. R은 강화하기(reinforcing)다. 상담자는 이례적인 것에 대해 꼼꼼하게 탐색하고 내담자를 칭찬하면서 이례적인 것으로 이끌었던 성공과 요인들을 강화한다. 마지막으로, S는 다시 시작하기(start again)다. 늘 다음 질문으로 이어 간다. "그 밖에 어떤 점이 나아지고 있나요?" 부록 F는 후속 회기에서 EARS를 사용하기 위한 프로토콜이다.

연습 18

다음 10회기 동안, 더 좋은 것은 20회기 동안 다음의 열린질문으로 시작하세요. "어떤 점이 나아지고 있나요?" 그런 질문을 과감하게 하십시오! 내담자가 그 질문을 기대하여 다음 회기 전에 답에 대해 생각하기 시작하는 것을 보게 될 것입니다.

네 가지 가능한 반응

Selekman(1997)은 "무엇이 나아지고 있나요?"라는 질문에 대해 네 가지 유형의 반응이 나올 수 있다고 주장한다. 내담자가 얼마나 잘하고 있는지,

그리고 과제가 내담자에게 적절한지의 여부에 따라서 상담자가 같은 방향으로 갈 것인지, 아니면 다른 것을 해야 할지를 결정짓는다. 상담자는 내담자와의 관계에 알맞게(예: 방문형, 불평형, 고객형) 늘 조심스럽게 질문을 맞추어서 해야 한다. 기억해야 할 점은 내담자가 아무리 비관적이고 또는 회의적이라 할지라도 문제가 해결되기를 원한다는 것이다. 따라서 주의 깊게 경청하고 내담자가 어떻게 변화하고 싶은지 검토하는 것이 중요하다. 후속 회기에서 내담자와의 관계를 최대한으로 살려서 이미 달성한 호전을 유지하여 그것을 토대로 발전하는 것이 중요하다. 추가로 과제가 유용하고 의미 있는지의 여부를 밝히는 것이 필요하며, 어떠한 퇴행이라도 잡아내야 한다. 네 가지 가능한 반응은 다음과 같다. "상황이 좋아지고 있습니다." "우리는 동의하지 않습니다."(만약 내담자들이 두 명 이상일 경우) "상황은 똑같습니다." "상황이 더 악화되고 있습니다."

"상황이 좋아지고 있습니다."

만약 상황이 좋아지고 있다면, 일반적으로 내담자의 모습에서 알 수 있다. 대체로 얼굴이 더 나아 보이고 종종 변화된 많은 것을 본다. 상담자는 호전된 것에 대해 자세하게 묻는 것이 좋으며 이전보다 어떻게 다른지를 강조하며 칭찬해 준다.

상황이 좋아지고 있다고 보고하는 내담자들에게 하는 몇 가지 해결중심 질문은 다음과 같다.

- "어떻게 그런 일이 일어나게 하였나요?"
- "어떻게 ~을 잘하고 있나요?"
- "어떻게 그런 큰 도약을 하게 되었나요?"
- "어떻게 그런 좋은 생각이 떠올랐나요?"
- "그런 방식으로 할 수 있도록 스스로에게 무어라고 말했나요?"
- "그것이 더 자주 일어나게 하려면 무엇을 지속적으로 해야 할까요?"

- "그것은 어떤 점에서 다른가요?"
- "우리가 한 달에 한 번씩 만난다고 한다면, 그때는 어떠한 다른 변화에 대해 저에게 말할 수 있을까요?"
- "상담을 지금 중단해도 될 만한 자신감이 있다는 사실을 제가 어떻게 알 수 있을까요?"
- "전에 가지고 있던 생각과 다른 생각으로서 지금 가지고 있는(예를 들어, 자신에 대한 생각 등) 생각은 어떤 것들인가요?"
- "완전 처음으로 돌아가려면 무엇을 해야 할까요?"
- "척도 10점에서 0점까지에서, 10점은 상황이 있는 그대로 잘되고 있음을 의미한다면, 오늘은 몇 점일까요?"
- "문제가 해결되어 축하한다면 어떻게 축하할 건가요?"
- "이 축하 파티에 누구를 초대할 건가요?"
- "파티에서 연설을 한다면 어떤 말을 할 건가요?"

회기 종료 시 다음과 같이 질문한다. "다시 오시는 것이 필요하거나 유용할 까요?" 만약 그렇다고 답하는 경우, "언제 다시 오기 원하나요?" 만약 특별한 생각이 없이 "언제든지."라고 답하는 경우, 상담자는 회기 간격을 점차 늘려서 내담자가 스스로 문제를 해결할 것에 자신감이 있음을 확인한다.

상황이 좋아지고 있다고 말하는 내담자에게 다음과 같은 해결중심 과제를 제안한다.

- "효과(더 많은 효과)가 있는 것을 계속하기 바랍니다."
- "효과(더 많은 효과)가 있는 것을 더 많이 하기 바랍니다."

"우리는 동의하지 않습니다."
두 명 이상의 내담자가 참여하는 경우, 그들이 호전된 것에 대해 의견이 다 르다고 하거나 충분히 호전을 하지 못했다고 염려한다면 정상적인 것이라고 말해 주는 것이 좋다. 상담자가 명확하게 말해 주어야 할 점은, 종종 앞으로 세 발자국 가면 뒤로 한두 발자국 물러나면서 호전된다는 사실이다.

어떤 사례라도 상담자는 내담자와 함께, 아주 작은 정도라도 나아지고 있다면 나아지고 있는 것을 바라보는 것이 바람직하다. 이러한 차이를 확대하여 칭찬해 준다. 더 나아가 작은 차이들이 나중에 중요한 변화로 바뀐다는 점을 지적해 준다.

동의하지 않는 내담자에게는 다음과 같은 해결중심 질문을 한다. "4주 후에 다시 만난다고 가정합시다. 그 경우 어떠한 변화를 성취하였기를 바라나요?" 만약 내담자 중 누구라도 계속 염려하면, 다음과 같이 개인의 능력에 대한 질문을 한다(특히 종종 "예, 그렇지만……."이라고 말하는 불평형 내담자의 경우).

- "상황이 더 나빠지지 않은 것은 어떻게 된 걸까요?"
- "상황이 더 나빠지지 않도록 어떤 단계를 밟은 건가요?"
- "그 밖에 어떤 것이 상황을 더 나쁘지 않게 해 주었나요?"
- "그리고 그것은 어떤 차이를 만들었나요?"

해결중심 상담자는 다음과 같은 질문을 스스로에게 해 본다.

- "내담자는 고객형인가, 불평형인가, 아니면 방문형인가?"
- "목표는 있는가? 그리고 목표는 잘 개념화되어 있는가?"
- "어떠한 과제를 제안하는 것이 이러한 내담자에게 가장 적당한가?"
- "몇 가지 과제를 제안한 후 그중에서 고르라고 할 것인가?"

동의하지 않는 내담자에게 다음과 같은 해결중심 과제를 제안할 수 있다.

- 원하는 행동을 하려는 내담자의 노력에 대해 어떤 다른 내담자가 무효화

하려고 할 때 관찰과제를 줄 수 있다. 일주일 또는 그 이상 서로 관찰하는데, 원하는 행동을 보이는지 관찰하여 기록하는 것이다. 다음 회기에 기록지를 가져온다. 회기 전까지는 서로의 기록을 읽을 수 없다.

- 과제 제안이 도움이 되지만, 한두 명의 내담자가 이 과제를 유쾌하거나 유용한 훈련이라고 보지 않으면, 상담자는 그 과제를 어떻게 개선할 수 있을지 내담자들과 함께 검토한다.

- 더 많은 이례적인 일들이 필요하다면, 상담자는 놀라게 해 줄 과제를 제안할 수 있는데, 내담자의 고착된 생각에 도전이 되는 놀이적인 방식이다. 내담자 모두는 상대방을 긍정적인 방식으로 놀라게 해 줄 어떤 행동을 하기로 동의한다. 어떤 행동일지는 내담자에게 달려 있다. 상대방은 그 행동이 무엇일지 추측한 후 다음 회기에서 그것에 대해 이야기하는 것이다. 특히 아동이나 청소년은 이 과제에 대단한 즐거움을 느낀다.

- 내담자 두 명이 모두 부정적인 상호 교류만을 하고 있다면, 무언가 다르게 해 보기라는 과제를 제안한다. 여기서도 역시 내담자 스스로 다음 시간 동안 무엇을 다르게 할 것인지 결정해야 한다. 대수롭지 않은 행동이어야 한다. 목적은 고착된 패턴을 깨트리는 것이다. 예를 들어, 가족치료 과정 중에는 청소년 자녀가 부모의 규율을 따르지 않아 심각한 논쟁이 종종 있다. 이 경우 또다시 논쟁이 벌어지면 부모가 모두 바닥에 누워서 아무 말도 하지 않는 것이다. 아이들은 충격을 받고 부모에 대한 걱정 때문에 다음 회기에 함께 나온다.

- 또 다른 과제는 '마치 기적이 일어난 것처럼'이라는 과제다. 내담자 모두에게 하루나 이틀간(또는 한 시간이나 몇 시간 동안) 기적이 일어난 것처럼 행동하도록 지시한다. 그 과제가 어떠한 차이를 가져오는지 주의를 기울이도록 부탁한다. 각각의 내담자는 나머지 사람들이 어느 요일에 기적이 일어난 것처럼 행동하는지 알아보도록 한다. 알아본 결과는 다른 사람들에게 알려 주지 않은 채 다음 회기에서 상담자와 함께 나눈다. 그 결과, 잘못된 요일을 추측할 가능성이 높다!

- 예측과제를 제안한다. 내담자는 매일 그 다음날이 어떻게 될지 예측한다. 이 과제는 무엇이 효과가 있는지에 대해 정보를 제공하기 위해 의도된 것이다. 그다음 내담자는 자기의 예측이 맞았는지 틀렸는지 검토한다. 이 과제의 변형은, 내담자가 매일 아침 그 예측을 성공적으로 이루게 될지 아닐지를 예측하는 것이다.

중요한 점은, 고객형 내담자에게는 행동과제를 주고, 불평형 내담자에게는 관찰과제를 주는 것이다. 무언가 다른 것을 해 보기, 기적이 일어난 것처럼 행동하기 등은 행동과제이고, 예측하기는 관찰과제다. 후자의 경우는 내담자(불평형)가 아직 스스로 행동 변화를 할 필요가 없는 과제다(5장에서 과제 참조).

"상황은 똑같습니다."

상황이 변한 것이 없다고 느끼는 내담자가 있다. 이 경우, 그럼에도 불구하고 상황에서 작은 호전이 보일 때를 알아내는 것이 유용하다. 이례적인 것이 발견되면 언제나 그 이례적인 것이 다시 그리고 더 자주 일어나게 함으로써 해결책을 만들도록 한다. 때로는 안정된 채 있는 것 자체가 큰 성과일 수 있다. 늘 호전되는 것은 아니다.

상황이 똑같다고 말하는 내담자에게 다음의 해결중심 질문을 한다.

- "어떻게 해서 안정을 유지할 수 있었나요?"
- "당신을 아는 어떤 사람에게 제가 조금이나마 나아지고 있는 것이 무엇이냐고 묻는다면, 그 사람은 무어라고 말할까요?"
- "10점에서 0점까지의 척도에서, 현재 상황에 대해 몇 점을 주겠습니까?"
- "장차 이 점수를 유지하기 위해 무엇이 필요하다고 봅니까?"
- "당신의 인생에서 가장 중요한 사람 중에서 누가 당신에 대해 가장 많이 걱정할까요?"
- "10점에서 0점까지 척도에서, 그 사람은 몇 점 정도 걱정을 할까요?"

내담자에게 중요한 사람을 포함하여 회기를 진행하는 것이 문제 해결책을 찾는 데 유용할 수 있다. 내담자가 부정적인 태도를 유지하면서 이례적인 것을 말하지 못하는 경우, 개인의 능력에 대한 질문을 더 많이 한다. 예를 들어, "어떻게 잘 대처하고 있나요? 어떻게 이 회기들을 잘 지속하고 있나요?" 등이다.

해결중심 상담자는 다음과 같은 질문을 스스로에게 해 본다.

- "내담자가 고객형인가, 불평형인가, 아니면 방문형인가?"
- "그 목표를 함께 다시 검토할 필요가 있는가?"

상황이 똑같다고 말하는 내담자에게 다음과 같은 해결중심 과제를 제안해 본다.

- 만약 무엇인가 다르게 해 보기 과제가 아직 주어지지 않았다면, 그것을 하나의 실험으로 소개할 수 있는데, 내담자가 특히 고착된 패턴을 보일 경우다.
- 내담자의 상호 교류 패턴에 새로운 요소를 하나 첨가하거나 그 패턴을 의도적으로 과장함으로써 변화시킬 수 있다.
- 문제에 대해 내담자가 전혀 통제를 발휘하지 못하고 있을 때, 그 문제를 외현화하도록 요청한다. 비언어적인 시각화 기법이나 그림 그리기 작업을 하게 한다. 이러한 기법은 7장에 소개되어 있다.

"상황이 더 악화되고 있습니다."

상황이 더 악화되고 있다고 말하는 내담자의 경우, 오랫동안의 실패 경험을 가지고 있거나, 수년간 큰 문제와 싸우고 있는 내담자일 수 있다. 상담자가 지나치게 낙관적이면, 일반적으로 그 내담자를 돕기 어렵다. 이러한 내담자는 종종 이전에 경험했던 상담자들과의 경험을 포함하여(부정적인 모든 것들) 자신의 문제사에 대해 많이 이야기를 꺼낼 공간이 필요하다. 그 경우, '그리스 코러스' 기법(Papp, 1983)을 사용할 수 있다. Woody Allen의 1995년도 영화 〈위대한 아프로디테〉를 본 사람이라면 기억할 텐데, 그리스 코러스는 장면과 장면 사이에서 잠재적인 위험에 대해 경고를 해 준다. 이 기법을 사용하여 상담자는 언제나 변화를 찬성하는 태도를 나타내고, 상담자 동료들은 변화를 반대하는 태도를 나타낸다. 만약 상담자가 혼자 작업할 경우라면, 비관적인 슈퍼바이저를 소개하여 이 기법을 적용할 수 있다. 그런 다음 내담자와 치료자가 함께 상담자 동료 팀이나 수퍼바이저가 틀렸다는 것을 입증하는 것이다 (Selekman, 1993). 어떤 모델에서는 해결중심 모델처럼, 비관적인 내담자(불평형)에게만 그리스 코러스를 사용하지는 않는다. 내담자가 방문형이든, 불평형이든, 또는 고객형이든 간에 모든 내담자들에게 사용하기도 한다.

사례 9

18세의 내담자인데 매일 두 개비의 대마초를 흡연해 왔다. 그는 이러한 자기 습관을 깨고자 하였다. 만약 습관을 깨지 않으면 학교를 졸업하지 못할 수 있음을 알기 때문이다. 그리고 졸업시험을 통과하고 싶어 했다. 치료자는 비관적인 동료 한 명을 소개하는데, 그 동료는 예측하기를 내담자가 대마초를 끊더라도 필시 재발할 거라고 말했다. 이 말에 내담자가 흥분했다. 내담자는 자기가 어떠한 상태로 빠져들게 될지를 알고 있고 일단 결정하면 반드시 해낼 것임을 안다고 말했다. 다음 회기에서 내담자는 거의 한 개비도 손대지 않았다고 말했다. 치료자는 칭찬하고 내담자의 속성에 대해 긍정적으로 해석해 주었다. "당신은 정말 결단이 있는 사람이군요!" 내담자는 "이번이 처음이 아니에요."라고 말하면서 얼굴이 환해졌다.

상황이 더 악화되고 있다고 말하는 내담자에게 상담자는 다음과 같은 '비관적인' 질문을 해 본다.

- "이런 상황에서 어떻게 견디고 있나요?"
- "지금까지 어떻게 포기하지 않고 있나요?"
- "어떻게 상황이 지금보다 더 악화되지 않은 거지요?"
- "최소한의 차이를 만들기 위해 할 수 있는 가장 작은 것은 무엇일까요?"
- "어떻게 같은 일이 아주 작은 정도까지만 지금 일어나도록 하는 건가요?"
- "다른 사람이 당신을 위해 무엇을 할 수 있을까요?"
- "과거에 도움이 되었던 것으로서 지금 다시 시도해 볼 수 있는 것은 어떤 것일까요?"
- "다시 일상으로 돌아와서 이러한 어려움을 직면하도록 하는 데 가장 도움을 줄 수 있는 것은 무엇일까요?"
- "어떻게 오늘 아침 일어나서 여기까지 올 수 있었나요?"

내담자에게 상담자 위치에 있게 요청한 후 자신의 치료가 어때야 할지 전문가가 되어 말하도록 한다. 전문가가 된 내담자에게 다음과 같은 해결중심 질문을 한다.

- "당신이 과거에 함께 작업했던 상담자들이 놓친 것은 무엇이었습니까?"
- "이러한 상담자들이 했던 모든 것 중에서 가장 동의하지 못하는 것은 무엇입니까?"
- "제가 어떻게 하면 보다 큰 도움이 될까요?"
- "당신이 생각하는 이상적인 상담자가 가져야 할 자질은 무엇이라고 봅니까? 그리고 무엇을 해야 한다고 봅니까?"
- "당신의 이상적인 상담자가 당신에게 어떠한 질문을 할 거라고 봅니까? 그리고 당신 의견으로는, 그 상담자가 따라야 하는 최상의 방식은 무엇이라고 봅니까?"

- "당신과 동일한 처지에 있는 다른 내담자와 제가 작업을 한다면, 그들을 돕기 위한 어떠한 조언을 저에게 해 주겠습니까?"
- "제가 당신을 가장 잘 도울 수 있도록 해 주는 질문은 어떤 것이라고 생각합니까?"

해결중심 상담자는 다음과 같은 질문을 스스로에게 해 본다.

- "내담자는 고객형인가, 불평형인가, 아니면 방문형인가?"
- "그 목표를 함께 다시 검토할 필요가 있는가?"

상황이 더 악화되고 있다고 말하는 내담자에게 제안할 몇 가지 해결중심 과제가 있다.

- 과다하게 비관적인 내담자에게 다음의 위기가 언제, 어떻게, 일어나게 될지 구체적으로 예측하도록 하는 것이 도움이 되기도 한다. 그 결과 그 위기가 일어나지 않을 수 있고, 또 그 위기를 대처하기 위해 보다 나은 방법을 발견할 수도 있다.
- 내담자에게 그 문제를 과장하도록 요청한다. 이것은 역설적 과제라고 한다. 이 결과 문제의 심각성은 즉시 사라지는데, 왜냐하면 내담자는 그러한 과제를 수행하고 싶지 않기 때문이다. 만약 내담자가 그 문제를 과장한다면 자신이 처음에 생각한 것보다는 더 많은 통제력을 경험할 가능성이 높다.
- 문제 해결에서 과거에 성공했던 경험을 검토하게 하여 다시 시도할 수 있는 전략이 무엇인지 알아본다.

아무것도 나아진 것이 없다고 보고하는 내담자 집단에서처럼 이러한 내담자들에게도 동일한 전략을 전개해 갈 수 있다. 만약 상담자가 혼자 작업할 경우, 동료 한 명을 초대하여 함께 앉아서 피드백을 주도록 하는 것이 유용하다. 이러한 내담자의 경우, 상담자는 또한 문제를 외현화하는 기법을 사용할 수 있다(7장 참조). 마지막으로, 해결중심 상담자는 모든 전략이 실패했을 경우, 마지막 구원 노력으로 스스로를 무장해제할 수 있다. 이는 내담자에게 설명하는 것인데, 내담자를 분명하게 이해하지 못하여 도와줄 수 없다고 말하는 것이다. 다른 상담자의 도움을 받아 보는 것이 최상일 수 있다고 말해 주면서, 새로운 상담자가 신선한 아이디어를 가지고 있을 수도 있다고 말한다. 내담자는 이 제안에 동의할 수 있다. 내담자는 또한 보다 현실적인 기대를 만들기 시작할 수 있는데, 이럴 경우 그 이후에 협동이 가능해지기도 한다.

재발

재발 예방은 내담자의 행로에 기여한다. 치료 효과를 유지하기 위한 방법들을 생각하도록 내담자를 격려한다. 또한 상담자는 내담자에게 미래의 재발을 상상하도록 요청하고, 그것을 대처하는 데 어떻게 기술을 사용할지 고려하도록 한다. Snyder의 연구에서 보여 준 결과는, 만약 원래의 행로가 막힐 경우 희망찬 사람들이 그렇지 않은 사람들과 비교하여 보다 많은 대안 행로들을 떠올릴 수 있다는 것이다. 미래에 있을 문제를 타파할 수 있는 방법을 토의하는 것이 이러한 어려움들이 나타나기 전에 대안책을 개발할 수 있는 기회가 된다. 이것은 대처 전략을 세우게 하고 사고의 경로를 증진시키며 차후 재발 위험성을 줄인다. 만약 재발이 되면 그것이 정상적인 것이라고 말해 주는 것이 좋다. "진보는 종종 세 걸음 앞으로 갔다가 한두 걸음 뒤로 가는 것입니다(그리고 한 걸음이라도 포기하는 것은 수치스러운 일입니다)." 상담자는 또한 재발에 대해 긍정적인 견해를 주어야 한다. 예를 들어, 결국 재발이란 스스로 일어나는 것을 연습할 기회가 된다는 것이다. Milton Erickson이 말한 것과 같이, "만약 얼굴로 바닥을 치면, 최소한 올바른 방향으로 넘어진 것이다."(2000, p. 192)

해결중심 면담은 재발의 원인과 결과에 대해 숙고하는 것을 필요로 하지 않는다. 상담자는 그러한 재발이 내담자에게 얼마나 좌절스러운 것인지 이해한다는 것을 보여 줌으로써 인정해 주는 편이 낫다. 이어서 내담자가 재발 이후 올바른 행로에 다시 서기 위해서 과거에 어떻게 노력했는지 탐색하는 것이 가장 중요하다. 만약 최근의 재발로 인해서 계속 당혹스러워 한다면 내담자와 상담자는 함께 그가 올바른 행로에 다시 오르기 위해 어떠한 도약을 할 수 있을지 생각해 본다.

회기에서도 재발에 대해 조금은 가볍고, 보다 놀이적인 방식으로 다룬다. 가능한 한 가장 신속하게 낮은 점수나 원점으로 가기 위해 무엇이 필요한지 물을 수 있다. 이 경우, 즉시적으로 잘못된 접근이 무엇인지 알게 해 주며 종종 대화를 가벼운 마음으로 할 수 있게 해 준다.

연습 19

회기 중에 무엇이 더 좋아지고 있는지, 또는 무엇이 다른지, 그리고 내담자가 어떻게 그런 일이 일어나도록 하는지 주의를 집중하세요. 다음 회기에서는 최소한 세 가지 칭찬과 속성에 대한 긍정적 해석을 제공하고 다음과 같이 개인의 능력에 대한 질문을 하십시오. "어떻게 해서 그것을 해낼 수 있었나요?" 칭찬해 준 것이 어떠한 차이를 가져오는지 기록하세요.

요약

- 회기를 여는 질문은 내담자의 반응을 결정하는 데 일조한다.
- "무엇이 좋아지고 있는가?"라는 질문에 대해 네 가지 반응이 가능하다. "상황이 좋아지고 있습니다." "우리는 동의하지 않습니다."(만약 내담자들이 두 명 이상일 경우) "상황은 똑같습니다." "상황이 더 악화되고 있습니

다." 각각의 질문에 대한 구체적인 해결중심 질문과 과제 제안과 상담자 스스로에게 해 볼 질문이 있다.

• 추후 회기들을 위한 프로토콜(EARS)의 개요가 이 장에 기술되어 있다.

05

과제 제안

05
과제 제안

작은 변화 하나만이 필요할 뿐이다.

-Steve de Shazer

    각 회기 마무리에서 해결중심 상담자는 내담자에게 피드백을 제공한다. 피드백은 몇 개의 구성요소로 이루어진다. 칭찬, 교량 또는 이유, 그리고 과제 제안이다. 3장에서 피드백에 대해 다루었는데, 이 장에서는 가능한 과제 제안들을 일반적인 경우와 특별한 경우에 대해 탐색하고자 한다. 내담자의 피드백을 이끌어 낼 수도 있다. 이 회기에 대해 내담자가 어떻게 평가하는지, 이 회기에서 무엇을 가져가길 원하는지와 같은 질문이 있다. 회기 평가 척도(SRS)는 2장과 11장에 기술되어 있으며 이 측면에서 매우 유용하다. 회기 마무리에서 사용할 해결중심 질문은 10장을 참조한다.

일반적인 과제 제안

각 해결중심 회기 마무리에서 내담자에게 과제를 제안할 수 있다(피드백 과정에서 그리고 휴식 시간 이후). 이러한 제안은 내담자가 해결책을 찾고 목표를 달성하는 데 가장 유용한 그들 나름대로의 경험과 상황에 대한 측면에 관심을 돌리기 위한 것이다. 만약 상담자가 내담자의 동기 수준에 대해 칭찬한다면 언제나 협동심이 존재할 것이다(Walter & Peller, 1992). 내담자에게 제안을 하는 경우 상담자는 다음 세 가지 질문을 염두에 두는 것이 중요하다.

- 내담자가 방문형인가, 불평형인가, 또는 고객형인가?
- 내담자는 잘 정의된 목표를 가지고 있는가?
- 내담자의 목표와 관련하여 우연적이거나 의도적으로 이례적인 경우들이 있는가?

방문형 관계라면 과제는 주지 않는다. 결국 문제가 아직까지는 정의되지 않았고 목표라든가 관련된 이례적인 경우에 대해 아직 이야기를 하지 않았기 때문이다. 내담자가 처한 환경에 함께 있는 사람들이 내담자로 인해 문제가 있거나 염려를 느끼고 있을 수 있다. 그 경우, 환경 그 자체가 종종 불평이 된다. 상담자는 내담자의 세계관을 따라가면서 인정과 칭찬, 속성에 대한 긍정적 해석을 하면서 내담자에게 최상의 것이 무엇인지 알아보기 위해 다음의 상담 시간 약속을 제안한다.

불평형 관계라면 관찰과제만 준다. 이례적인 경우나 목표를 말하지 못하거나 막연히 불평하는 내담자의 경우 다음과 같은 관찰과제를 줄 수 있다.

- "당신의 삶 속에서 어떤 일이 이 문제가 해결될 수 있다는 느낌을 주는지 주의를 집중하십시오."
- "상담 회기를 통해서 무엇을 얻고 싶은지 생각하십시오."(Walter & Peller,

1992)

- "무엇이 잘 되어 가고 있는지, 그리고 무엇이 그대로 유지되어야 하는지에 주의를 집중하십시오."(de Shazer, 1985) 또는 "당신의 삶 속에서 어떤 일이 지속적으로 일어나기를 원하는지 주의를 기울이십시오."
- "삶 속에서 긍정적인 순간을 관찰하고 다음 회기에 오면 이야기할 수 있게 하십시오."
- "상황이 더 좋아지는 때가 언제인지 주의를 기울이고 다음 회기에서 말할 수 있게 하십시오."
- 척도질문을 한 경우라면, "1점 상승할 때가 언제인지 관찰하고, 당신과 (중요한) 타인들이 그 경우에 어떻게 다르게 행동하는지도 관찰하십시오."
- "당신의 문제가 해결될 수 있다는 희망을 주는 것이 무엇인지 이번 주에 주의를 기울이십시오."

관찰과제를 활용하면 이례적인 경우들이 다시 일어날 수 있고 내담자에게 보다 더 희망을 느끼도록 기여할 수 있다는 것을 은연중에 풍긴다. 또한 관찰과제는 내담자 자신의 경험 영역 내에서 유용한 정보를 발견할 수 있도록 해 준다(de Jong & Berg, 1997).

de Shazer(1988)는 예측 요소를 가미하는 것이 유용하다는 사실을 밝혔는데 이러한 과제가 가지는 가치는 암시적인 힘에서 나온다고 믿는다. 이례적인 경우들이 이미 있다면 이러한 이례적인 일들이 다시 일어날 것이고 내담자가 상상하는 것보다 훨씬 더 빨리 일어날 수 있음을 예측과제로 제안한다. 만약 내담자가 보다 나은 하루를 예측한다면, 그는 근거가 되는 신호들(긍정적인 자기 충족적 예언)을 찾고자 할 가능성이 높아진다. 우연적으로 이례적인 경우들을 설명할 수 있는 불평형 내담자라면 다음의 예측과제를 준다.

- "내일이 어떻게 될지 예측하세요. 다음날 저녁이 되면 왜 전날이 그렇게

되었는지 설명을 하고, 그 다음날에 대해서 새롭게 예측하세요."

• "이례적인 경우가 나타날 때 무슨 일이 벌어지는지 정확하게 주의를 기울이고 다음 회기에서 저에게 말해 주세요. 그 경우 무엇이 다른지, 그리고 (중요한) 타인들이 무엇을 하고 있었는지에 대해 말해 주세요."

• 상대방이 문제라고 생각하는 불평형 내담자의 경우, "상대방이 당신이 원하는 것을 많이 할 때가 언제인지 주의를 기울이세요. 그 경우 무엇이 다른지, 그리고 상대방에게 도움이 되는 것을 하고 있는 당신에 대해 그들이 무엇을 보는지도 주의를 기울이세요."

• "유용하거나 유쾌한 것으로서 상대방이 무엇을 하는지 주의를 기울이고, 그것이 어떤 차이를 가져오는지도 주의를 기울인 후 다음 회기에서 저에게 말해 주세요."

고객형 내담자라면 행동과제와 관찰과제를 준다. 만약 고객형 내담자가 자신의 목표를 명료하게 설정할 수 있고 이례적인 경우들을 찾아낼 수 있는 사람이라면 다음과 같은 과제를 준다.

• "효과가 있는 것을 지속하세요. 그리고 과거에는 몰랐는데 지금 도움이 되는 어떤 다른 것들을 하고 있는지에 주의를 기울이세요."(행동과제와 관찰과제의 조합)

• "당신에게 최고로 효과적인 것이 무엇인지 계속해서 찾으세요."(행동과제와 관찰과제의 조합)

• "효과가 있는 것을 더 하십시오."

• "효과가 있는 가장 용이한 것을 하세요."

• "그밖에 무엇이 도움이 되는지 생각해 보세요."

• "기적이나 목표 한 가지를 행동으로 하세요."(실험하기)

• "보기에 우연하게 일치하는 이례적인 경우들에 대해 더 많이 알아내세요."

• "보기에 우연하게 일치하는 이례적인 경우들을 예측하고 그 결과를 설명

해 보세요."

만일 고객형 내담자가 동기가 유발되어 있는 듯하지만 기적이나 목표에 대한 분명한 그림을 그리지 못하고 있고 이례적인 부분을 찾을 수 없다면, 혹은 두 명이나 그 이상의 내담자들 간의 권력 다툼이 있다면 그 내담자나 다른 내담자들에게 "다른 일을 하세요. 전혀 기대하지 못한 일을 하세요. 그리고 어떤 차이가 생겼는지 주목하세요."라고 제안한다.

만일 고객형 내담자가 기적 혹은 목표에 대한 분명한 그림을 갖고 있지만 이례적인 부분을 찾아낼 수 없다면 다음 과제를 제안할 수 있다.

- "기적이 일어났다고 상상해 보세요. 다가오는 주에 어느 날(혹은 하루의 어느 한 부분) 그 기적이 일어났다고 상상해 보세요. 그리고 기적이 만든 차이들에 주의를 기울이세요."
- "다가오는 주에 당신이 척도상에 1~2점을 더 높게 준 날을 상상해 보세요. 그리고 그것을 가능하게 한 차이에 주의를 기울이세요. 당신에게 중요한 사람들의 반응에 특별히 주의를 두세요."

과제 제안의 가치

어떤 내담자들은 '숙제'와 '과제'라는 말에 버거워 한다. 그 두 가지 말은 자신의 학창시절을 떠올리게 하는데 모든 사람들이 과제하기에 좋은 기억을 갖고 있지는 않다. '숙제'와 '과제'라고 말하는 것 대신에 문제 해결 상담자는 있을 수 있는 어떠한 부정적인 연상을 피하면서 "이번 회기와 다음 약속 시간까지 해야 할 일을 제안하려고 합니다."라고 말할 수 있다. 과제를 '실험' 혹은 심지어 '작은 실험'으로 제시하는 것은 내담자로 하여금 보다 더 쉽게 과제에 응할 수 있게 한다. 왜냐하면 과제를 이렇게 표현하는 것은 과제를 성공적으로 달성해야 한다는 내담자의 압박감을 경감시키기 때문이다. 휴식을 갖거나 피드백을 가지기 전에 내담자에게 과제를 받고 싶은지의 여부를 물어보는 것이 유익하다. 내담자가 어떤 과제도 받고 싶지 않다고 말한다면 아마도 충분한 이유가 있을 것이다. 아마도 내담자가 과제의 필요성이나 유용성을 고려하지 않거나, 어쩌면 다음 회기 전까지 시간을 내지 못할 수도 있다. 그러한 경우 상담자는 과제 제안을 할 필요가 없다.

저자는 해결중심 면담을 하는 데 있어서 인지행동치료에서 사용되는 과제 활용은 더 이상 도움이 되지 않는다고 생각한다. de Shazer는 다음과 같이 말한다.

> 우리는 내담자가 과제를 수행했을 때 우리가 얻을 수 있는 정보만큼이나 내담자가 과제를 수행하지 않았을 때도 정보를 얻을 수 있다는 사실을 알게 되었다. 그러한 정보와 더불어, 우리는 일을 처리하는 내담자의 방식에 대한 메시지로서 과제 수행을 하지 않기를 받아들이면('저항의 신호'라기 보다) 내담자에게 과제를 할당하지 않고도 내담자와의 협력관계를 발달시킨다는 사실도 알게 되었다. 이것은 우리에게 어떤 충격을 주었는데, 왜냐하면 우리는 과제가 행동 변화를 달성하는 데 항상 필요하다고 가정했기 때문이다. 따라서 회기의 빈도가 낮은 경우, 우리는 더 많은 내담자들과 함께 보다 더 잘 지내게 되었다(1985, p. 21).

결과적으로, 해결중심 면담은 상담자와 내담자의 불필요한 싸움(문제중심 치료에서 '저항'이라는 말로 언급된다)을 막는다. 어떤 내담자가 과제에 응하지 않았을 경우 문제중심 상담자는 내담자에게 과제 수행이 얼마나 중요한지에 대해 언급할 것이다. 그리고 왜 내담자가 과제를 수행하지 않았는지 그 이유에 대해 알고 싶어 할 것이다. 해결중심 상담자는 내담자가 과제를 수행하지 않아도 괜찮다고 말할 가능성이 더 많다. 왜냐하면 내담자는 과제를 수행하지 않는 것에 관한 훌륭한 이유가 여지없이 있기 때문이다. 내담자들은 아마도 보다 더 효과적이었던 무엇인가를 했었기 때문에 해결중심 상담자는 내담자에게 그 일에 대해 이야기하도록 권유할 수 있다. 이런 방식으로, 내담자와의 협력관계가 증진된다. 과제를 내담자가 수행할 수 있도록 현실적으로 제안하는 것이 중요하다. 단순함을 유지하는 것이 핵심이다. 한 가지 혹은 대체로 두 가지 과제를 제안하면 충분하다. 어떤 과제가 제안되었는지를 기억하기 위해서 내담자는 해당 회기가 종료되기 전에 과제들을 적을 수 있다. 상담자에게도 동일한 것이 적용된다는 것은 두말할 필요가 없다. 과제 제안은 보통 다음과 같은 표현으로 마무리된다. '무엇이 더 좋아졌는지 다음 회기에 저에게 말할 수 있도록(고객형인 경우 행동과제로)' 혹은 '다음 시간에 과제에 대한 이야기를 저에게 할 수 있기 위해서(불평형인 경우 관찰과제로)' 등이다. 다른 말로 하면, 상담자의 말에는 내담자가 다음 회기에는 무언가 할 말이 있다는 의미를 내포하는 것이다.

기저선 측정하기

인지행동치료에서는 기저선 측정을 자주 사용한다. 문제중심 행동치료에서 기저선 측정은 불평과 문제의 빈도와 무게와 대부분 관련이 있다. 해결중심 단기치료에서 기저선 측정은 —만약 기저선 측정을 적용한다면— 오로지 바라는 행동(따라서 바라는 기능적 인지와 긍정적 감정을 다루고)과 미래에 내담자가 달성하기 원하는 상황을 다룬다. 바라는 행동과 선호하는 미래는 긍정적이고 구체적이고 성취가능한 표현으로 정의된다. 예를 들어, 측정 내용을 긴장의 정도보다 이완의 정도로 잡거나 정체되어 있거나 내담자가 바라지 않는 행동을 드러내게 하지 말고(예: 음주하기) 내담자가 좀 더 좋은 상태에서 잘 지내고 있는 때가 언제인지 등을 포함하는 것이 좋다. 그 측정치는 불평의 감소와 관련되는 것이 아니라 바라는 행동의 증가와 선호하는 미래를 향한 호전과 관련된다. 그 측정치가 빈도와 관련된다면 그것은 바라는 행동(혹은 바라는 기능적 인지)이 얼마나 자주 발생하는지 묻는다. 예를 들어, 내담자가 스트레스 상황에서 얼마나 자주 침착한지, 어떻게 더 침착해지는지, 혹은 스트레스 상황에서 내담자는 기능적 인지를 어떻게 관리하는지 등이다. 이것은 이후에 개인의 능력에 관한 추가적인 질문들을 하게 돕는다. 예를 들어, "어떻게 그것을 성공했는가?" 다른 말로 하면, 이례적인 경우를 찾는 것이 목적이다. 그 측정치가 강도와 관련된다면 내담자에게 원하지 않는 행동과 관련된 부정적 감정 대신에 원하는 상황이나 행동과 관련된 긍정적 감정을 평가하도록 한다.

사례 10

한 사원이 그의 상사에 의해 의뢰되어 해결중심 코칭에 왔다. 그 사원은 작업 수행이 좋지 않은 점, 특히 그의 현재 수행과 작년 혹은 그 이전의 수행과 비교하여 작업 수행이 좋지 않은 것에 대해 인정하였다. 상담자와 내담자의 관계가 고객형 관계로 빠르게 진전되었다. 그때 상담자는 내담자의 상사가 코칭 과정을 주장했던 사실에 감사를 표했으며 그 결과, 내담자가 자신의 위치를 찾게 되었다. 과제를 제안할 때, 작업장 밖에서, 작업에 다시 능숙해지기 위해 자기 스스로 기꺼이 할 수 있는 것이 무엇인지 내담자에게 묻고, 내담자가 생각하기에 상사가 나아진 내담자의 어떤 모습을 보길 원하는지, 그리고 상사가 생각하기에 내담자가 다시 좋아지기 위해 해야 하는 일은 무엇인지에 대해 물었다. 이런 방식은, 마치 상사가 상담실에 함께 참석해 있는 것과 같다. 호전을 위해 자신의 생각들과 그가 자신의 상사 입장에서 한 생각들을 수행함으로써, 그 직원은 몇 회기가 지난 후에 복귀하여 더 나은 수행 수준을 보여 주었다.

구체적인 제안

de Shazer(1985)는 여러 자물쇠에 맞는 '만능 열쇠'가 어떻게 개발되었는지 설명하였다. de Shazer의 공식화된 과제들이 만능 열쇠의 예들로, 즉 목표 개념화에 관한 질문과 이례적인 경우에 대한 질문들, 척도질문과 개인의 능력 질문이다. 각 자물쇠마다 열쇠가 각각 있을 필요는 없다. 그리고 먼저 자물쇠가 분석될 필요도 없다. 예를 들어, 개입은 상담자가 문제의 세부 사항을 모를 때도 변화를 시작될 수 있다. 개입에서 한 가지 확실하게 할 것은 개입으로 새로운 행동 양상이 생겨날 수 있다는 것이다. de Shazer가 제공한 '만능 열쇠'의 예는 다음과 같다.

만일 내담자가 강박적 사고나 우울한 생각으로 시달리고 있다면, 쓰기 과제, 읽기 과제, 그리고 소각 과제를 활용한다. de Shazer는 관계가 끝난 후에 자신과 헤어진 남자 친구와 보낸 몇 개월간의 기억에 대해 강박적 사고를 보이는 한 내담자에 대해 이야기했다. 그녀는 죄책감을 느꼈고 무슨 잘못을 저질렀다고 자기 자신에게 끊임없이 질책했다. 그러한 강박적 사고는 자라서 심지어 악몽이 되었다. de Shazer는 그 문제가 정상적인 것이라고 말해 준 다음에 그녀가 자신의 삶을 계속 살아가도록 다음과 같은 과제를 주었다. 매일 동일한 시간에 한 시간 반을 넘지 않게 최소한 한 시간 동안 편한 장소로 피해 있도록 했다. 그 시간 동안 모든 홀수 날에는 주의를 집중하여 전 남자친구와의 좋고 나쁜 기억을 모두 적어야 한다. 어떤 일에 대해 여러 번 쓰게 되더라도 정해진 시간 동안 내내 계속 써야 한다. 짝수 날에는 그 전날 써 두었던 노트를 읽고 소각하도록 했다. 만약 예정된 시간 이외에 가끔 원치 않은 생각이 떠오르면 자기 자신에게 "나는 지금 다른 일을 해야 해. 정해진 시간이 되면 나는 그것에 대해 생각할 거야." 혹은 예정된 시간에 그런 원치 않는 생각을 떠올리도록 써 두게 했다. 며칠 후에 그 생각은 완전히 사라졌다.

만일 내담자들이 자신의 주장이 한 번도 관철된 적이 없다고 불평할 경우 구조화된 논쟁과제를 사용한다. 이 과제는 세 가지 단계로 이루어져 있다. 첫째, 누가 먼저 할 것인지를 결정하기 위해 동전을 던진다. 둘째, 승자는 방해받지 않고 10분 동안 다른 사람을 호되게 꾸짖을 수 있다. 셋째, 그런 다음 상대방 역시 간섭받지 않고 똑같이 한다. 10분 동안 침묵한 다음에 동전을 던져 다시 시작한다.

만일 내담자가 다른 사람에 대해 불평할 경우와 "이미 모든 노력을 다 해 봤어요."라고 주장할 경우 '무언가 다르게 하기' 과제를 한다. 이전에 효과가 없었던 것과는 다른 어떤 것을 하는 것이다. de Shazer는 다음의 사례를 들었다. 한 10세 소년이 학교 주변을 돌아다니다 붙잡혔다. 그는 잊고 두고 온 자신의 숙제를 가져가려고 학교에 들어왔다. 그러나 그는 경찰관의 질문에 대답하지 않았다. 일단 그 경찰관은 그에게 대답을 얻으려고 온갖 노력을 기울였다. 경찰관은 소년의 대답을 얻으려는 노력으로 소년이 무슨 이유로 학교에 무단 침입했었는지를 설명할 때까지 경찰관 자신이 숨을 쉬지 않겠다고 소년에게 위협했다. 이러한 일은 그 소년에게 너무 과한 처사였다. 그 소년은 유급하지 않기 위해 자신의 숙제를 찾아오려고 무단 침입했다는 사실을 말했다.

'충동을 극복할 때 무엇을 하는지에 주의 기울이기' 과제는 내담자가 규칙을 찾고 그 규칙에 대한 이례들을 활용하도록 도울 때 사용된다. 이 과제는 '무언가 다른 일하기' 과제의 대안으로 사용될 수 있다. 내담자의 문제행동(예: 약물 사용, 도박, 손톱 물어뜯기)은 항상 일어난다고 자주 말하더라도 문제 행동은 보통 문제행동이 있는 상황에만 있지는 않다. 그 상황들이 상담자가 활용할 수 있는 이례적인 경우가 된다. 왜냐하면 이례적인 경우도 이미 내담자의 레퍼토리 안에 있기 때문이다. 이 과제는 내담자가 때로 모든 충동을 확실히 정복한다는 것과 내담자가 충동을 극복하기 위해 다른 무언가를 할 수도 있다는 사실을 전제로 한다. 내담자의 주의는 자신의 어떠한 내적 감각이 아닌 자신의 행동을 주도한다. 어떤 사례에서는 유사한 상황에 처한 다른 사람들이 무엇을 하는지에 주의를 두는 것도 유익할 수 있다.

첫 회기의 공식 과제는 내담자의 주의를 과거에서 현재와 미래로 전환시키는 데 유용하고 변화 기대를 증진시키는 데 유용하다. 이 과제는 상담자가 긍정적인 기대를 가지고 있다는 것을 내포한다. 상담자는 다음과 같이 말한다. "다음 회기까지 일상에서 일어난 일에 대해서(예: 당신의 가족, 결혼, 관계) 지속적으로 일어나기 바라는 것에 대해 주의를 기울이세요." "만약이라고 말하지 마세요."라는 말은 상담자는 내담자가 유지하고 싶어 하는 일이 있다는 사실을 전제로 두고 이야기하는 것이다. de Shazer는 다음과 같은 결론을 이끌어 냈다. 해결중심 단기치료는 내담자에게 어떠한 것을 배우거나 더하도록 요구하지 않는다. 문제중심 치료와는 달리 상담자는 내담자에게 내담자가 다르게 행동해야 한다고 말하지 않고, 새로운 기법을 배워야 한다고도 말하지 않는다. 그럼에도 불구하고 해결중심 면담은 작은 차이가 어떻게 큰 차이를 만들어 낼 수 있는지를 증명하기 때문에 이 면담은 지대한 영향력을 가지고 있다. 해결중심 상담자는 내담자가 특정 기술을 어떻게 향상시킬 수 있는지 그들과 함께 살펴보지만 그것은 내담자가 가지고 있지 않은 기술들을 배우는 것과는 다르다. 저자의 제안은 해결중심 면담에서 '학습하기'라는 말을 사용하지 않는 대신, '점점 더 좋아지기'라는 말을 쓰는 것이다. 종종 청소년 복지 사업에서 사용되는 '배우다'라는 말은 내담자가 이미 성취한 것, 즉 이미 걸어간 길을 또다시 걷게 하는 것이다(3장 참조).

선택의 문제

만일 대안이 많아서 내담자가 선택을 하지 못할 때 관찰과제가 유용하다.

- 내담자에게 무슨 일이 일어났는지 관찰하도록 제안한다. 다음 시간에 상담자와 함께 이야기할 것을 분명히 해 주는 것이 무엇인지 관찰하도록 제안한다.
- 내담자는 동전을 던지고 나서 그대로 따라 해 본다. 매일 밤 잠들기 전에 내담자는 동전을 던져 그 다음날 동전 던지기의 결과에 따라서 하기로 한 것을 수행한다. 앞면이 나오면 내담자가 한 가지 결정을 내렸다는 것, 예를 들어 아내와 함께 지내기로 했다는 것을 의미할 수 있다. 뒷면은 다른 결정을 내렸다는 것, 즉 아내를 떠나기로 했다는 것을 의미할 수 있다. 이것은 결정에 도달할 수 있게 하는 좀 더 분명한 명료함을 내담자에게 줄 수 있다. 이 과제는 행동과제다.
- 선택의 문제에서 미래 투사도 유용한 기법이 될 수 있다. 내담자는 내담자가 a 혹은 b(혹은 c라도)를 결정한 다음 자신이 미래(1년, 5년 혹은 10년 뒤)에 무엇을 하고 있을지 상상한다. 내담자는 미래에서부터 현재까지 되돌아볼 수도 있고 자신에게 어떤 결정이 도움이 되었는지를 검토할 수도 있다. 7장에서는 여러 가지 미래 투사 기법을 소개한다.

감정

어떠한 변화도 유발되지 않도록 관여하는 강한 부정적 감정이 있다면 상담자는 한 가지 실험으로 내담자에게 다음의 내용을 제안할 수 있다.

- "당신이 화가 날 때, 화가 나지 않은 척해 보세요. 차이점을 관찰하고 무슨 일이 일어나는지 살펴보세요."
- "당신은 다르게 느끼는 척해 보세요(예: 홀수 날에)."

이것도 역시 행동과제인데 이 과제는 내담자의 동기가 필요하다(즉, 내담자가 반드시 고객형이어야 한다).

집단을 위한 과제

Metcalf(1998)는 자신이 집단원에게 어떻게 과제를 개발하도록 도왔는지 기술하였다. 집단에서 모든 내담자의 목표가 파악되었다면 상담자는 집단 회기들 간에 내담자들이 그들의 목표를 향한 작업을 하도록 격려할 수 있다. 예를 들어, 다음과 같이 말할 수 있다. "당신은 문제의 부담이 당신에게 줄어드는 그 순간에 관한 좋은 아이디어들을 모두 갖고 있어요. 그 문제를 통제하에 두기 위해 다음 회기 때까지 당신이 무엇을 할 수 있는지에 대해 지금 이야기해 봅시다."(행동과제) 목표가 아직 불분명하다면 상담자는 내담자들이 회기들 간의 시간을 잘 활용할 수 있도록 동기화시킬 수 있다. 상담자는 다음 회기까지 내담자들의 일상 활동을 세세히 관찰하게 하고 그 문제가 더 이상 내담자들을 성가시게 하지 않을 때가 언제인지 주의를 두게 한다(관찰과제). 목표는 내담자들로 하여금 다음 집단 회기 중에 그 이례적인 것을 설명할 수 있도록 잘 기록하게 하는 데 있다. 두 사례를 기술하면서 Metcalf는 부정적 용어를 사용하였고 내담자에게 문제 대신에 무엇을 보고 싶어 하는지에 대해 먼저 물어보지 않았다는 사실에 주목할 만하다.

첫 번째 집단 회기가 끝날 쯤에 Metcalf는 내담자들에게 '해결 노트'라는 제목의 여섯 페이지짜리 바인더를 주었다. 그 바인더는 외현화 기법을 설명하고 있다(7장 참조). 또한 다음과 같은 질문을 한다.

- "10점이 당신이 당신의 삶을 통제한다는 것을 의미하고, 1점이 해당 문제가 당신을 통제한다는 의미라면, 당신은 오늘 척도상에서 몇 점을 줄 건가요?"
- "우리 집단이 다시 모일 때 당신이 참여하고 싶은 정도를 척도에 나타낸다면 몇 점을 줄 건가요?"
- "당신이 그 점수에 도달할 수 있도록 오늘 집단에서 자기 자신에 대해 무엇을 배웠습니까?"
- "누구든지 다른 사람에게 해 줄 제안이 있나요?"(저자의 관점으로, "당신은 서로를 위한 어떤 제안이 있습니까?"라는 표현이 더 좋을 듯하다. 왜냐하면 이 질문은 열린질문으로서 집단원들이 보다 더 많이 반영하도록 격려해 주기 때문이다.)

내담자들은 바인더를 집으로 갖고 간다. 내담자들은 자신의 삶을 보다 더 잘 통제한 시간이 언제인지 그 시간을 기록한다.

아이와 가족을 위한 과제

Berg와 Steiner(2003)가 제안한 과제들을 두 가지 범주로 나눌 수 있다. 좀 더 일반적인 과제인 '효과적인 것을 더 많이 하기' 과제는 극단적인 상황에서만 제안되고, 특히 10대들이 염려하는 상황에서는 '무언가 다르게 하기' 과제들이 제안된다. 숙제나 실험 제안하기는 상담실 밖에 있는 내담자(아이들 그리고 가능할 경우 부모들)의 실제 생활 속으로 상담을 가져가는 것이 된다. 연구자들은 과제 제안을 위한 다음 몇 가지 지침과 원칙을 제공하였다.

- 첫 회기 중에 논의한 것과 같이, 실험은 내담자가 원하는 것과 관련되어야 한다.

- 실험은 실행 가능해야 하는데 보통은 내담자의 목표보다 더 작은 것이어야 한다. 실험은 천천히 진행하는 것이 중요하다.
- 실험의 주요 목적은 아이의 삶에서 중요한 역할을 하는 사람들로부터 다른 반응을 이끌어 내는 것이다. 실험 혹은 과제만으로 차이를 만들어 내는 일은 거의 없다. 문제가 되는 것은 아이의 실험 실행에 대한 다른 사람의 반응이다. 만일 아이의 새로운 행동이 아이 당사자만 알고 있다면 단지 한정된 효과만 있을 것이다. 아이에게 중요한 타자들의 관찰과 반응을 끌어들여 파급효과를 만드는 것이 중요하다.
- 만일 당신이 실험을 위한 아이디어를 생각해 낼 수 없다면 아이디어를 떠올리려고 스스로를 다그치지 마라. 새로운 행동을 야기하기에는 종종 단순한 칭찬으로도 충분하다.
- 대부분의 실험은 '효과적인 것을 더 많이 하기' 과제 유형에 속한다.
- 아이에게 '무언가 다르게 하기' 과제의 수는 아주 적어야 한다. 이 훈련은 모든 사람이 좌절하는 만성적인 패턴을 깨뜨리는 데 도움이 된다.

Berg와 Steiner가 제안한 몇 가지 실험은 다음과 같다.

- **동전 던지기** 아이가 아침에 일어나서 동전을 던진다. 아이가 동전을 던져 뒷면이 나오면 비밀스러운 새로운 활동을 한다. 만일 동전의 앞면이 나오면 그날은 평범한 하루가 될 것이고 아이는 어떤 것도 다르게 하지 않는다. 부모는 아침마다 동전 던진 결과를 추측해야 하고 아이는 비밀을 지켜야 한다. 다음 회기에 상담자와 함께 부모는 서로서로 그리고 아이와 함께 기록한 것을 비교해 볼 수 있다.
- **서프라이즈 과제** 상담자는 아이와 함께 아이가 스스로 한 일로 부모가 놀랄 수 있도록(아침 식사 만들기, 자기 방 청소하기), 자신이 할 수 있는 일이 어떤 것이 있는지 찾아본다. 아이에게는 다른 사람의 반응이 어떠한지 주의를 기울이게 한다.

서프라이즈 과제는 때때로 '패턴 깨기' 기법으로 불린다. "저희는 이미 모든 것을 시도해 봤어요."라고 말하는 부모들이 서프라이즈 과제를 하면서 종종 호전을 보인다. 부모들은 예전과 다른 행동을 할 때 아이의 반응에 대한 자신의 예측이 깨질 수 있다. 예를 들어, 아이에게 화를 내지 않고 친절하게 행동하거나 갑작스럽게 뽀뽀하기 등이다.

또한 서프라이즈 과제는 '요술 가방'으로 해 볼 수 있다. 아이와 부모는 각자 여러 종이에 다섯 가지 소원을 쓴다. 소원을 각자의 가방에 넣고 그 가방을 서로 교환한다. 매주 가족 구성원들은 서로 바꾼 가방에서 소원 한 가지를 꺼내고 각자 한 주 동안 그 소원이 이루어지도록 한다. 이 과제에서 가족이 얻을 수 있는 것은 충족 가능한 소원이며 과제가 아니다. 예를 들어, 부모가 아이에게 이야기를 읽어 주는 소원, 부모 중 한 명이 아이와 함께 스포츠 활동에 따라가는 소원, 아이가 자신의 책상을 치우는 소원 등이 있다.

- **기적이 일어난 척하기** 상담자는 기적이 어떤 것인지 아이와 이야기한 후 아이에게 기적이 일어날 하루 혹은 어떤 날의 특정 시간을 선택하도록 한다. 기적이 일어날 당일에 아이는 기적이 일어난 것처럼 행동한다. 그리고 아이에게 기적이 일어났을 때 누가 다르게 행동하는지, 누가 기적이 일어난 것을 알아차리는지에 주목하도록 한다.

- **일반 관찰과제** 이 과제는 아이와 부모 모두에게 제시할 수 있다. 상담자는 아이에게 다음과 같이 말한다. "어떤 말도 하지 않고 숙제를 시작할 때마다 엄마의 얼굴 표정에 주의를 기울이세요." 상담자는 부모에게 다음과 같이 말한다. "집에서 일이 잘 되어 가는 때가 언제인지 주의를 기울이세요." 혹은 "일이 잘 되어서 변화가 필요 없는 시간이 언제인지 관찰하세요."

부모와 아이는 서로 동의할 수 있거나 서로에게 감동을 줄 수 있는 것들을 목록으로 만든다. 부모가 부여한 과제를 아이가 수행할 때마다, 혹은 아이가 하고자 바라는 행동에 몰입할 때마다 부모는 유리병 속에 구슬을 하나씩 넣는다. 저녁에 부모와 아이는 각각의 구슬이 의미하는 것과 당일에 어떤 것이 잘 이뤄졌는지에 대해 간략하게 이야기를 나눈다. 병이 다 채워지면 아이는 보상을 받는다. 아이와 함께 재미있는 일을 하는 것은 아이의 바라는 행동을 긍정적으로 강화해 주는 좋은 방법이다.

Berg와 Steiner(2003)는 부가적으로 활동 세 가지를 기술하였다. '마법의 5분'이라 불리는 첫 번째 활동의 경우 아이가 어떻게 행동하는지와 상관없이 부모는 아이와 함께 매일 5분을 보낸다. 5분을 어떻게 보내는지는 아이가 결정한다. 그들이 제안한 두 번째 활동은 아이와 함께 매일 노는 것이고, 세 번째 활동은 부모가 아이에게 '큰 책임감'을 갖도록 요구하는 것이다. 예를 들어, 식사 준비하기나 심부름하기 등이다. 이것은 아이로 하여금 자신이 중요하다고 느끼게 해 주고 가족생활에 긍정적 기여를 하도록 돕는다.

Berg와 Steiner(2003)는 부모와 선생님들은 자기들이 마음대로 사용할 수 있는 전략들로 가득 찬 '보물상자'를 가지고 있는데, 사실 그들은 그 사실에 대해 전혀 인지하지 못하고 있다고 한다. 따라서 효과가 있는 것을 더 많이 하는 것으로 충분하다. 연구자들은 최면 요법에서 몇 가지 기법을 가져와서 부모와 자녀가 사용할 수 있도록 하였다.

- 손 위에 손 얹기 기법은 단서 조건화의 최면 형태로서 아이는 이전의 상황에서 얻었던 긍정적 느낌을 긍정적인 감정이 필요한 상황으로 옮기게 된다. 긍정적인 감정과 아이 손목의 터치 간의 연합이 형성된다. 부모는 자기 자신의 손으로 아이의 손을 만져 이것을 보여 준다. 목표는 아이가 자기 자신의 손목을 잠시 만짐으로써 차후에 자기 스스로 긍정적인 감정을 불러낼 수 있다.
- 집중 기법들로는 엄지손가락과 집게손가락 문지르기, 혹은 자신의 머리 위에 손 얹기가 있다. 예를 들어, 아이들이 수업에 집중하도록 사용한다.
- 아이와 함께 '안전한 장소 상상하기'는 아이에게 안전감을 제공하는 기법

이다. 안전함을 느끼고 긴장을 풀어야 할 때마다 아이가 자기의 마음으로 들어갈 수 있거나 꿈꿀 수 있는 장소가 될 수 있다.

저자는 앞서 언급한 기법들에 과제 제안으로 '칭찬 상자 만들기'를 추가하고 싶다. 칭찬 상자를 만들기 위해 가족의 모든 구성원은 매일 다른 가족 구성원들에 대한 칭찬의 말을 각각 적어서 상자 속에 넣는다. 이것은 서로에게 긍정적인 관점을 갖도록 격려해 준다. 저녁에 가족 구성원들이 모여 상자에서 칭찬 쪽지를 꺼내어 가족들에게 읽어 준다. 경험으로 볼 때, 가족원들이 모두 고객형이 아니더라도 처음에는 함께 어울릴 마음이 없었던 가족이라도 나중에는 칭찬이 어떻게 다른 사람들과의 분위기를 향상시키는지 알게 된다.

어떤 상담자는 아이들, 그리고 성인들과 함께 집단치료 시간에 칭찬 상자를 만들 수 있다. 회기가 마무리될 쯤에 각 집단원은 다른 집단원들에 관한 칭찬을 쪽지에 적어 상자 속에 넣는다. 이 쪽지를 다음 회기에서 큰 소리로 읽는다. 이 칭찬들에는 익명 혹은 자신의 서명을 할 수도 있다.

사례 11

다양한 칭찬 상자의 하나의 변형은 성공 상자로서 집단 상담에서 사용된다. 먼저 참여자들이 함께 예쁜 상자를 만들거나 구입한다. 모든 집단원은 각자 익명으로 세 장의 쪽지에 자신의 문제를 성공적으로 직면하도록 했거나 해결하도록 도왔던 해결책을 적어 낸다. 해결책의 예로, 친구에게 이야기하기, 산책하기, 커피숍 가기, 일기 쓰기 등이 있다. 상자 속에 모든 쪽지가 제출되면 각 집단원들은 쪽지를 하나씩 꺼내어 큰 소리로 읽는다. 집단원은 새로운 해결책들이 써 있는 한두 개 쪽지를 집어서 다음 회기에서 그 쪽지들이 자신에게 얼마나 도움이 되었는지 이야기할 수 있도록 쪽지를 사용하게 한다.

Selekman(1993)은 다음과 같은 역설 과제를 소개하였다.

- **해결책 증진과제** 이 과제는 de Shazer(1985)의 '당신이 ~에 대한 충동을 극복할 때 당신이 하고 있는 것에 주의 기울이기'와 같은 기술화 과제와 비교 가능하다. Selekman은 내담자에게 도움이 되는 해결책을 카드에 써서 힘들 때마다 해결책을 읽도록 '해결책 카드'를 가지고 다니게 하였다.

- **동전 던지기 과제** 하루가 시작할 때, 부모는 그날 누가 아이들의 교육을 맡을지 동전을 던져서 결정한다. 이 과제는 아이들을 어떻게 부추겨야 하는지 혹은 어떻게 처벌을 해야 하는지에 서로 동의하지 않는 부모들을 도울 수 있다. 또한 이 기법은 팀 구성원들이 서로 상반된 관점을 가지고 있을 때도 사용할 수 있다.

- **습관 통제 의식** 이 과제는 긴 시간 동안 문제를 경험해 온 가족들에게 큰 효과를 발휘한다. 이 과제는 '문제 외현화하기'라고 불리는 이야기 치료의 한 기법에서 유래한다(7장 참조). 매일 가족원들은 문제가 무엇인지 파악하기 위해 자신이 무엇을 하는지 관찰하고 문제들이 통제되지 못하고 있다는 사실을 명료화한다. 가족은 또한 그 문제가 호전되는 때가 언제인지에 주의를 기울인다. 저녁에 가족은 하루를 어떻게 보냈는지 이야기하고 호전을 위한 전략을 세운다. 이 과제의 한 변형은 상징적 외현화 의식이다. 가족 구성원은 해당 문제에 대한 어떤 상징물을 선택하고 그 상징물과 가족 관계를 기술하고 그 상징물에 대한 이야기를 나눈다. 그리고 일단 가족의 문제가 해결된 후에 이 상징물을 어떻게 할 것인지에 대해 이야기한다.

- **비밀 서프라이즈 과제** 청소년은 한 주 동안 긍정적인 방법으로 자신의 부모를 놀라게 해 줄 한두 가지 일을 정한다. 그가 부모에게 놀라게 해 줄 일에 대해 이야기하지 않도록 한다. 과제를 찾아내는 일은 부모의 몫이다. 이 과제는 부모들이 종종 엉뚱하게 추측한 사실이 밝혀질 때 이례

적인 일과 변화를 확대시키는 재미있는 방법이다. 이 과제는 거꾸로도 적용할 수 있는데 부모가 비밀 서프라이즈 부분을 담당하고 아이가 서프라이즈들을 찾아내는 경우다.

- **편지 쓰기** 편지 쓰기는 특히 학교 맥락에서 유용할 수 있다. Selekman은 선생님과 학생들의 갈등 사례를 제공하였다. 그는 학부모가 교사에게 편지를 쓰도록 도왔고 학부모는 선생님이 아들에게 보인 인내와 관심에 대해 감사했고 학교에서 아들이 더 잘 지내길 바라고 있음을 적도록 하였다. 그리고 학부모는 아들에게 한 가지 과제를 주었다는 사실을 선생님에게 알렸다. 선생님을 좋게 여긴 일에 주의를 집중하게 하였고 그것을 글로 적어 방과 후에 어머니에게 이야기하도록 하였다. 이것이 선생님과 학생의 관계를 극적으로 변화시켰다.

- **시련 부여하기** Erickson(1980)은 내담자가 내담자의 문제를 유지시키는 데 가능한 한 불편하게 하기 위한 마지막 수단으로 이 치료적 전략을 개발하였다. Selekman은 내담자가 아무것도 나아지지 않았다고 보고하거나 일들이 더 악화된다고 보고할 때 이 전략을 사용한다. 이 과제에는 매우 험난한 과제가 부여된다. 예를 들어, Selekman은 우울한 내담자에게 그녀의 우울증에 대한 무거운 부담을 상징하도록 쇼핑하는 동안 가방 속에 몇 kg의 벽돌을 들고 다니도록 하였다.

- **차후의 위기 예측하기** Selekman(1997)은 위기에 처해 있다는 매우 비관적인 내담자들에게 이 과제를 제안하였다. 상담자는 다음에 올 위기에 관한 많은 세부 사항들을 묻는다. 누가 관여될 것인가? 어디에서 그 일이 일어날 것인가? 위기가 다른 사람들에게 어떤 영향을 미칠 것인가? 다음은 상담자와 내담자가 위기에 저항하는 방법을 찾을 수 있을 때, 패턴을 깨도록 도울 수 있다. 내담자가 이전의 위기를 어떻게 해결했는가? 이전에 어떤 것이 효과가 있었는가? 무엇이 또 도움이 될 수 있었는가?

- **문제 과장하기** 내담자가 문제를 과장할 때, 때로 내담자 자신이 짐작했던 것보다 더 많은 통제를 발휘할 수 있다는 사실은 명백하다. 이 과제

는 변화의 시작점이 될 수 있다.

Selekman(1993)은 청소년이 있는 부모 집단을 위한 원칙을 기술하였다. 이런 부모 집단을 여섯 번 소집하고 집단에 대한 상담자의 확신의 표시로 회기들 간의 시간 간격을 점차 늘려 갔다. 수많은 해결중심 질문이 이런 부모 집단에게 제기되었다. 각 회기의 마지막에 부모들에게 다음과 같은 과제를 제안하였다.

- **첫 번째 회기** "잘 되어 가고 있는 일에 주의를 기울이세요(집에서, 청소년과의 관계에서, 청소년의 행동에서). 그리고 그 방식을 유지하세요."
- **두 번째 회기** 부모에게 그들의 목표를 달성하는 데 취할 수 있는 단계들을 관찰하게 한다. 부모에게 아이가 이것에 어떻게 반응하는지 관찰하여 다음 회기에 나와 이야기하도록 한다.
- **세 번째 회기** "효과적인 것은 더 많이 하세요."
- **네 번째 회기** "효과적이지 않을 경우, 무언가 다르게 하세요." "효과적인 것에 주의를 기울이고 그것을 더 많이 하세요."
- **다섯 번째 회기** "효과적인 것을 더 많이 하세요." 또는 부모가 어떠한 호전이 일어날지 기대하지 않을 경우, "기적이 일어난 척하세요. 그리고 아이가 그것에 어떻게 반응하는지 주의를 기울이세요."

여섯 번째와 마지막 회기에서 축하를 한다. 간식을 들면서 부모들은 '해결중심 부모'가 되었음을 선언하는 수료증을 받고 그들이 부모로서 어떻게 성장했는지에 대해 짧은 연설을 하도록 한다. 그리고 앞으로 부모 집단을 위한 자문가로 활동하도록 요청하고 '해결중심 졸업생 부모 모임'에 가입하도록 초대한다.

요약

- 과제 제안이 항상 필요하거나 유용하지는 않다.
- 방문형 내담자는 과제 제안을 받지 않고 불평형 내담자는 관찰과제를 받고, 고객형 내담자는 행동과제와 관찰과제를 받는다. 이럴 때 항상 협력적이 될 수 있다.
- de Shazer의 공식 과제를 포함하여 일반 및 특별 과제 제안들에 대해 이 장에서 논의하였다. 집단과 아동, 그리고 부모를 위한 과제 제안도 포함되어 있다. 이런 과제들에는 창의성과 유머가 중요한 역할을 종종 한다.

06

회기 종결

1001
Question

회기 종결

너희는 이전 일을 기억하지 말며 옛날 일을 생각하지 말라.

보라 내가 새 일을 행하리니 이제 나타낼 것이라. 너희가 그것을 알지 못하겠느냐.

반드시 내가 광야에 길과 사막에 강을 내리니.

-Isaiah(43: 18-19)

회기를 언제 중단할지 어떻게 알 수 있을까요

de Shazer(1991)는 만약 상담자가 치료 초기에 내담자의 진술이나 그의 문제를 수용한다면 같은 논리로 상담자는 내담자가 치료를 종료하는 이유로서 내담자가 충분히 호전되었다고 말할 때 받아들여야 한다고 기술하였다. 이것은 내담자의 목표와 해결책이 내담자가 말한 문제보다 더 중요하다는 생각을 들게 한다. 이 같은 방법으로, 문제와 해결책 사이의 구분은 명확해진다.

해결중심 단기치료에 있어서 내담자가 출석하는 회기의 수에는 제한이 없다. 그러나 평균 약 3회기다. 내담자가 자신의 치료 목표를 충분한 정도까지 달성했다면 회기는 종결된다. 두 번째 회기 이후에 회기와 회기의 간격은 일반적으로 늘어난다. 첫 회기와 두 번째 회기 사이에 일주일이 일반적으로 적당하다(그러나 내담자가 강하게 원한다면 더 길어질 수도 있다). 원칙은, 매 회기를 이번이 마지막 회기라는 관점으로 여겨야 하고 내담자의 목표가 해결되었다면 1회기로도 충분할 수 있다는 것이다. "회기를 언제 중단할지를 어떻게 알 수 있을까요?"라는 부분에서 de Shazer(1991)는 상담 과정에서 내담자와 상담자가 다음 사항에 주의를 기울인다면 내담자의 목표가 드러나게 될 것이라고 말하였다.

- 이례적인 경우의 발생과 내담자가 바라는 미래(목표)의 출현이 상담자가 바라는 변화가 있음을 알려 준다.
- 내담자의 비전과 새로운 삶에 대한 기술
- 변화가 일어나고 있으며 내담자의 새로운 삶이 이미 시작되었음을 확증해 주는 것

문제중심 대화에서 많이 일어나는 것과 대조적으로 내담자와 상담자의 종결에 대한 이야기는 상담이 시작되자마자 언급되곤 한다. 이것은 내담자에게 목표 개념화에 관한 질문을 할 때 거론된다. "이번 회기가 의미 있었다고 말할 수 있으려면 당신의 삶에서 무엇이 변화되어야 할까요?" 혹은 "당신이 더 이상 이곳에 오지 않아도 될 정도로 충분히 잘하고 있다는 것을 무엇으로 알 수 있을까요?" 상담자가 여기에서 유도해 내려는 것은 내담자가 성공적인 결과라고 여기는 것을 구체적이고 측정 가능한 행동 단어로 기술하는 것이다. 내담자가 원하는 미래 상황에 대해 명확하고 세밀한 묘사나 사진으로 그려 보는 것이 매우 도움이 된다. "그것이 당신이 원하는 상황임을 가르쳐 주는 사진이라면 당신은 무엇을 하고 있을까요?"

회기 시작부터 원하는 결과를 논하는 것은 긍정적 분위기를 창조하고 문제가 충분한 정도까지 해결되리라는 희망을 내담자가 갖게 한다. 그것이 바로 적절한 목표 개념화의 중요성이 충분히 강조되어야 하는 이유다. 저자의 경험으로, 상담자는 목표 개념화를 위한 충분한 시간을 보유해야만 하는데 이는

목표 개념화가 잘 이루어졌을 때 종종 작업의 반은 이미 수행된 것이고 내담자가 자신의 목표에 가까워지려면 무엇이 필요한지 정확히 알고 있어야 하기 때문이다. 이것은 상담자를 비유해서 큰 배를 끌고 가는 작은 배라고 보는 것인데, 내담자는 얕은 곳을 벗어나자마자 홀로 항해할 수 있기 때문이다. 내담자와 함께 멀리 여행하는 것은 상담자에게 종종 불필요하다.

척도질문을 사용하면 상담을 종결시킬지 알 수 있다. 목표 개념화 이후에 내담자에게 10점에서 0점 척도에서 현재 어디에 있는지 물어보고 내담자가 다시 상담에 오지 않으려면 몇 점에 있어야 하는지 묻는다. 경험상 대다수의 내담자들은 7점 내지 8점에서 만족하며 9점이나 10점이 아니더라도 치료를 끝낼 만큼 만족하다고 생각한다. 간혹 치료는 낮은 점수에서도 종결될 수 있는데 내담자가 혼자 할 수 있다는 확신을 가지기 때문이다. 어떤 사례에 있어서도 해결중심면담에서 사례 종결은 상담자가 아니라 내담자가 결정한다.

Selekman(1993)은 상담을 종결할 때 내담자들이 차이점을 이야기할 수 있는 효과적인 수단으로서 견고하게 해 주는 질문들을 사용하도록 말했다. 달성한 결과가 영구적이 될 수 있도록 견고히 해 주는 몇 가지 질문은 다음과 같다.

- "어떤 것을 할 때 이전의 생활로 돌아가게 될까요?"
- "재발을 방지하려면 무엇을 해야 할까요?"
- "이러한 변화가 지속되려면 무엇을 계속적으로 해야 할까요?"

Selekman(1993)은 그가 상상의 수정구슬이라 부르는 것을 내담자가 사용하도록 요청하여 내담자가 미래에 어떤 변화를 이루고 싶어 하는 그림을 그리거나 묘사를 하도록 하였다. 치료 초기에 급격한 변화를 보자마자 치료를 종결하는 경우 내담자들을 건강한 상태로부터 일탈될 가능성이 있다는 정신분석적 가설에 대해서는 불신을 표현하였다. 그는 내담자가 치료 목표뿐만 아니라 종결점도 결정해야 한다고 보았다.

해결중심 상담자로서 나의 업무는 사람들을 치료하는 것이 아니라고 믿습니다. 대신에 내담자들의 삶의 여건이 좀 더 만족스럽게 되도록 돕는 것입니다. 상황이 더 좋아져서 다음 상담 일정을 취소하는 경우 저는 언제든지 문이 열려 있으니 상담을 원할 때 언제든지 전화하도록 합니다(Selekman, 1993, p. 156).

저자의 느낌으로, 해결중심 상담자는 주치의와 유사한 업무를 수행한다. 종종 환자가 수년간 주치의를 보러 가지 않다가 때로는 한꺼번에 여러 차례 진료를 받으러 간다. 환자가 단 한 번에 영원히 건강하게 해 주는 것이 주치의의 목표는 아니다. 많은 상담자는 대부분의 내담자보다도 더 상위의 목표를 가지고 있다. 만약 상담자가 내담자의 목표에 더 잘 집중한다면 치료는 더 짧아지고 아마도 더 성공적이 될 것이다. 문제중심 치료에서는 재발 예방과 관련된 회기들과 추후 회기들을 위한 일정을 잡는 것이 일반적이다. 저자의 경험으로, 해결중심 단기치료에 있어서 이러한 경우는 거의 필요하지 않다. 그럴 경우, 내담자 측면에서 어떤 욕구를 만족시키기보다는 문제중심 상담자 자신을 확신시켜 주는 것처럼 보인다. 4장에서 어떻게 해결중심 방법으로 재발 예방을 다루는지에 대해 설명하고 있다.

치료 종결을 위한 해결중심 아이디어

해결중심 치료자가 목표지향적인 것만은 아니다. 매우 창의적이기도 하다. 치료 종결을 위한 다음의 창의적인 아이디어들은 2년 전에 저자의 학생들과 브레인스토밍한 것이다.

이수증
- 상담자는 완료한 것이 많이 적힌 이수증을 작성한다.
- 상담자는 기적이 적힌 팸플릿이나 자격증을 만들어서 종결하는 날 내담

자에게 수여한다. Metcalf(1995)는 『해결을 향한 상담』이라는 책에서 몇 가지 이수증의 예시를 보여 주는데 상담자는 이것을 복사해서 내담자에게 사용할 수 있다.

성공 축하

- 치료 시작 시, 상담자는 내담자가 자신의 목표를 달성했을 때 어떻게 축하하기를 원하는지 묻는다. 특별히 어린이들이 매우 좋아한다. 마지막 회기에서 상담자는 이것을 실천한다.
- 내담자는 케이크, 꽃과 간식으로 상담의 종결을 축하한다.
- 상담자는 내담자가 그의 문제 해결을 어떻게 축하할 것인가를 물어본다.
- 상담자는 내담자가 자신의 성공 파티에 누구를 초대할 것인지 물어본다.
- 상담자는 파티에서 내담자가 어떤 축하 연설을 할 것인지 묻는다.
- 상담자는 가족들이 서로에게 칭찬을 하도록 한다.

그림 혹은 편지

- 상담자는 내담자 목표의 개요, 목표 달성을 위한 여정, 성공들, 그리고 칭찬을 적은 편지를 적어 내담자에게 준다.
- 내담자는 회기 시작 상황의 그림과 회기 종결 상황의 그림을 그린다. 상담자는 내담자가 상담 초기에 그렸던 그림을 보관하고 싶은지, 혹은 불태우는 의식을 하고 싶은지 묻는다.
- 상담자는 내담자가 달성한 기적 그림을 액자로 만든다.
- 내담자는 어떻게 자신의 인생에서 성공에 이르게 되었는지에 대해 묘사한 성공비법 소책자를 만든다.

상징물

- 상담자는 내담자에게 인형, 마스코트, 혹은 마술 지팡이와 같이 상담에서 활용할 수 있는 어떤 것을 대상물로 준다. 내담자는 그중 하나를 선

택한다.

- 상담자는 내담자가 자신의 문제 해결 정복의 상징으로 상징을 떠올려서 그리거나 만들게 한다.
- 상담자나 내담자는 내담자의 성공을 상징하는 좌우명이나 격언을 새긴 작은 장식판을 만든다.
- 상담자는 내담자에게 한쪽 면에 '안 되는 것은 멈춰라. 뭔가 다르게 하라' 다른 한쪽 면에는 '되는 것은 계속하라'는 문구가 적힌 머그잔을 준다.
- 내담자는 일이 잘되게 하는 마술적 주문을 떠올린다.

내담자의 전문성

- 상담자는 내담자에게 같은 문제를 가진 다음 번 환자에게 줄 수 있는 가장 중요한 정보가 무엇인지 묻는다.
- 상담자는 만약 내담자가 이와 유사한 상담을 하다가 당황하게 하는 경우에 내담자를 전문가로 여기고 자문을 구할 수 있는지 허락을 구한다.
- 상담자는 내담자가 어떤 행동을 하면 확실하게 가장 빨리 다시 나빠지겠는지 질문한다(재발 예방).
- 내담자가 자기 자신에 대해 알게 된 가장 중요한 것이 무엇이고 그래서 기억할 만한 가치가 있는 것이 무엇인지 질문한다.
- 만약 내담자 자신이 옳은 길을 가고 있다면 1년(5년, 10년) 후에 무엇을 달성하게 될지 묻는다.
- 상담자는 내담자가 자신에게 무엇이 잘되고 있고 무엇이 좋아지고 있는지 말할 수 있는 후속 회기 일정을 잡는다.

요 약

- 해결중심 상담자는 첫 회기에서부터 상담 종결을 염두에 두고 내담자와

토의해야 한다. "언제 우리가 이같이 상담을 종결할 수 있을까요? 무엇이 달성되면 상담이 당신에게 유용했고 의미 있었다는 말을 할 수 있을까요? 당신이 충분히 잘하고 있기 때문에 더 이상 이곳에 올 필요가 없다는 것을 무엇이 알려 줄까요?"

- 회기 종결을 위한 해결중심 아이디어에는 이수증, 성공법, 소책자, 의식을 만드는 것, 그리고 내담자의 성공을 축하하는 것 등이 포함된다.

07

기타 해결중심
기술들

1001
Question

기타 해결중심 기술들

긍정적이고, 해결중심적이며, 그리고 원하는 방향으로 미래 변화를 촉진하는 것에
집중하라. 그러므로 문제중심 대화보다는 해결중심 대화에 집중하라.

-John Walter

문제의 외현화

문제의 외현화는 내담자가 문제를 보도록 도와주며 문제가 내담자에게 영향은 주지만 언제나 내담자의 삶을 통제하는 것이 아님을 보도록 돕는다. 이 개입은 White와 Epston(1990)의 이야기 치료에서 유래한다. 문제를 외현화함으로써 연구자들은 내담자에게 자신의 문제적 자아상으로부터 자신을 분리시키는 자유를 주었다. 어떤 문제가 내담자의 삶과 대인관계에 어떻게 영향을 주는지 질문함으로써 내담자가 좀 더 통제할 수 있는 기회를 부여하였다. 문제란 일반적으로 내담자의 한계를 벗어나서 부정적 영향을 주는 것으로 지각될 수 있다. 결과적으로 상담자와 내담자는 그들이 함께 싸워야 할 공동의 적으로 문제를 간주하게 된다.

de Shazer(1984)는 테니스 게임을 은유로 사용하였다. 같은 편 테니스 선수들처럼 상담자와 내담자는 네트의 같은 쪽에 서 있으며 그들의 상대자들은 내담자가 가진 문제가 되는 것이다. 상담자는 그림을 그리거나 상징을 선택함으로써 문제를 외현화할 수 있다. 먼저 문제를 X라고 이름 붙인다. 예를 들어, 우울, 분노, 혹은 (ADHD 아동에게) 하이퍼 몬스터 등의 이름을 붙일 수 있다. 내담자에게 "당신을 힘들게 하는 것을 뭐라고 부르겠습니까?"라고 질문한다. 그러면 내담자는 X가 없거나 X가 덜 문제가 되는 때를 예상한다(다시 말하면, 이례적인 상황). 그리고 그 순간에 내담자가 무엇을 다르게 행동하는지 찾아본다. 상담자는 내담자에게 언제 X가 명백하게 드러났으며 어떻게 내담자가 그것을 다루었는지 묻는다. 내담자의 요구에 따라 문제에 다소의 시간을 할애할 수 있다. 이런 방식으로 내담자에게 좀 더 많은 조절을 가능하게 하는 능력과 자신감을 증진할 수 있다. 상담자는 좀 더 많은 통제를 얻기 위해 다른 사람들과 협력할 수 있는데, 이런 경우 상황에 대해서 비난하고 싶은 욕구가 사라지기도 한다.

이야기 치료는 이례적 경우를 '특별한 결과'라고도 한다. 이 두 가지 단어는 상호 대체 가능하다. 그러나 de Shazer(1991)는 이 두 단어가 현저히 다르다고 말했다. 특별한 결과라는 것은 일회성인 반면, 이례적인 경우는 반복가능해서 문제의 규칙에서 이례적인 것이 새로운 규칙이 된다고 말했다.

문제의 외현화를 위한 척도질문

회기마다 내담자는 10점에서 0점 척도상에 문제가 자신을 어느 수준까지 통제하고 있는지를 표시한다. 10점은 내담자가 문제를 완전히 통제하는 것이고, 0점은 문제가 내담자를 완전히 통제하는 것을 의미한다. 한 명 이상의 내담자가 있다면 척도질문은 참석한 모두에게 주어진다. 비록 많은 단어로 모두 기술되지는 않았지만 대부분의 사례에서 내담자의 통제력이 증가하면 문제가 덜 두드러지거나 사라지는 것은 두말할 나위 없다.

문제를 외현화할 때 상담자가 하는 해결중심 척도질문은 다음과 같다.

- "통제력을 재는 척도에서 지금 몇 점일까요?"
- "지난주(혹은 마지막 회기)는 몇 점이었나요?"
- 만약 지난 번보다 더 높은 점수를 보일 경우, "어떻게 점수가 더 높아질 수 있었나요?"
- 지난 번과 같은 점수일 경우, "어떻게 같은 점수를 유지할 수 있었나요?"
- 지난 번보다 점수가 낮아진 경우라면, "전에는 무엇을 하여 점수가 높았 었나요? 성공적이었던 과거의 유사한 상황에서 무엇을 하였나요?"
- "이번 주간에 당신 삶의 중요한 타인은 당신에게 무어라고 말했나요? 그 것이 당신에 대한 그들의 행동에 어떤 영향을 주었나요?"

문제 X를 외현화할 때 상담자가 사용하는 추가적인 해결중심 질문은 다음 과 같다.

- "X가 우세할 때 무엇을 합니까?"
- "X가 어떻게 당신을 통제하고 있나요?"
- "X가 통제될 때는 무엇을 다르게 행동하나요?"
- "어떻게 X를 통제하고 있나요?"
- "X를 공략하려고 할 때 무엇을 하나요?"
- "X를 공략할 때 사용하는 무기는 무엇인가요?"
- "최근에 어떻게 X를 속일 수 있었나요?"

부록 G는 문제 외현화를 위한 프로토콜이다.

미래로의 투사

Dolan(1998)과 Isebaert(2005)는 내담자들의 미래에서 보이는 그들의 현재 상황을 시험해 보도록 격려하는 여러 가지 방법을 소개하였다. 예를 들면, 미래에서 온 편지, 내담자의 연륜이 쌓이고 지혜로워진 자기 자신으로부터의 조언과 반영, 내담자의 1년 후의 미래 상황 반영, 5개년 계획 등이다. Covey(1989)는 내담자가 자신의 장례식에서 타인에게 듣고 싶은 말을 하는 기법을 소개하였다. 경험에서 볼 때 고객형, 즉 자신의 행동을 변화하고자 동기화된 내담자들은 현재의 삶이 미래의 관점에서 어떻게 영향을 줄 수 있는지를 기꺼이 상상한다. 방문형이나 불평형 내담자들에게는 다른 기법이 권장된다(2장 참조).

미래에서 온 편지

내담자에게 다음의 과제를 준다.

> 현재의 자신에게 미래의 관점에서 편지를 씁니다. 우선 미래(예: 1년, 5년)를 한 가지 선택하십시오. 그 시점에서 미래의 자기가 되어 현재의 자기에게 글을 쓰는데 무엇을 잘하고 있는지, 어디에 있는지, 무엇을 하고 있는지 등을 적습니다. 그 지점에 오기까지 가장 중요한 행동 한 가지에 대해 설명하십시오. 마지막으로 미래로부터 현명하고도 친절한 조언 한 가지를 말해 주십시오.

저자는 '국경 없는 의사회'의 정신건강 의사회 팀 훈련가로서 북부 스리랑카에 있는 상담자들을 코치한 적이 있다. 상담자들은 타밀 타이거와 스리랑카 정부 간의 전쟁 기간 중에 설립된 피난캠프 안에서 근무하던 중이었다. 수련의 일부로서 상담자들은 미래에서 온 편지를 자신에게 썼다. 편지를 쓰면서 한 상담자가 울먹이기 시작했다. 그녀는 한 달 전에 남편이 실종되었고 그녀의 집은 불길에 휩싸였지만 자신이 자녀들을 계속 돌봐야 한다는 것을 미래 편지를 쓰면서 깨달았다고 말했다. "내 안에는 내가 죽어 있었어요. 이 편지를 쓰면서 다시 살아나는 느낌을 받았어요."라고 말했다.

대인관계 치료에서 내담자들은 미래에서 온 편지 쓰기가 대인관계의 개선을 위한 많은 출발점을 제공하는 것으로 보고하였다.

연습 20

현재 자기 자신에게 미래의 자기가 되어서 편지를 쓰십시오. 그 편지를 쓰는 것이 주는 영향에 대해 놀라움을 느끼게 될 것입니다.

연륜이 쌓이고 지혜로워진 자기 자신

수년이 흘러서 연륜이 많아지고 더 지혜로워진 자기 자신을 상상해 보라고 내담자에게 요청한다. 내담자는 여전히 건강하고 기분 좋게 보이고 모든 지적 자원을 가지고 있다고 상상한다. 상담자는 내담자에게 다음 질문을 한다.

- "삶을 되돌아볼 때 젊은 자신에게 어떤 충고를 하고 싶나요?"
- "삶을 되돌아볼 때 삶 속에서 무엇이 당신을 가장 즐겁게 했나요?"
- "좀 더 해야 했거나 다르게 하기를 원했던 것이 있습니까?"
- "10점에서 0점까지 척도에서 지금 당신의 소망이 어느 정도 성취되었는지 점수로 말해 주세요."
- "당신의 자녀들이 당신과의 삶에서 무엇을 가장 좋게 기억하기를 바라나요?"
- "더 높은 점수로 가기 위해 당신이 할 수 있는 가장 작은 일은 무엇일까요?"

내담자는 연륜이 많아지고 지혜로워진 자신을 상상하면서 문제 해결책을 찾기 위한 조언을 구한다.

1년 후에

내담자는 미래의 1년 후 어느 하루에 대해 이야기한다. 내담자는 하루 동안 행동한 것에 대해 세밀하고 상세하게 설명한다. 선택을 잘 못하는 내담자에게 이 기법은 훌륭한 기법이 될 수 있는데, 왜냐하면 선택을 하든 하지 못하든 그 결과를 내담자가 더 잘 볼 수 있기 때문이다. 내담자가 특정 선택을 한 후 그 결과를 인식하지 못하는 경우라도 이 개입은 가치가 있다.

5개년 계획

내담자에게 평상시보다 더 앞을 내다보도록 요청한다. 내담자에게 큰 종이를 여러 면으로 나누도록 한다. 수직선에는 내담자가 도달하고 싶은 목표를 나열하는데, 예를 들어 업무, 대인관계 혹은 금전 등이다. 수평선에는 5년 후에 내담자가 얻기를 원하는 각각의 목표를 적는다. 내담자는 목표에 도달하기 위해 할 수 있는 방법을 칸에다 적는다. 만약 5년 후에 되기를 원하는 지점이 있다면 지금부터 3년 후에는 어디에 있어야 하는가? 그때는 무엇을 달성해야 하는가? 그리고 2년 후에는? 1년 후에는? 그리고 3개월 후에는? 그리고 지금 나는 무엇을 시작할 수 있는가? 5개년 계획은 내담자가 실제적인 목표를 설정하도록 도와주며 5년 후에 목표에 도달할 기회를 극대화하기 위해 어떤 단계를 밟아야 하는지를 시간선상에서 보여 준다.

자신의 장례식 참석하기

내담자는 3년 후에 일어날 자신의 장례식에 참여하는 여행을 상상하도록 한다. 그것은 내담자 자신의 장례식이다. 내담자의 가족, 친구, 동료, 그리고 내담자가 사회활동(종교 기관, 스포츠 등)을 통해 알게 된 네 사람이 고별사를 한다. "이 사람들이 당신의 장례식에서 당신에 관해 어떤 말을 해 주기를 원합니까?" "그들의 삶에 당신이 어떤 변화를 주었기를 바라나요?"라고 내담자에게 질문한다.

상호교류 매트릭스의 활용

상호교류 매트릭스(〈표 7-1〉)는 상호교류의 관점에서 해결중심 상담을 수행하는 데 사용되고 내담자로 하여금 관점의 차이를 살펴보도록 해 준다. 매트릭스는 '질문의 차이가 어떠한 차이를 가져올 수 있는지'(Walter & Peller, 1992, p. 177)에 관해 유용하다. 매트릭스의 첫째 줄은 자신에 대한 것인데, 즉 자기 자신의 관점에서 답하도록 한다. 둘째 줄은 타인의 것으로서, 즉 내담자가 마치 다른 사람인 것처럼 답을 하도록 한다. 예를 들어, 부부 상담에서 아내가 만약 관계 문제를 해결하는 데 무엇이 도움이 될지 질문을 받는다면 무어라 답할지 남편이 생각하도록 질문을 받는 것이다. 계속해서 아내는 남편이 무어라 대답할지 생각하도록 질문을 받는다. 이러한 질문에 대답하기 위해서 내담자는 잠시 동안 자신의 생각은 제쳐 두고 다른 사람의 대답이 무엇일지 상상해야 한다. 이것은 종종 새롭고도 색다른 정보를 찾도록 하고 다른 사람의 관점에 관한 더 나은 인식을 얻도록 한다. 셋째 줄은 제3자다. 즉, 벽에 붙은 나비가 무엇을 보았는지, 혹은 몰래 카메라가 어떤 상황을 포착했는지를 상상한다. "당신의 목표가 성취되었던 때를 비디오로 녹화하고 현재 상황을 녹화한 것을 제가 본다고 가정한다면 저는 어떤 차이를 볼 수 있을까요? 그것이 미래의 상황을 녹화한 것임을 저는 어떻게 알아차릴 수 있을까요?" 상호교류 매트릭스에서 각각의 질문과 관점은 내담자로 하여금 다른 관점으로 다르게 생각하도록 해 준다. 이와 같은 방식으로 이례적인 것(현재와 과거에 있어서)과 새로운 해결책이 더 쉽게 감지될 수 있다. 또한 내담자는 자신의 행동이 상대방에게 미친 영향에 대해 더 많은 통찰을 얻게 되는데, 이것은 내담자로 하여금 자신의 행동에 대해 무언가 변화하도록 만들어 줄 가능성을 높인다. 상호교류 매트릭스의 활용은 집단 상담에서도 권장되며(예를 들어, 대인관계와 가족치료), 이는 종종 상호 이해를 높이고 새로운 시야를 열기도 한다.

체계치료에서 사용되는 순환적 면담과 관련된 기법에서는 다른 사람들에게 내담자를 대신하여 답을 하도록 요청된다. 때로 상담자는 이처럼 다소 유별

난 질문 형식에 내담자의 참여를 하도록 허락하도록 구체적으로 요청한다.

〈표 7-1〉 상호교류 매트릭스

관찰 위치	목표	기적	이례적인 경우
자기 자신	"어떤 일로 오셨나요?"	"그런 경우 당신은 무엇을 다르게 행동할까요?" "상대방은 무엇을 다르게 행동할까요?"	"그런 경우 당신은 무엇을 다르게 행동하나요?" "상대방은 무엇을 다르게 행동하나요?"
타인	"당신의 목표가 무어라고 그 사람이 말할까요?"	"그 사람은 당신이 그런 경우 무엇을 다르게 행동한다고 말할까요?"	"그 사람은 그런 경우 당신이 무엇을 다르게 한다고 말할까요?"
비디오/벽에 붙은 나비(먼 거리)	"당신의 목표가 무엇이라고 제가 생각할까요?" "저는 상대방의 목표가 무엇이라고 생각할까요?"	"저는 그런 경우 당신(두 사람 모두) 또는 상대방이 무엇을 다르게 하는 것을 보게 될까요?"	"저는 그런 경우 당신(두 사람 모두) 또는 상대방이 무엇을 다르게 하는 것을 보나요?"

* 위의 질문을 현재시제나 과거시제로 할 수 있다. "무엇을 다르게 하고 있나요?" 또는 "무엇을 다르게 하고 있었나요?"

사례 12

부부 모두 좋은 관계를 목표로 하는 관계치료에서 다음 질문을 남편에게 하였다. "부부로서 아내가 다시 좋은 관계로 돌아오기 위한 시작을 하려는 것에 대해 무어라고 말할 수 있을까요? 아내는 남편이 어떻게 다르게 행동하고 있다고 말할까요? 아내는 그러한 남편의 행동에 대해 어떻게 반응하리라고 생각하십니까?" 아내에게 주는 질문은 "부부로서 좋은 관계를 재정립하기 위한 자리로 돌아오는 것에 대해 남편은 어떻게 말할 수 있을까요? 그렇게 되려면 남편이 무엇이라고 말해야 할까요?" 부부에게 주는 질문은 "자녀들은 두 분 사이가 좋아졌다는 것을 어떻게 알 수 있을까요? 두 분 사이가 다시 좋아졌을 때 두 분이 무엇을 다르게 행동하고 있는 것을 제가 볼 수 있을까요?"

상호교류 모형의 또 다른 이점은 회기 중에 한 사람이 없다고 하더라도 마치 그 자리에 있는 것처럼 할 수 있다는 점이다.

사례 13

이혼과 자녀양육권 중재 상담에서 남편이 상담을 중단하기 원하고 있었다. 중재 상담자가 남편에게 말했다. "상담을 중단한다고 가정하면 그렇게 할 수 있도록 남편께서 할 수 있는 가장 작은 일은 무엇일까요?" 남편은 모르겠다고 대답했다. 중재 상담자는 상호교류 모형의 질문을 하였다. "자녀들에게 질문을 했을 경우 아빠가 맨 먼저 해야 할 일이 무엇이라고 대답할까요?" 그러자 아내는 재빨리 "아이들에게 질문하면 입을 다물 거예요."라고 대답했다. 상담자는 "만약 자녀들이 침묵하지 않고 말을 한다면 아빠가 맨 처음 해야 할 일이 무엇이라고 말할까요?"라고 질문하였다. "같이 공원에 가든가, 햄버거를 사 먹는다든가, 넷이서 같이 재미있는 것을 하는 것"이라고 남편이 대답했다. 남편과 아내 모두 그것이 좋은 생각이라고 말했고 중재자의 권면에 몇 시간 동안 놀이공원이나 운동장에 가서 시간을 보냈다. 그 주일에 날씨가 좋지 않거나 재미없으면 밖에 나가 함께 햄버거를 사 먹었다. 중재 상담자는 부부와 자녀들이 있는 곳에서 가벼운 대화를 하도록 하였고, 만약 그것이 어렵다면 두 사람의 사이가 좋아진 것처럼 가장하도록 요청하였다(자녀들을 위하여).

비언어적 전략

해결중심 면담에서 비언어적 전략은 내담자가 목표를 달성하도록 돕는데 유용하다. 이 전략으로는 화이트보드나 칠판 사용하기, 그림 그리기, 물리적 공간 활용하기 등이 포함된다.

화이트보드나 칠판 사용하기

상담자와 내담자는 화이트보드, 칠판 또는 종이를 사용하여 목표 개념화, 이례적인 것, 척도질문 등 해결중심 단계들을 그리거나 적는다. 여기에서 제안하는 것은 상담자가 내담자에게 가능한 많이 적도록 하는 것이며, 이렇게 함으로써 내담자가 적극적인 태도를 가지도록 자극을 주는 것이다. 목표가 개념화되면 바로 상담자는 보드나 칠판에 원을 하나 그리고 그 원 안에 목표를 적는다. 원 옆에 상담자는 척도를 그리고 10점은 목표이고 0점은 내담자가 지금까지 경험한 최악의 시간이라면 현재 내담자가 몇 점인지를 기록한다. 그러고 난 후 다음과 같은 해결중심 척도질문을 한다. "이 점수를 어떻게 해서 얻을 수 있었나요?" "1점이 높아진다면 어떤 모습이며 그렇게 하려면 무엇이 필요할까요? 그리고 그 밖에는?" 원 안에 적힌 목표 개념화 주변에 또 다른 원을 그리고 그 원 안에 내담자가 목표에 더 가까이 다가갈 수 있도록 해 주는 모든 방법들을 적는다. 즉, 과거에 도움이 되었던 이례적인 경우와 그 밖에 도움이 될 만한 모든 가능성들이 포함된다. 두 번째 원 안에 모든 방법들을 적고 나면 상담자는 이러한 가능한 것들 중에서 어느 것을 가지고 시작하기를 원하는지, 그리고 그 가능한 대안이 성공적이 되기 위해서 다른 사람들이 어떻게 도울 수 있는지를 묻는다. 이 방법 중에 하나 혹은 그 이상을 과제로 줄 수 있다.

그림 그리기

상담자는 내담자에게 2개의 그림을 그리도록 부탁한다. 하나는 현재 문제를 그림으로 그리는 것이고 또 하나는 내담자가 도달하고 싶은 미래를 그림으로 그리는 것이다. 그러고 난 후 첫 번째 그림에서부터 두 번째 그림으로 길이나 다리를 그리도록 요청한다. 이 활동을 통해 내담자는 길이나 다리를 어떻게 보고 있는지 길에 어떤 부분을 이미 건너왔는지 그리고 어느 부분을 더 가야 하는지 보여 준다. 목표를 이루기 위해서 내담자가 취할 수 있는 행동들을 몇 가지 더 추가적으로 그릴 수 있다. 이렇게 하면 약 여섯 개의 그림들이 모여서 해결중심 만화 시리즈가 될 수 있다. 이 여섯 가지 그림들의 순서가 중요하다. 첫 번째 그림은 현재의 상황으로서 문제를 포함하고 있고 마지막 그림은 목표가 달성된 그림이 된다. 중간의 그림들은 마지막 그림에 도달하는 데 내담자가 취할 수 있는 단계가 된다.

집단 작업이라면 집단원들은 함께 자기들의 그림에 대해서 이야기하고 서로 비교해 본다. 여기서 상담자는 내담자들이 어떻게 목표를 이룰 수 있는지, 그리고 어떤 방법으로 서로에게 목표 과정에서 도와줄 수 있는지 질문한다.

문제의 외현화 기법을 사용하여 내담자는 문제를 그림으로 그릴 수가 있다. 내담자의 문제는 어떤 모양이며 어떤 색깔인가? 어떻게 생겼는가? 어떤 표정을 짓는가? 이에 따라서 내담자는 그 문제를 정복하기 위해 어떠한 전쟁 전략을 쓸 것인지 생각할 수 있다. 상담자를 포함하여 다른 집단원들도 도움이 될 수 있고 함께 작업할 수 있다. 내담자는 자기의 계획을 같은 종이 또는 또 다른 종이에 그린다.

공간 활용하기

공간 활용하기 기법에서는 상담자가 디렉터가 되어 내담자(혹은 내담자들)가 어디에 앉아야 하는지 지시한다. 상담자는 상담실에서 내담자들이나 또는 내담자가 위치하는 자리를 우연적이고 대수롭지 않다고 생각해서는 안 되며, 내담자 각자가 차지하고 있는 물리적 공간이 상담 과정에 도움이 되는지의 여부에 대해 반영해 주어야 한다.

1장에서 언급된 정신과 의사 Erickson은 종종 이 기법을 사용하여 한 회기 중에 내담자 집단이 서로 다르게 모일 수 있도록 하였다. 예를 들어, 가족상담 회기 중에 Erickson은 아이에게 상담실에서 나가도록 하고 아이의 어머니가 아이의 자리에 앉도록 하였는데, 어머니가 아이의 자리에 있을 때 어머니는 아이에 대해서 더 민감하게 생각할 수 있고 아이의 입장에 더 잘 있게 된다고 설명해 주었다.

내담자뿐만 아니라 상담자도 자신의 자리에 너무 집착해서는 안 된다. 상담자가 지지적인 방식으로 행동을 하기 원한다면 의자를 내담자에게 더 가까이 가져갈 수 있다. 물론 그 반대도 중요하다. 상담자가 의자를 뒤로 움직이면 회기의 일부분('논쟁을 하는 내담자를 위한 개입'에 대한 토론 참조)에서 상담자가 개입하길 원하지 않는다는 것을 나타낸다. 또한 집단치료에서 두 명의 상담자가 있는 경우 조합이 달라질 수 있다.

회기 중에 상담자는 자리에 앉는 것을 변경하거나 다른 상담실로 갈 수도 있다. Selekman은 다음과 같이 말하였다. "때로 우리들은 평가 회기의 이 부분을 시작할 때에는 전혀 다른 방으로 가게 됩니다. 이렇게 말합니다. 이제 우리는 해결책과 변화에 대해 이야기할 수 있습니다. 여기에서 성공적인 결과를 갖는다면 어디에 있고 싶습니까?"(1997, p. 57) 상담자가 모두 '문제의 방'과 '해결책의 방'을 마음대로 가질 수 있는 운 좋은 위치에 있지는 않다. 그럴 필요도 없다.

Metcalf(1998)는 이것을 변형하였다. 집단치료에서 세 개의 의자 기법이라고 부르는 것인데 공간 활용하기와 적시에 투사하기 기법을 조합한 것이다. 첫 번째 의자는 5년 전, 두 번째 의자는 현재, 세 번째 의자는 5년 후의 삶을 의미한다. 이 간격은 줄일 수도, 늘릴 수도 있다. 집단원들은 모두 이 세 개의 의자에 앉도록 요청되며 앉은 의자가 나타내는 시간이 지금인 것으로 가정하고 자신에 대해 이야기한다. 다른 집단원들은 다음 질문을 할 수 있다.

- "행복한가요?"
- "가장 큰 두려움은 무엇이었나요?"
- "어느 의자에 있을 때 덜 두려웠고 더 행복했나요?"
- "과거에 문제들을 어떻게 해결할 수 있었나요?"
- "그 당시 어떤 조언이 도움이 되었을 수 있을까요?"

사례 14

대인관계 치료에서 부부가 나란히 앉아 있었다. 상담자를 쳐다보고 앉아 있었다. 분위기는 어둡고 부부는 서로를 거의 쳐다보지 않았다. 회기는 완전히 상담자에 의해서 진행되었다. 한참 후 상담자는 이 두 사람의 공동 목표와 이례적인 것이 무엇인지를 묻고 척도질문을 하면서 내담자들에게 90도로 앉으라고 요청했다. 상담자는 이러한 위치 변경에 대한 이유를 다음과 같이 말하였다. "나머지 시간에는 목표를 개념화하고 목표 달성 방법을 찾기 위해 협동해야 합니다." 놀랍게도 내담자들은 상담자가 요청하는 대로 따라 하였다. 이렇게 자리를 변경함으로써 내담자들이 서로를 바라보며 공동 목표를 고안해 내는 것이 용이하게 되었다. 더불어 이와 같은 공간 활용하기 덕분에 상담자는 회기의 중심축이 되는 것에서 자유로워졌다.

역할놀이하기(가장하기 과제와 서프라이즈 과제)

많은 내담자가 생각하기를 문제가 해결되어야만 다르게 행동할 수 있다고 본다. 문제가 저절로 사라지는 것을 기다리기보다는 문제가 이미 사라진 것처럼 가장함으로써 내담자는 보다 더 강한 힘을 느끼고 문제에 대해 통제력을 얻은 느낌을 갖는 기회를 가질 수 있다. 따라서 상황이 더 좋아진 것처럼 가장하도록 내담자에게 부탁한다. 회기 중에도 이렇게 할 수 있다. 내담자 또는 내담자들(예: 부부 또는 가족)은 문제가 이미 해결되었고 상황이 더 좋아졌거나 목표를 이미 달성한 것처럼 역할놀이로 가장할 수 있다. 이것을 할 때 내담자들이 현재 상황과는 어떤 점이 다른지 특별히 주의를 기울이도록 요청한다. 가장하기는 과제로도 줄 수 있다. 과제로 줄 때는 다음 회기까지 어느 정도의 시간 동안(한 시간, 하루) 어떤 기적이 일어났다고 가정할 수도 있고, 또는 내담자가 그 상황에 대해 점수를 더 높게 매겼다고 가장할 수도 있다. 두 명 이상의 내담자가 있는 경우 나머지 집단원이 그 가장하기 과제를 언제 수행했었는지 추측해 볼 수 있다. 그다음 회기에 와서 집단원들은 서로에게 무엇을 감지할 수 있었는지 이야기한다. 가장하기 과제는 행동과제여서 고객형 내담자나 행동 변화에 대한 동기가 있는 내담자들에게만 적합하다.

이것의 한 변형이 서프라이즈 과제인데 이 과제 역시 고객형에게 적절하다. 내담자에게 회기와 회기 사이에 상대방을 놀라게 할 만한 뭔가 다른 것(미묘하게 다른 것)을 하도록 요청한다. 상대방은 그 서프라이즈가 무엇인지 알아내어 그다음 회기에 이야기한다. 서프라이즈가 무엇일까에 주의를 기울이는 성향이 많아지면서 내담자는 더 긍정적인 관점을 가지게 된다(종종 상대방은 그 서프라이즈가 완전히 다른 유형의 행동일 거라고 생각하도록 만든다). 만약 청소년의 목표가 부모를 놀라게 하는 것이라면 그 서프라이즈 과제는 뭔가 긍정적으로 놀라게 할 만한 것이 되도록 한다.

이 두 가지 과제의 목적은 내담자들의 상호교류에서 이례적인 것을 가져오는 것이다. 이 기법은 긍정적 행동을 강조하는 것으로서 문제행동이 배경으로 사라지게 해 준다. 긍정적인 행동이 눈에 띄면 내담자는 그것을 토대로 발돋움한다.

위기 상황에 있는 내담자를 위한 개입

때로 내담자는 위기를 경험하기 때문에 바로 상담을 하고자 한다. 위기를 다룰 때 상담자들은 종종 내담자로부터 고삐를 잡아 문제중심 방식으로 작업하려는 경향이 있다. 위기가 훨씬 지난 후에야 그들은 해결중심 방법으로 작업할 수 있다고 생각한다. 그런데 위기 상황에 있는 내담자라도 해결중심 방식으로 개입하는 것이 생산적일 수 있다(Bakker & Bannink, 2008). 왜냐하면 위기 상황에 있는 대부분의 사람은 무엇을 다르게 하고 싶은지(목표 개념화)에 주의를 돌리도록 하여 그들의 과거 성공 경험과 개인의 능력을 사용하도록 요청할 경우 신속하게 안정을 찾는다. 위기 상황에서는 이러한 과거 경험과 능력이 종종(잠시 동안) 눈에서 보이지 않기 때문이다. 위기 상황에 있는 모든 내담자가 목표에 대해서 이야기하고 상황이 어떻게 변하기를 원하는지 말해달라는 요청을 받아들이는 것은 아니다. 왜냐하면 종종 그들은 자기가 직면한 문제를 기술하는 데 집착하고 있기 때문이다. 그런 경우라면 개인의 능력에 대해서 대화를 나누는 것이 현명할 수 있는데, 예를 들면 상황을 견디기 위해서 어떻게 대처하고 어떠한 전략을 활용하는지 등이다. 위기 상황에 있는 내담자에게 사용하는 몇 가지 해결중심 질문은 다음과 같다.

- "최고의 희망은 무엇입니까? 희망이 이루어지면 무엇이 달라질까요?"

- "어떻게 도와 드릴까요?"
- "아주 사소한 것이라도 이 상황에서 이미 시도했던 것은 무엇이며 그것이 어떤 도움이 되었나요?"
- "무엇이 달라지기를 원하나요?"
- "오늘 밤 자고 있는 동안에 기적이 일어난다고 합시다. ……." (기적질문)
- "기분이 더 평온해지고 만사가 더 명료해진다면 무엇이 달라질까요?"
- "기분이 좀 더 평온해지고 만사가 더 분명해진다면 제일 먼저 무엇을 하겠습니까?"
- "어떻게 이 상황을 잘 견디고 있나요?"
- "어떻게 여기에 와서 도움을 구할 수 있었나요?"
- "이렇게 오랫동안 어떻게 버티어 왔나요?"
- "이 상황에서 조금이나마 스스로를 돌보기 위해 무엇을 하고 있습니까?"
- "이 시점에서 가장 도움이 되는 사람은 누구이며 또 무엇이라고 생각하나요?"
- "지금까지 겪은 모든 것을 감안할 때, 어떻게 ~을 견디어 왔나요?"
- "무엇이 지금까지 당신을 지탱하는 데 도움이 되었나요?"
- "이 시점에서 제(상담자)가 할 수 있는 가장 도움이 되는 일이 무엇이라고 생각하나요?"
- "지금보다 상황이 더 악화될 수 있을까요?"
- "어떻게 그렇게 악화되지 않고 있을까요?"
- "이 상황을 계속 대처하려면 무엇을 기억하는 것이 가장 중요할까요?"
- "10점은 상황을 적절하게 다루고 있음을 의미하고, 0점은 전혀 다루지 못하는 것이라면, 지금은 몇 점인가요?"
- "어떻게 그 점수가 되었나요?"
- "1점 올라간다면 어떤 모습일까요?"
- "1점이 올랐다는 것을 어떻게 알 수 있을까요?"
- "어떻게 1점을 더 올릴 수 있을까요?"
- "1점을 올리고자 하는 동기가 얼마나 생겼나요?"

- "1점을 올리는 데 성공한다는 자신감은 얼마나 되나요?"
- "1점이 올라간다면 어떤 변화가 있을까요?"

모른다고 대답하는 내담자를 위한 개입

때로 내담자들은 질문에 대해서 답을 모른다고 말한다. 이럴 경우 종종 상담자는 짜증, 의기소침, 불안정을 느낄 수가 있다. 이 경우는 내담자가 아직까지 고객형이 아님을 의미하는 것이며 질문에 대해서 생각을 할 준비가 되어 있지 않다는 것이다. 이런 경우에 열린질문을 하는 것이 도움이 되는데, 즉 '무엇이' '어떻게' 그리고 '언제'로 시작하는 질문들이다. 상담자가 닫힌 질문을 하는 경우 "모르겠어요."라는 답을 할 위험성이 더 증가하는데, 특히 방문형과 불평형에 그러하다. 이런 경우에 상담자는 회기를 마치면서 내담자보다 더 노력을 했다고 결론짓기도 한다.

이례적인 것에 대한 질문 두 가지를 비교해 보자.

- "그 문제가 없었거나 또는 문제가 덜하였을 때가 최근에 있었나요?"
- "그 문제가 없었거나 또는 문제가 덜하였을 때는 최근에 언제 있었나요?"

첫 번째 (닫힌)질문은 내담자로 하여금 '예' 또는 '아니요'로 답하게 하며 이 질문 이후에 상담자는 또 다른 무언가를 생각해 내야 한다. 두 번째 (열린)질문은 이례적인 것이 있었다고 가정하고 내담자에게 그것에 대해서 생각하고 말하도록 요청하는 질문이다.

"모르겠어요."라고 대답하는 내담자에게 해결중심 상담자가 사용할 수 있는 몇 가지 개입과 질문은 다음과 같다.

- 그 질문에 대해서 답을 아는 것이 내담자에게 중요한지의 여부를 상담자 스스로에게 묻는다.
- 잠시 기다린다. 대부분 6초 내로 내담자가 답을 하게 된다. 상담자는 속

으로 6까지 세고 평온하게 앉은 채 기대심을 가지고 내담자를 바라본다.

- "어려운 질문이지요?"라고 말한 후 반응을 기다린다.
- "추측을 해 보세요."라고 말한다.
- "어려운 질문입니다."라고 말한 뒤 다음과 같이 이어서 말한다. "답을 안다고 가정합시다." 또는 "답을 아는 것처럼 가정합시다."
- "답을 안다면 삶이 어떤 모습일까요?"
- "답을 안다면 어떤 변화를 가져올까요?"
- "답을 안다면 삶의 어떤 면이 더 좋아질까요?"
- "안다고 가정합시다. 무엇이라고 말하겠습니까?"라고 물은 뒤 반응을 기다린다. 이렇게 하면 내담자는 상담자가 진정 답을 기대하고 있다는 것과 내담자가 훌륭한 반응을 하도록 시간을 충분히 주고자 할 만큼 자신을 존중하고 있음을 이해하게 될 것이다. 1장에서 저자는 가설적인 질문에 대해서 기술하였고 그 질문은 사람의 우반구에 주로 영향을 준다는 전제에 대해서 설명하였다. 내담자는 그 덕분에 종종 질문에 대한 답을 알게 되곤 한다.
- "물론 아직까지는 모르겠지요. 그러나 어떻게 생각이 드세요?"
- "나만큼 당신을 잘 아는 사람이 있다고 합시다. 그 사람은 무어라고 말할까요?"
- "파트너(자녀, 동료)에게 제가 질문을 한다면 뭐라고 답할까요?" (상호교류 매트릭스)
- "파트너(가장 친한 친구, 중요한 사람)는 당신이 어떻게 그것을 했는지 뭐라 말해 줄까요?"
- "파트너(가장 친한 친구, 중요한 사람)가 여기 이 자리에 앉아 있다고 합시다. 그는 뭐라고 말할까요? 놀랄까요? 가장 놀라지 않을 사람은 누굴까요?"

문제에 대해서 말하기를 원하지 않거나 말할 수 없는 내담자를 위한 개입

때로 내담자는 문제에 대해 말하지 않거나 또는 말할 수가 없다. 그 이유는 비밀이 있거나 매우 수치스럽기 때문이다. 저자의 상담에 온 한 내담자가 근친상간에 대해서 말하기를 거부했던 적이 있다. 만약 그것에 대해 말을 했다면 그 일이 실제로 일어났다는 사실을 부인하기가 더 이상 어렵게 되기 때문일 것이다. 같은 이유로 그 내담자는 그 사건에 대해서 글로도 쓰기를 원하지 않았다. 이러한 상황에서 대부분의 상담자는 회기를 어떻게 진행할지 당황해 한다.

이러한 경우 내담자를 편안하게 해 주면서 내담자가 아직 준비가 되어 있지 않고 또한 결코 준비되지 않을 수 있음을 존중해 주는 것이 좋다. 해결중심 면담에서 상담자는 내담자의 문제가 무엇이며 그 출처가 무엇인지를 꼭 알아야 할 필요는 없다.

논쟁을 하는 내담자를 위한 개입

어떤 내담자들은 논쟁을 계속하거나 논쟁을 멈추지 못하는 경우가 있다. 많은 내담자들이 동전의 한 면만을 본다. 어떻게 논쟁이 시작되었고 어떻게 논쟁이 발전되었는지에 대한 이유다. 다른 한 면(즉, 어떻게 논쟁을 중단할 수 있었는가?)은 일상적으로 간과된다. 상담자의 질문을 통해서 내담자가 스스로 논쟁을 멈추는 힘이 있음을 보다 민감하게 인식하면서, 자신의 일상적인 패턴을 고집할 필요가 없다는 사실을 알게 되면 자발적으로 논쟁을 중단하는데 이때가 바로 그들에게 이례적인 경우가 되는 것이다.

논쟁하는 내담자에게 도움이 되는 몇 가지 팁은 다음과 같다.

- "지금은 소중한 시간입니다. 집에서 논쟁을 한다면 제일 좋겠지요."라고 말한다.
- 상담자가 자신의 의자를 뒤로 빼면서 잠시 동안 그 대화에 참여하기를 원하지 않음을 나타낸다(공간 활용하기 기법).
- 상담자는 상담실을 나와 마실 차를 만들고 내담자들이 논쟁을 마칠 때 들어간다.

논쟁하는 내담자들에게 도움이 되는 해결중심 반응과 질문은 다음과 같다.

- "어떻게 논쟁을 하는지 저에게 보여 주셔서 감사합니다. 충분히 보았습니다. 제 생각으로는 이제 그만두실 수 있다고 봅니다."
- "필요한 만큼 시간을 모두 가지십시오. …… 이것이 당신에게 얼마나 중

요한지 알 수가 있군요."(일반적으로 내담자는 곧 멈춘다.)

- "(여기에서) 논쟁하는 것이 두 분의 공동 목표를 달성하는 데 어떤 면에서 도움이 될까요?"
- "일반적으로 논쟁을 어떻게 끝내나요? 그중에서 지금 어떤 것을 적용할 수 있을까요?"

상호신뢰를 높이는 개입

여기서 내담자들의 상호신뢰란 집단 목표를 달성하는 자신의 능력에 대한 자신감을 말하지는 않는다. 그러한 신뢰 유형은 2장에서 언급되었다. 여기서 저자는 상담자에 대한 내담자의 믿음에 대해 상세히 설명하지는 않을 것이다. 단, 저자의 관점에서 볼 때 상담자를 신뢰할 수 있는지의 여부는 오직 상담자와 작업을 해 온 내담자에 의해서만 답을 얻을 수 있다. 여기에서 고려하고자 하는 것은 대인관계에서의 상호신뢰다. 많은 내담자들이 치료에서 목표를 상호신뢰의 증진으로 밝히고 있다. 그러나 기억해야 할 중요한 사실은 이것이 목표라기보다 수단이라는 것이다. "두 분이 다시 서로 신뢰하게 된다면 두 사람에게 어떠한 변화가 있을까요? 두 사람의 삶은 어떻게 달라질까요?" 이 질문은 상호 선호하는 미래를 보게 해 준다.

Lewicki와 Wiethoff는 신뢰와 신뢰 발달과 재건의 개념을 설명하였다. 이들이 주장한 것은 상호신뢰가 인간관계를 지속시키고 결속시키는 접착제라는 것이다. 두 연구자는 신뢰를 다음과 같이 정의하였다. "상대방의 말과 행동과 결정을 믿고 그것을 토대로 기꺼이 행동하려는 의지"다(Lewicki & Wiethoff, 2000, p. 87). 이들에 따르면, 공동 목표를 나누는 것이 상호신뢰를 세우거나 재건하는 방법 중 하나다.

Susskind와 Cruikshank(1987)는 내담자로부터 상호신뢰를 요구하는 것은 비현실적이라고 주장하였다. 신뢰는 얻어야 하는 것이다. 상대방을 신뢰하는 데 있어서 가장 중요한 고려 사항은 상호성이다. 상대방이 동의하지 않는

데 왜 내가 동의해야 하는가? 따라서 상담자가 고려해야 할 점은 상담이란 상호신뢰 없이 시작할지라도 내담자들이 상호성이라고 하는 선행 조건에 걸맞게 행동할 때 상호신뢰가 생길 수 있다는 사실이다.

Kelman(2005)은 대인관계에서 상호신뢰를 구축하는 것의 어려움에 대해서 설명하였는데, 이는 이스라엘 민족과 팔레스타인 민족 같은 적들이 맞닥뜨리는 것과 같다. 당면하고 있는 것처럼 서로에게 적일 수 있다. 상호신뢰가 완전 부재한데 평화 협상이 어떻게 이루어질 수 있으며 평화 협상이 시작도 하지 않았는데 상호신뢰가 어떻게 구축될 수 있겠는가? 이 연구자는 그 무엇보다도 이 질문에 대한 답을 집단의 목표('결단과 확신의 점진적인 접근', p. 644)를 향하여 작은 단계들을 놓아 가는 것이라고 하였다. 해결중심 척도질문은 바람직한 결과로 가는 점진적인 접근을 위해 작업하도록 요청해 주는 것으로서 이런 면에서 매우 유용하다.

상호신뢰와 신뢰 증진 방법에 대한 몇 가지 해결중심 질문은 다음과 같다.

- "상대방이 한 말 중에서 문제 해결책을 찾고 싶다는 느낌을 준 것은 무엇입니까?"
- "비록 아주 적기는 하나 상대방이 당신을 이해하고 있다는 느낌을 주는 것을 무엇으로 알 수 있었나요?"
- "두 분 사이에 상호신뢰가 더 많다고 가정합시다. 두 분의 관계에 어떠한 변화와 차이가 생길까요?"
- "(더 많은) 상호신뢰가 두 분의 공동 목표를 달성하는 데 어떻게 도움이 될까요?"
- "10점은 상대방을 온전히 신뢰한다는 것이고 0점은 전혀 신뢰하지 않는 것이라고 한다면, 몇 점을 주겠습니까? 어떻게 해서 그 점수인가요?"
- "1점 높아진다면 어떤 모습일까요?"
- "그 경우 두 분의 관계는 어떻게 달라졌을까요?"
- "1점이 올라가는 데 무엇이 도움이 될까요? 그것에 당신은 어떻게 기여할

수 있습니까?"

• 내담자가 생각하기를 상대방이 변해야 한다고 하면, "그런 경우 당신은 어떻게 다르게 하겠습니까?"

• "두 분은 몇 점에 도달하기를 원하나요? 몇 점이라면 (충분히) 받아들일 만할까요?"

• "그 점에 와 있다는 것을 어떻게 알아볼 수 있을까요? 그 밖에 어떤 방법이 있나요? 그 밖에 또 다른 방법은?"

• "과거에 서로 신뢰했던 때는 언제였나요? 어떻게 그렇게 했나요?"

• "두 분의 목표에 더 가까이 가기 위해서 그것들 중에서 어떤 것을 지금 다시 할 수 있겠습니까?"

사례 15

양육권 처리에 관한 중재에서 이혼 부부의 상호신뢰는 완전히 사라진 상태였다. 한편, 자녀들을 위해서 자기들의 신뢰가 충분히 복구되어야 하는 것이 중요하다는 사실을 알게 되었다. 중재 상담자는 두 사람 모두에게 질문하기를, 어떻게 상호신뢰를 회복할 수 있을지 물었다. 남자가 말하기를, 상대방이 자기에게 휴대전화 번호를 알려 준다면 신뢰의 표시로 생각할 수 있다고 말했다. 이 시점에서 본다면 그 남자는 불평형이며 상대방이 변해야 한다고 생각하는 것이다. 그런데 여자는 그렇게 할 준비가 되어 있지 않았다. 중재자는 다음과 같이 물었다. "번호를 준다고 가정합시다. 그 경우 당신은 어떻게 다르게 행동하겠습니까?" 남자는 말하기를, 딸에게 생일 카드를 보내겠다고 했다. 그 순간 남자는 깨달은 것이 있었는데 전화번호를 받든지 아니든지 관계없이 딸에게 지금 카드를 보낼 수 있다는 사실이었으며 그래서 남자는 그렇게 하기로 결정했다. 이러한 변화가 그 남자와 아이들 사이의 의사소통에 자그마한 긍정적 변화를 가져왔다. 여자는 이러한 변화에 대해 감사하였고 이것이 거꾸로 이 두 사람의 사이에도 작은 긍정적 변화를 초래했다.

상호 의사소통을 증진하기 위한 개입

종종 내담자들은 상호 의사소통을 증진하려는 바람을 가지고 있는데, 현존하는 문제를 해결하기 위해서뿐만 아니라 새로운 문제가 발생하는 경우 제3자의 도움 없이도 함께 풀어 나갈 수 있기를 바라기 때문이다. 여기서도 역시 내담자들은 상호 의사소통의 개선을 목표로 생각한다. 그러나 사실상 이것은 자기가 바라는 미래에 도달하기 위한 또 다른 수단이 되는 것이다. 상담자는 이 차이점을 확실히 기억하는 것이 좋은데 왜냐하면 이 방법이 성취 불가능한 것으로 판명되는 경우 상담이 실패할 수 있기 때문이다. 만약 집단적 목표(예, 견고한 협력관계)가 명료하게 개념화되어 있다면 로마로 가는 길은 다양할 것이고 의사소통의 개선은 그 길 중의 하나가 될 것이다.

상호 의사소통과 의사소통이 어떻게 개선될 수 있는지에 대한 몇 가지 해결중심 질문은 다음과 같다.

- "10점에서 0점 척도에서 10점은 현재의 의사소통이 탁월하다이며, 0점은 매우 빈약하다라면 지금 몇 점입니까?"
- "그 점수는 어떻게 나왔나요?"
- "1점 오른다면 어떤 모습이 될까요?"
- "서로 소통(다시)을 잘한다고 가정합시다. 두 분의 관계에서 어떤 변화가 생길까요?"
- "(좀 더 나은) 상호 의사소통은 당신이 바라는 미래에 도달하는 데 어떤 도움이 될까요?"
- "그런 경우 무엇을 다르게 하고 있을까요?"
- "1점 올랐다는 사실을 상대방은 어떻게 알 수 있을까요?"
- "더 높은 점수에 어떻게 도달할 수 있을까요?"
- "1점 올라가는 데 상대방은 어떤 도움을 줄 수 있을까요?"
- "상대방이 1점 올라가는 데 당신은 어떤 도움을 줄 수 있을까요?"
- "두 사람은 몇 점에 도달하기를 바라나요? 몇 점이 만족할 만한 점수라

고 생각하나요?"

- "그 점수에 도달했을 때 어떻게 알 수 있을까요? 그 밖에 어떻게? 그 밖에는?"
- "과거에 의사소통을 잘했던 때는 언제였나요? 어떻게 그렇게 하였나요?"
- "그것들 중에서 두 분의 목표에 더 가까이 가기 위해 다시 시도할 수 있는 것은 무엇인가요?"

요 약

- 이 장에서는 문제의 외현화 가능성들에 대해서 논의하였다.
- 미래로의 투사 사용하기(미래로부터 온 편지, 연륜이 쌓이고 지혜로워진 자기 자신으로부터의 조언과 반영, 1년 후 상황 반영, 5개년 계획, 자신의 장례식 참여하기)와 상호교류 매트릭스 사용하기를 설명하였다.
- 비언어적 기법(화이트보드나 칠판 사용하기, 그림 그리기, 공간 활용하기 기법)과 역할놀이하기(가장하기 과제와 서프라이즈 과제)를 설명하였다.
- 위기 상황에 있는 내담자, 모른다고 대답하는 내담자, 문제에 대해서 말하기를 원하지 않거나 말할 수 없는 내담자, 논쟁을 하는 내담자에게 도움이 되는 해결중심 질문을 기술하였다.
- 내담자들의 상호신뢰를 높이고 상호 의사소통을 개선하는 데 도움이 되는 해결중심 질문을 설명하였다.

08

다른 상담자들과의
협업

1001
Question

08
다른 상담자들과의 협업

만약 당신과 내가 사과 하나씩을 가지고 있고 서로 사과를 맞바꾼다면 당신과 나는 각자 사과 하나씩을 여전히 가지게 될 것이다. 그러나 만약 당신과 내가 아이디어 하나씩을 가지고 있고 서로 이 아이디어를 맞바꾼다면 우리는 모두 2개의 아이디어를 가지는 것이다.

-George Bernard Shaw

좋은 팀 만들기

de Bono는 유명한 저널리스트이며 등산가인 Chris Bonington을 인터뷰했다. 책 출간에 성공한 Bonington은 좋은 팀을 구성하는 재주 없이는 그의 성공이 가능하지 않았다고 말했다. "성공적인 경영은 하루를 마무리하면서 사람들이 말하기를 '그래 좋았어.'라고 하는 데 있다."(de Bono, 1984, p. 11)

팀을 선발하는 데 있어 첫 번째 일은 당신이 하려는 것이 무엇인지를 결정하는 것이다. 그러고 나서 그것을 어떻게 할 것인지 결정한다. 그리고 이 두 가지로부터 당신은 몇 명이 필요한지와 어떤 종류의 사람이 필요한지, 어떤 기술이 필요한지를 결정한다. 이 모든 것이 결정되면 당신은 자리에 앉아서 적합한 사람을 골라 일을 하도록 한다. 이것은 매우 당연한 것으로 들릴 수 있으나 그렇게 간단한 것을 하지 못하는 수많은 여정들이 있음에 놀라게 된다(또 얼마나 많은 그 밖의 기능들이 있는지 의심된다) (p. 158).

다른 말로 하면 목표를 설정하는 것과 목표에 도달하는 길을 창안하는 것은 팀을 선발하는 데 최고로 중요하다는 것이다.

de Bono(1984)는 동료를 선택하는 작업을 마치 문제나 갈등을 해결하는 것처럼 디자인하는 활동으로 보았다. 동료들과 함께 작업하면서 그들에게 기대되는 것이 무엇인지에 대해 명료하게 알아야 한다. 전체의 모습 속에 각자가 어떻게 합당하게 맞춰질까? 이것에 대한 명백한 감각을 가지는 것이 가치 있다. 왜냐하면 잘 정의된 목표에 대해서 미리 선지식을 갖는 것은 그 목표를 향해 분투할 때 엄청나게 큰 동기적 효과를 주기 때문이다. 그 이후에 성공은 스스로 유지된다. 그리고 비록 상담자들이 같이 일할 사람을 선발하는 일이 항상 가능한 것은 아니지만, 대개 해결중심 방식으로 타인들과 기분 좋게 협력하는 것은 일반적으로 가능한 일이다.

해결중심 상담자들과의 협업

다른 상담자들과 일을 하게 되는 경우 그들이 여전히 문제 해결 중심 방식으로 행동하고 생각하고 있을 가능성이 있다. 따라서 그들은 여전히 문제에 더 많은 강조를 한다(문제를 찾아내는 데 치우치는 경향이 있다). Berg와 Steiner(2003)는 협동을 위해 다음의 몇 가지 사항을 제안하였다.

- 내담자들의 목표를 늘 기억하고 그들의 목표가 늘 당신의 가이드가 될 수 있도록 확신한다. 쉽게 산만해질 수 있다. 회기는 다른 사람에 관한 불만이나 문제의 긴 대화로 빠져들기 쉽다. 모임의 목표가 무엇인가를

항상 묻고 해결중심 방식으로 작업할 수 있도록 한다.

- 긍정적인 준거 틀을 형성한다. 관여된 모든 사람의 (숨겨진, 보이지 않는) 긍정적인 동기를 외현화함으로써 내담자와 그들의 의뢰인을 편하게 하고 그들을 목표지향 방식으로 작업하도록 해 준다.
- 다른 상담자들을 아낌없이 칭찬하고 호전되는 것들과 좋은 협력에 대해 항상 솔직하게 감사를 표현한다.
- 회의 중에 정기적으로 모든 참석자들의 성공과 강점들을 지적하고 그것들을 요약한다. 관대하게 대한다. 가설의 언어를 사용한다. 그것은 당신이 경청될 기회를 증가시키며 다른 사람들로부터 더 명백히 좋은 협력을 얻을 수 있게 해 준다. 예를 들면, "당신이 실제로 원하는 건 ～인 것처럼 들립니다." "그것은 ～일까요?" 등이다.

의뢰인과의 협업

의뢰인은 그들이 내담자를 상담자에게 의뢰했기 때문에 혹은 그 내담자를 돕고 있기 때문에 상담의 효과에 관심을 가진 타 기관의 사람들을 말한다. 그 예로는 주치의, 전문인, 교사, 보호관찰소, 법원 등이다. 의뢰인은 무엇이 필요한지, 그리고 무엇이 행해져야 하는지에 관하여 명백한 생각을 가지고 있고 종종 그들은 문제중심 틀에서 작업하는 경향이 있다. 동료들과 작업할 때 사용할 수 있는 개입들을 여기에서도 적용할 수 있다. 의뢰인의 요구와 그들의 목표가 무엇인지 찾아낸다. 내담자 또는 내담자들에게 도움이 되는 것으로 어떤 일을 했었는가? 존중을 표하고 감사와 인정의 말을 한다. 상담자는 의뢰인과도 탁월한 해결중심 협력을 이끌어 낼 수 있다.

Chevalier(1995)는 의뢰인과의 협력에 대해 말했다. 연구자는 의뢰인을 '두 번째 내담자'로 보았다. 의뢰인의 관점을 따라가고 그들의 관여에 대해서 칭찬하고 의뢰인과 내담자의 협력관계가 좋았던 때가 언제였는지(이례적인 일)를 물어보도록 조언하였다. 상담자는 의뢰인이 관계를 증진하기 위해 무엇을 할 것인지, 계속해서 도움을 줄 수 있는지 물어본다. Chevalier에 따르면, 상담자는 의뢰인에게 과제를 제시할 수도 있다. 과제는 의뢰인의 동기에 따라서 달라진다. 방문형인가, 불평형인가 혹은 고객형인가? 의뢰인이 고객형이라면 상담자는 의뢰인에게 효과적인 일을 계속하도록 하거나(효과적인 것들이 있다면) 효과적인 것을 관찰하도록(만약 아무것도 효과적인 것이 없거나 또는 의뢰인이 불평형이거나) 제안한다.

의뢰인을 회기에 직접 참여시키는 일이 효과적일 수 있다. 의뢰인을 위한 해결중심 질문은 다음과 같다.

- "지금 내담자에게서 얻을 수 있는 가장 작은 변화는 무엇인가요?"
- "내담자가 당신이 원하는 것을 조금 더 실천했거나 혹은 조금 더 잘했던 때는 최근에 언제였나요?"
- "그때 내담자는 무엇을 다르게 하고 있었나요?"
- "무엇이 내담자로 하여금 그렇게 하도록 도왔다고 생각하나요?"
- "10점에서 0점 척도에서 당시 도움이 되었던 것을 기꺼이 하고 싶은 정도는 몇 점인가요?"

의뢰인을 위한 다른 해결중심 질문은 부록 H에 수록되어 있다.

동료들과의 협업

일반적으로 동료들의 준거 틀은 오랜 기간에 걸쳐 형성되고 발전한다. 이러한 준거 틀에 도전하거나 싸운다는 것은 불필요하다. 그들을 비난하는 대신에 아무것도 모르는 것 같은 태도를 취하는 것이 더 낫다. 여기에는 다음과 같은 존중적 질문이 포함된다. "당신이 이렇게 말하거나 이 의견을 주장하는 데는 충분한 이유가 있음에 틀림없습니다. 좀 더 이야기해 주세요."

이 맥락에서 저자는 Bateson(1979)을 언급할 수 있는데, 그는 동일한 과정에 대해서 두 가지 다른 설명이 어떻게 많은 아이디어를 자아내는지 기술하였다. 보상과 아이디어는 서로 다른 설명에서부터 떠오른다. 그는 '깊이 지각'이라고 하는 은유를 사용하여 설명하였다. 오른쪽 눈은 한 방향으로 주변을 보고 왼쪽 눈은 다른 방향으로 주변을 본다. 양안차가 깊이 지각을 더 잘하게 해 준다. 오른쪽 눈이 옳고 왼쪽 눈은 틀리다라는 것이 아니며 그 반대도 아니다. 그보다는 서로 다른 생각 혹은 서로 다른 관점이 새로운 아이디어나 발견과 같은 추가된 보너스를 가져올 수 있다.

당신이 상호교류하는 동료가 무엇을 성취하기를 원하는지(목표 설정)에 주의를 기울이는 것이 도움이 될 수 있다. 칭찬이나 존경을 표하는 것 역시 중요하다. 만약 동료가 해결중심 방법에 관심이 있다면, 즉 해결중심 모델에 대해서 학습하는 것과 관련하여 그들이 고객형이라면 당신은 해결중심 면담이 어떻게 수행되고 그것이 어떻게 내담자들을 도울 수 있는지 말해 준다.

해결중심 상담자는 항상 '예, 그러나' 대신에 '예, 그리고'를 사용한다(2장 참조). 연습 12를 반복하여 '예, 그러나'와 '예, 그리고' 대화가 어떻게 다른지 경험해 본다.

대다수의 경우에서 상담자는 혼자 작업한다. 때로 집단치료나 공동 중재에서 혼자가 아닌 두 상담자가 한 회기에서 작업하기도 한다. 두 상담자가 동시에 작업할 수 있는데, 두 사람이 서로를 잘 알고 있거나 협력했던 경험이 있다면 공동 작업이 가능하다. 이 경우 그들은 서로 재치 있게 상호 보완할 수 있다. 상담자들은 그들의 내담자와 의뢰인뿐만 아니라 서로에게 그들의 방법론이 무엇인지 분명하게 제시하는 것이 바람직하다. 만약 두 사람의 해결중심 상담자들이 함께 작업한다면 회기는 처음부터 끝까지 해결중심 방법으로 진행해야 한다. 다른 한편으로, 만약 해결중심 상담자와 문제중심 상담자가 협업한다면 문제중심 상담자가 도입부를 시작하고 회기 구조를 설명하며 문제를 조사하고 분석한다. 그리고 나서 해결중심 상담자는 목표 개념화에 대해 질문을 하고 내담자가 회기 내에 혹은 상담 후에 무엇을 성취하기를 원하는지 살펴본다. 이러한 방식으로 문제중심 상담자는 해결중심 상담자의 방식에 접해 볼 수 있고 해결중심 회기와 문제중심 회기가 어떻게 다른지 유념하게 된다.

연습 23

동료와의 대화에서 역할 분담을 연습하십시오. 그리고 동의할 만한 최적의 공동작업 양식을 찾아보십시오. 매번 대화를 하고 나면 무엇이 잘되었고 어떻게 공동 작업이 개선되었는지 토의하십시오.

해결중심으로 하는 내담자 토의, 슈퍼비전 그리고 동료 자문

해결중심 방식으로 효과적으로 일하는 것은 내담자 토의와 슈퍼비전, 동료 자문에서 늘 가능하다. 팀에 사례를 제시하기 원하는 동료 혹은 동료 자문에 사례를 제출하는 동료는 목표가 무엇인지 첫 번째로 질문 받게 된다. 상담자가 토의 말미에 사례 제출이 유익하고 가치 있다고 말하려면 무엇이 필요할 것인가? 저자의 경험상, 사례에서 나오는 실제 내용은 토의할 필요가 없다고 보는데 그렇게 함으로써 시간을 많이 절약할 수 있다. 게다가 사례를 제출하는 모든 상담자는 고객형이 아니다. 때로 상담자는 자기가 한 모든 노력에 대해서 인정받기를 원하고 자기가 경험한 좌절감, 의기소침, 불안정을 인정해 주길 원하는 불평형일 수 있다. 그러한 경우에는 다음 질문이 더 적합하다. "이 내담자를 어떻게 잘 견딜 수 있었나요?" 왜냐하면 고객형 상담자만이 내담자와 상담에서 어떻게 다르게 할 수 있었는가에 대해 경청할 준비가 되어 있기 때문이다. 그렇게 되었을 때만 동료가 조언하는 것이 의미를 가지게 된다.

사례를 내놓는 동료가 사용하는 언어가 어떻게 팀원의 반응을 결정하는가는 흥미 있는 일이다. 사례를 소개할 때 '매우 힘들다' '복잡하다' '돌이킬 수 없다'는 단어를 사용할 때 다른 팀원들은 종종 뒤로 기대 앉고 동기화되지 않는다. 또는 사례를 내놓은 동료가 불평형일 경우 나머지 팀원들은 모든 조언을 즉시적으로 하지 않는다. '도전적이다' 그리고 '흥미롭다' 등의 해결 중심적인 단어를 쓰는 것이 동료의 호기심과 행동을 불러일으키기 위해서 보다 바람직하다.

서로 다른 통찰이 있을 수 있다. 해결중심 상담은 문제중심 상담과는 아주 다르다. 문제중심 상담자들은 때로 주장하기를 문제와 해결책의 관계에 충분히 주의를 기울이지 않는다고 말한다. 제기될 수 있는 또 다른 반대 의견은 문제중심 상담자의 전문가적 문제 분석과 개입을 희생하면서 내담자들의 지각에 너무 많은 주의를 기울인다는 것이다. 이러한 뿌리 깊은 안목과 잦은 논쟁은 이해가 되지 않을 뿐만 아니라 필요하지도 않다. 면담의 다른 유형에 대해서 효과 연구를 수행하는 것이 더욱 가치가 있다.

상담자는 슈퍼비전의 목표에 대해 슈퍼바이지에게 물어봄으로써 해결중심 방식으로 슈퍼비전 회의를 개최할 수 있다.

- "슈퍼비전 후에 유용한 슈퍼비전이었다고 말할 수 있으려면 무엇을 달성하였기를 원합니까?"
- "더 이상의 추가 슈퍼비전이 필요치 않다는 것을 어떻게 알 수 있습니까?"
- "그때는 당신이 무엇이 달라질까요? 혹은 당신의 어떤 다른 행동을 내가 보게 될까요?(구체적인, 긍정적인, 현실적인 용어로)"
- "만약 내가 지금 당신이 어떻게 작업하고 있는가를 녹화한다면, 그리고 슈퍼비전의 마지막에 당신의 행동을 녹화한다면, 나는 어떤 차이를 보게 될까요? 그리고 어느 쪽의 녹화가 슈퍼비전 후에 찍은 것인지 제가 어떻게 알 수 있을까요?"
- "동료들은 당신이 목표를 달성했다는 것을 어떻게 말할 수 있을까요?"
- "그들은 그것에 대해 어떻게 느낄까요?"

- "동료나 내담자들에게 그것은 어떤 차이를 가져올까요?"
- "당신이 목표에 도달하게 되면 동료들은 어떻게 다르게 행동할까요?"

목표 개념화에 관한 이러한 질문을 한 다음, 이례적인 것에 대해 묻고("어디서 끝내야 하는지를 언제 감지했나요?") 관례적인 추가 질문과 함께 척도질문을 한다("만약 10점이 목표를 완전히 달성했음을 말하고 0점은 목표 달성을 위해 아무것도 하지 않았다라면, 지금 몇 점입니까?"). 해결중심 슈퍼비전에서 상담자는 빈번히 슈퍼바이저의 자격 범위에 관하여 질문하고 칭찬과 속성에 대한 긍정적 해석을 제공한다. 상담자는 3장에서 언급된 네 가지 기본 해결중심 질문을 할 수 있다.

슈퍼비전 중에 슈퍼바이저가 질문을 가지고 있는 내담자들이나 상담이 정체되어 있는 내담자들에 대해서 논의하기보다는 주제에 대해 논의하는 것이 가치가 있다. 그렇지 않으면 슈퍼바이저는 부적절감을 느끼게 되는데 왜냐하면 실패와 곤경에 모든 주의가 쏠리기 때문이다. 문제중심 슈퍼비전은 종종 슈퍼바이저의 입장에서 불안정을 유발한다. 이는 슈퍼비전이 의도하는 것이 아니다. 성공적인 상담, 그리고 어떻게 슈퍼바이저가 성공적이었는지를 말하는 것은 종종 많은 자신감과 유쾌한 분위기를 자아낸다. "어떻게 당신은 이 치료를 성공적으로 할 수 있었나요? 무엇이 도움이 되었나요?"

저자의 경험상 상담 사례 슈퍼비전에서 보면, 상담자가 생각하기에 고객형 관계를 이루었다고 보는 내담자가 '제자리에 정체되었다'고 말할 때 알고 보면 그 내담자와의 관계가 방문형이거나 불평형일 경우가 있다. 상담자가 그러한 내담자에게 고객형에 걸맞는 질문을 하거나 과제를 줄 경우 상담은 정체될 것이다. 그 경우 슈퍼바이저를 위한 훌륭한 질문은 다음과 같다. "이 내담자가 고객형이 아니라 방문형이나 불평형이라고 가정합시다. 그 경우 당신은 어떻게 다르게 했을까요?"

많은 훈련 프로그램에서 학생들은 고객형에게 적합한 행동 수정 절차에 대해서 배울 뿐이다. 그러나 사실 고객형은 내담자 중에서 소수일 뿐이다. 지금은 훈련 프로그램이 행동 변화 동기에 더 많은 주의를 기울이고 있고 상담자가 내담자의 표현된 동기를 어떻게 맞춰 줄 것인가에 관심을 기울이는 때다. 저자는 그것이 곤경과 실패, 탈진을 예방할 수 있다고 본다. 많은 해결중심 동료 자문 모델들은 11장에 설명되어 있다.

해결중심 회의 개최

팀 혹은 기업 회의는 보통 불평이나 문제가 주를 이룬다. 결과적으로 대부분의 상담자들은 오랜 시간이 걸리는 회의를 즐거운 활동이라고 생각하지 않는다. 이런 회의에서는 과거와 누구에게 책임을 물어야 하는지, 그리고 가설, 분석, 문제와 관련된 질문에 치중하기 때문에 거의 성과를 내지 못한다. 회의 분위기는 좋지 않고 회의 참가자들도 행동 의지를 별로 보이지 않는다.

문제중심 회의를 해결중심 회의로 바꿀 수 있다(둘의 차이점은 〈표 8-1〉 참조). 회의 분위기를 개선하려면 회의의 목표를 제대로 설정하고 회의 참가자들과 팀의 강점에 집중하며 이전 성공사례들을 논의해야 한다. 동료들의 의견을 인정하고 실행에 옮겨야 한다. 그렇게 되면 회의 참가자들은 행동 의지를 보일 것이고 집단 목표를 이루기 위해 모든 회의 참가자들이 취할 수 있는 구체적인 첫 단계의 행동이 무엇인지 질문을 함으로써 행동 의지가 더 크게 향상될 수 있다.

합의하기

합의를 하고 함께 행동 계획을 짜기 위해서는 관심 분야가 다른 참가자들이 최종 결정을 내리기 전에 만나서 해당 주제에 대해 논의해야 한다.

〈표 8-1〉 문제중심 회의 모델과 해결중심 회의 모델의 차이점

문제중심 회의 모델	해결중심 회의 모델
문제점에 초점을 맞춘다.	(집단) 목표에 초점을 맞춘다.
문제점을 분석하고 가설을 세운다.	모든 참가자와 전체 팀의 긍정적인 특징과 자질을 파악한다.
문제의 내력을 파악하고 책임을 물을 사람을 찾는 데 치중한다.	참가자들과 팀의 이전 성공사례에 초점을 맞춘다.
과거에 대한 질문을 한다.	참가자들과 팀의 제안 사항을 실행에 옮긴다.
어떤 예측도 이뤄지지 않고 어떤 행동도 취하지 않는다.	참가자들과 팀의 첫 과제가 정해지고 실행이 강조된다.

제안서 초안을 작성하기 위해 회의 참가자들이 만남을 가지는 것은 최종 결과 도출에 참가자들이 기여를 했고 책임이 있음을 강하게 인식할 수 있다는 장점이 있다. 관심 분야가 다른 많은 참가자들이 협력하면 제안서를 현실화하는 데 더 나은 기반을 제공해 줄 것이다.

해결중심 합의에서는 미래의 어떤 모습을 선호하는지 모든 참가자에게 질문을 해야 한다. 우선 바람직한 집단 목표(목표 개념화)를 정하고 나면 다시 지금-여기에로 되돌아와서 작업해야 한다. 1장에서는 학생에게 책의 마지막 장을 읽도록 하고 이전에 무슨 일이 있었는지 추측하도록 하는 Erickson의 방식을 다루었다. 이런 맥락에서 Covey는 다음과 같이 적고 있다.

> 목적지를 염두에 두고 시작하는 것은 목표가 무엇인지 명확히 이해하고 일을 시작한다는 것을 의미한다. 이는 당신이 어떤 방향으로 나아가고 있는지 인지하고 있어서 현재 당신이 어디에 위치하고 있는지 더 잘 이해하고 또한 항상 올바른 방향으로 나아갈 수 있는 방법을 취하고 있음을 의미한다(1989, p. 98).

합의 형성을 위한 해결중심 질문의 예는 다음과 같다.

- "앞으로 1년 뒤에 상황이 어떻게 변하게 될지 모두 설명을 해 줄 수 있나요?" 혹은 "모든 일이 잘 해결되고 상황이 개선되는 적절한 시기는 언제가 될까요?"
- "그것을 이루기 위해 무엇을 했나요?"
- "이 지점에 도달하는 데 누가 도움을 줬나요?"
- "정확히 그 사람들이 한 일이 무엇인가요?"
- "이 지점에 도달하기 위해 당신이 한 일은 무엇인가요?"
- "어떻게 그런 좋은 아이디어를 낼 수 있었나요?"
- "그 밖에 어떤 일을 했나요?"
- "1년 전에 무엇을 걱정했나요?" (현재의 상황을 고려할 때)
- "걱정을 줄이는 데 무엇이 도움을 주었나요?"

대답은 요약되어 있고 제안 사항을 기반으로 상담자는 앞으로 1년 뒤에 상황이 어떻게 변하면 좋을지 결정을 내릴 수 있다. 이후에는 제안된 계획에 대해서 논의하고 목표를 성취하는 데 수행해야 할 첫 과제가 무엇인지 결정한다. 만약 너무 많은 사람이 관여하거나 문제가 광범위하고 복잡하다면 상담자는 합의의 변형, 즉 최소한의 계획을 적용한다.

합의에서 최소한의 계획을 위한 해결중심 질문의 예는 다음과 같다.

- "당신이 아무것도 하지 않는다면 어떤 일이 벌어지나요?"
- "도움을 주기 위해 당신이 할 수 있는 일은 무엇인가요?"
- "당신이 그 일을 했다면 어떤 일이 벌어질까요?"
- "다음 단계는 무엇이 될까요? 누가 누구와 함께 언제 실행에 옮길까요?"

Coleman과 Deutsch(2000)는 어떻게 모호크족 전통에서 7세대 이전으로

까지 거슬러 올라가 사고하는 것이 추장의 의무가 되는지에 대해서 논의했다. 이는 7세대 전에 내려진 결정이 현재를 사는 사람들에게 여전히 영향을 주며 오늘 내린 결정이 향후 7세대에게 영향을 줄 것이라는 관념에 근거한다. 비록 이렇게 장기적인 관점에서 사고를 하는 경우는 드물지만 이례적인 사항은 존재하기 마련이다. 이런 이례적인 사항으로는 사회 갈등 상황에 놓여 있는 참가자들이 잠시 현재에서 시선을 돌려 미래에 초점을 맞추는 포커스 소셜 이미징(Focus Social Imaging)이 있다.

> 사람들에게 그들이 우려하는 일들이 실제로 해결된 대략 20년 내지 30년 이후의 미래에 대해 생각하도록 요청한다. 사람들이 이 이상화된 미래에서의 사회 구성과 제도에 대한 의식을 가지게 되면서 논의가 이어진다. 사람들은 그들의 우려 사항을 효과적으로 해결하는 데 필요한 제도와 관계를 포함하는 공동체에 대한 비전을 함께 키워 나가게 된다(Coleman & Deutsch, 2000, p. 447).

이후에 참가자들에게 다시 현재로 돌아와 그러한 제도와 관계를 현실화시키기 위해 해야 할 일이 무엇인지 체계화하도록 요구한다.

집단과 조직 내에서의 공동작업

Selekman(1997)은 집단의 협업을 성공으로 이끌기 위해 필요한 여섯 가지 요소를 밝혔다.

- 존중, 관용, 신뢰의 분위기를 조성해야 한다. 모두가 자신만의 의견을 가지고 있으며 모두가 존중받아야 한다. 모든 이가 동등한 대우를 받아야 하며 모두에게 그들의 이야기, 필요하다면 우려 사항까지도 말할 수 있는 시간을 주어야 한다.

- 유연하고 자발적인 방식으로 의사소통이 되도록 한다. 지나치게 형식에 치우치면 역효과를 낳게 된다. 문제중심 대화는 해결중심 대화로 바뀔 수 있다. 이는 상호신뢰와 인정을 이끌어 내어 집단원들이 적극적으로 아이디어를 내고 해결방안을 도출하는 데 도움을 준다.
- 다른 관점이 서로의 의견을 보완할 수 있다는 인식을 할 수 있도록 분위기를 조성한다('예, 그리고'). 그렇게 되면 문제를 바라보는 새로운 시각이 떠오르고 '문제 없는' 이야기를 꺼낼 수 있다. 이는 집단원들로 하여금 상황에 대해 자신감을 가질 수 있도록 해 준다.
- 집단원들이 다양한 시각으로 문제를 접근할 수 있고 불확실성이 문제 해결을 위한 기회로 여겨질 수 있는 분위기를 조성한다.
- 새로운 가능성의 창조 혹은 발견에서 합의가 꼭 필요한 것은 아니고 중요한 것도 아니다. 합의를 강조하지 않는 이유는 구성원들이 상황을 바라보는 여러 가지 시각이 존재하기 때문이며 한 구성원이 다른 구성원보다 더 올바른 시각을 가지고 있다고 말할 수 없기 때문이다(Bateson, 1970 참조).
- 누가 무엇을 해야 하는지에 대한 제한선은 존재하지 않는다. 따라서 과제를 수행하고 책임을 다하도록 사람들을 지명할 필요가 없다. 집단원들이 이들의 지식과 전문 기술이 존중받았다고 인식하면 이들은 추가적인 일들을 수행함으로써 더 큰 위험을 부담할 준비를 한다.

Bunker는 수많은 집단의 사람들이 협업할 수 있는 방법으로 '미래 탐구'('미래 연구')를 언급하였다.

또한 사람들이 직면하고 있는 현실에도 불구하고 사람들에게 그들이 바라는 미래의 모습을 꿈꾸어 보도록 요청하는 활동이 있다. 마지막으로, 미래를 위한 최고의 아이디어를 뽑는 일과 이것을 실현시키기 위한 행동 지침을 짜는 일이 있다. 비록 전반적인 계획은 합리적이지만 활동은 흥미롭고 즐거우며 도전 의식을 불러일으킨다. 사람들의 상호작용은 변화를 위한 에너지와 동기를 발생시킨다(2000, p. 550).

Metcalf는 해결중심 단기치료 집단에서 때로 개인이나 집단의 문제가 아닌 것에 초점을 맞춘다고 말하였다.

이러한 집단의 장점은 집단원들이 어떻게 문제 없이 일을 진행할 수 있는 지 서로 관찰함으로써 집단원들 자신에게서도 그런 모습을 발견할 수 있 도록 동기화하는 때 드러난다. 집단원들이 이 협업 과정에 참여하면 그들 의 전략은 기하학적으로 발전하게 된다. 결과는 어떻게 될 것 같은가? 문 제 없이 회의를 진행하도록 노력함으로써 집단 대화는 더욱 효율성을 띠 고 내담자는 더욱 행동 중심적으로 변한다(1998, p. 7).

'문제 없는 경우'라는 말은 부정적인 뉘앙스를 지니며 따라서 여전히 문제에 중심을 두고 있음을 짚고 넘어갈 필요가 있다. 내담자가 원하는 문제 없는 회 의 진행을 위한 긍정적 방법은 해결방안에 초점을 맞춘 방법이다.

해결중심 방법은 조직의 목표를 달성하는 데도 도움이 될 수 있다. 조직 관 리에서 문제 기술과 문제 분석이 아닌 해결중심 대화를 하게 되면 직원들이 동 기화되고 희망을 가질 수 있으며 조직 내에서 긍정적 변화가 일어날 수 있다 (Stam & Bannink, 2008).

Cauffman에 따르면 해결중심적 매니저가 하는 말은 다음과 같다. "함께 하면 각각 더 큰 성취를 이룰 수 있다."(2003, p. 207) Cauffman은 해결중심 적 매니저가 동료들의 협조를 이끌어 내고 증진시키기 위한 몇 가지 조언을 하 였다.

• 동료가 어떤 자질을 지니고 있는지 항상 주의를 기울이고 그들 스스로 이미 찾은 해결방안은 어떤 것인지 물어보아야 한다. 협업 과정 중에 거

둔 작은 성공에 관심을 가지는 것은 적어도 최종 결과만큼이나 중요하다. 실패는 발전 과정에 내재되어 있는 요소로서 받아들여야 한다.

- 문제가 덜 발생하거나 아예 발생하지 않는 순간에 관심을 가져야 한다. 변화가 가능하고 바람직하다고 여기는 분위기를 조성해야 하고 결실 없이 문제와 씨름하지 말아야 한다. 칭찬을 하고 인정할 만한 모든 것을 인정하고 가능한 자주 동료를 축하해야 한다. 권투보다는 유도를 해야 한다. 갈대처럼 휘어질 수 있어야 하고 항상 다시 일어서야 한다.
- 다른 사람과 공감할 수 있어야 하고 역지사지의 자세를 지녀야 한다. 공감을 표하는 것을 두려워하지 말아야 한다.
- 동료의 언어적·비언어적 방식에 적응해야 한다.
- 안정성과 지속성에 대한 동료의 욕구를 존중해야 한다. 업무 관계를 개선하는 데 항상 노력을 기울여야 한다.
- 동료들이 자신의 업무를 선택할 수 있도록 허용하고(가능하면 다양한 가능성을 제공한다) 업무를 강요하지 않는다. 매니저는 업무 과정 관리의 상담자이고 동료들은 업무 내용의 상담자라는 사실을 결코 잊지 말아야 한다.
- 동료들은 업무를 제대로 수행해야 하고 매니저는 그들을 지도하고 업무 수행에 필요한 제반 환경을 조성해야 할 책임이 있다.

『문제 해결을 위한 상담』이라는 책에서 저자 Metcalf는 해결중심적 정신과 의사이자 트레이너인 Ben Furman의 말을 인용해서 그는 업무 회의에서 기적적인 결과가 일어났는지 질문하지 않고 환상적인 팀플레이를 자랑하는 드림팀에게 물어볼 수 있는 다음과 같은 질문을 한다고 적고 있다. "드림팀처럼 팀원들이 일을 했을 때 당신의 팀은 미래에 어떤 역할을 하게 될까요?"(1998) Ben Furman은 더 나아가 일부 동기화하기 위해 목표 개념화와 목표 달성이 가져오는 장점에 대해서 질문한다. 그는 내담자가 목표를 향한 길을 단계적인 과정으로 인식하도록 하고 내일, 다음 주, 그리고 다음 달에는 어떤 행동을 취해야 하는지에 대해 묻는다. 그는 또한 회사 안팎에서 자원을 찾고 직원들에게 이례적인 사항을 찾아내도록 요청한다. '이례적인 사항'이라는 단어를 사용하는 대신 그는 다른 프로젝트 실행 중에 '명시된 목표를 향한 발전이 이루어지는 때'라고 지칭한다. 여기서 있을 수 있는 질문은 다음과 같다.

- "누가 그 부분에 기여를 했나요?"
- "최근 진척된 사항은 어떤 건가요? 누가 혹은 무엇이 차이를 가져왔나요?"
- "그것을 어떻게 해냈나요?"

후속 회의를 통해 어떤 진척 사항이 이루어졌고 누가 칭찬받을 자격이 있는지에 대해 평가를 내릴 수 있다. 이에 대한 정보는 www.reteaming.com에서 찾아볼 수 있다. 관리 및 직원 교육에 대한 질문은 10장에 있다.

요 약

- 팀을 구성하려면 우선 회사의 목표가 명확해야 한다.
- 상담자들은 그들의 방법론이 무엇인지 내담자나 의뢰인뿐만 아니라 서로서로 명시해 주길 권한다. 성공적인 해결중심 협업은 집단과 조직에서뿐만 아니라 문제중심 동료나 의뢰인과도 실행할 수 있다.
- 성공적인 해결중심 업무 수행은 내담자와의 논의, 감독 및 동료 자문 회의, 팀 혹은 회사 회의는 물론 동료와의 협업에서도 이루어질 수 있다.
- 매니저를 위한 해결중심 조언은 이 장에 나와 있다.

09

상담 교착상태와
상담 실패

1001
Question

09

상담 교착상태와 상담 실패

한 번도 실수한 적이 없는 사람은 한 번도 새로운 것에
도전해 본 적이 없는 사람이다.

-Albert Einstein

실패를 가져오는 일곱 가지 경우

모든 상담 회기가 계획한 대로만 진행되지는 않는다. 때로는 상담이 정체되기도 해서 상담자와 내담자는 내담자의 목표를 달성할 수 있다는 희망을 잃을 때도 있다.

실패를 가져오는 일곱 가지 경우가 있다. de Shazer(1991)는 성공적인 결과를 가져오기 위해서는 온전한 목표 개념화의 중요성을 강조했다. 바람직하지 못한 태도와 현재 혹은 과거의 바람직하지 못한 상황의 부재를 추구하기보다는 바람직한 태도와 바람직한 미래 상황의 존재를 추구하는 것을 온전한 목표라고 할 수 있는데, 이 목표는 반드시 구체적이고 긍정적인 언어로 정해야 한다. "일부 상담의 실패는 '문제/불평 중심의 언어 게임'에서 '해결중심 언어

게임'으로 변화하는 데 있어서의 어려움에 기인한다고 볼 수 있다."(p. 159)

문제중심 의료 모델에서는 문제점(바람직하지 못한 상황)의 감소와 부재를 목표로 보기도 하지만 그렇다고 해서 바람직한 상황이 조성되었다고 할 수는 없다.

> 많은 경우 내담자는 불평의 부재를 목표로 설정해도 충분하다고 기꺼이 받아들일 수 있으나 불평의 부재 상황은 증명될 수 없는 것이기에 상담자 혹은 내담자 누구로부터도 상담이 성공 혹은 실패로 끝났는지 알아낼 수가 없다. 미리 협의를 통해 명확하게 정립하고 상담을 진행했다면 모르겠지만 중대한 변화가 생겼다고 하더라도 불평의 부재 상황을 증명하기에는 충분하지 않다.
>
> (중략) 이는 발전지향적인 이야기보다 주제에서 벗어나거나 안정을 추구하는 이야기를 할 때 상담자와 내담자의 대화가 실패로 끝날 수 있는 또 다른 지점이기도 하다. 상담자나 내담자 어느 누구에게만 잘못을 물을 수는 없다. 둘 다 잘못한 것이기 때문이다. 거의 대부분의 경우 이런 방식으로 생기는 실패가 의미하는 것은 상담자가 내담자로 하여금 이례적인 사항을 변화를 가져올 차이점으로 인식하도록 돕지 못했다는 것이다(de Shazer, 1991, p. 159).

Wittgenstein은 이례적인 사항이라는 것이 우리와 너무 가까운 곳에 있어서 찾아내지 못하는 것이라고 말한다. "우리에게 가장 중요한 것들의 특징은 단순하고 친근해서 찾기 어려운 것이다(어떤 것을 알아차리기가 불가능한 이유는 그것이 항상 너무 가까운 곳에 있기 때문이다)."(1953/1968, p. 129) 만약 내담자가 이례적인 사항을 알아차리지도 못하고 그것을 사소한 것으로 치부해 버린다면 이례적인 사항을 찾아낼 수 없게 된다. 내담자가 그 이례적인 사항을 차이를 만들어 내는 차이점으로 인식하지 못하면 상담의 정체 혹은 실패를 가져올 수 있다.

Duncan 등(1997, 2004)의 연구를 보면 이들은 내담자로부터 상담이 확실히 실패로 끝나는 데 네 가지 경우가 있음을 배울 수 있었다고 주장한다. 그리고 저자는 여기에 추가적으로 두 가지 경우를 알아냈다.

Duncan 등의 연구에서 확인한 첫 번째 경우는 실패를 기대하는 것이다. 상담자가 상담이 어떤 결과도 낳지 못할 것이라고 예상한다면 실제로 어떤 결과도 낳지 못하게 될 가능성이 있다. Rosenhan(1973)은 그와 그의 동료들(그들 중에는 긍정심리학의 개발자인 Seligman도 있었다)이 스스로 정신과 병원에 가짜 환자로 입원하는 실험을 통해 사람이 기대하는 대로 보게 된다는 것을 증명해 보였다. 어떤 사람이 정신병 환자를 보게 될 것으로 기대하면 실제로 그 사람이 보게 되는 것은 정신병 환자라는 것이 연구의 주장이다. Rosenhan 등은 입원 당시부터 상태가 나아졌고 (지어낸) 환각 증세도 없어졌다고 병원 측에 이야기를 했음에도 불구하고 병원에서 퇴원하는 데 애를 먹었다고 적고 있다. 치료를 담당한 사람들은 이들이 지극히 정상임에도 불구하고 질환을 앓고 있다고 인식한 것이다. 이는 실패에도 적용될 수 있는 이야기다. 실패를 기대하면 결국 실패하게 된다. 부정적인 진단서나 두꺼운 차트도 비슷한 효과를 낳는 경향이 있다. 예를 들어, 내담자가 심각한 성격장애를 가지고 있다는 이야기를 듣게 되면 문제점을 성공적으로 해결할 수 있다는 상담자의 희망과 기대는 부정적인 영향을 받게 된다. 따라서 문제점에 치중하는 자료는 내담자의 목표를 달성하는 데 중요하지 않으며 성공적인 결과 도출에 대한 상담자의 희망을 앗아 갈 수 있기에 내담자의 차트나 재판 기록은 참고하지 않는 것이 좋다.

Duncan 등(1997)의 연구에 따르면, 상담이 실패할 수 있는 두 번째 경우는 상담자와 내담자의 이론에 간극이 존재할 때다. 한 사람의 이론에만 너무 매달리게 되면 상담의 과도한 단순화를 가져오고 변화를 가져올 수 있는 가능성이 제한받게 된다. 예를 들어, 일을 시작한 두 사람 중 망치를 가져온 사람이 못을 박는 것이 중요하다고 생각해서 그 일에만 치중한다고 해 보자. 그러나 다른 사람은 망치에 관심조차 없고 못도 박아서는 안 된다고 생각한다.

이렇게 되면 두 사람의 협업은 실패로 끝날 수 있다.

　Duncan 등의 연구에서 언급한 세 번째 경우는 도움이 되지 않는 방법을 고수하는 것이다. 문제점이 개선되지 않는다면 다른 전략을 시도해야 한다(이 방법이 통하지 않으면 다른 방법을 시도해야 한다). 어떤 문제점이 만성적인 측면을 띠게 되는 것은 내담자가 가진 특징 때문이 아니라 내담자와 (때로는) 상담자가 문제점을 개선하려고 시도할 때 비효과적인 방법을 시도하기 때문이다 (Watzlawick et al., 1974).

　Duncan 등의 연구에서 언급한 네 번째 경우는 내담자의 동기를 고려하지 않았을 때다. 내담자의 입장에서 보자면 동기가 없는 내담자는 존재하지 않는다. 그러나 내담자의 목표는 상담자의 목표와 다를 수 있다. 상담자가 자신의 목표만 고수하고 내담자가 성취하고자 하는 것이 무엇인지 알아보지 않는다거나 상담자가 내담자의 목표를 자신의 목표보다 우선시하지 않는다면 상담의 실패는 불가피하다. 상담자가 내담자의 준거 틀, 내담자의 변화에 대한 이론과 내담자의 세계관을 받아들일 준비가 되어 있다면 상담이 성공할 가능성이 커진다. 상담자가 자신의 이론만 고수하지 않고 내담자(여기에서 내담자는 방문형, 불만형 그리고 고객형을 지칭한다)와의 협력관계에 관심을 더 기울이는 것도 중요하다.

　1장에서 저항은 유용하지 않은 개념이며 상담자가 저항의 관점에서 사고한다면 내담자와의 견고한 협력관계에 해가 된다고 하였다. 내담자가 옳다는 것을 인정하고 내담자의 우려 사항을 인정하며 내담자가 체면을 잃지 않도록 하고, 내담자와 그의 가능성을 신뢰해야 한다.

　de Shazer와 Duncan 등의 연구에서 알아낸 상담 실패의 다섯 가지 경우에 두 가지를 추가할 수 있다고 생각한다. 내담자의 목표가 비현실적이거나 달성할 수 없는 경우에도 상담이 실패로 끝날 수 있다. 내담자가 씨름하고 있는 것이 한계 상황인가 혹은 문제점인가? 한계 상황과 씨름하고 있다면 최선을 다해서 한계 상황과 싸우는 것을 목표로 설정할 수 있다. 어떤 문제와 씨름하고 있다면 문제 대신에 상담자가 무엇을 보기를 원하는지가 목표가 된다.

사례 16

해결중심 심리치료에서 내담자에게 기적 같은 일이 일어났다고 가정하도록 요청하였다. 내담자는 몇 년 전에 죽은 부모님이 아직 살아 있다는 비현실적인 상황을 말로 표현하였다(이는 수단이지 목표가 아니다). 그렇게 하면 내담자는 더 이상 무기력하거나 외로움을 느끼지 않을 수 있다. 내담자는 다시 즐겁고 행복한 감정을 느낄 수 있게 된다. 해결중심 상담자는 내담자의 슬픔을 인정하고 가정적인 질문을 하였다. "당신의 부모님이 아직 살아계신다고 가정해 보지요. 당신의 삶에서 무엇이 달라질까요?" 내담자는 자신이 안전하다고 느끼는 것과 자신을 걱정하는 사람들이 생기게 될 것이라고 대답했다. 상담자는 계속 질문하였다. "안전한 것과 자신을 걱정하는 사람들이 생기는 것이 당신에게 어떤 차이를 가져올 수 있을까요?" "안전하다는 느낌과 자신을 걱정하는 사람들이 있다는 느낌을 가지기 위해서 당신은 무엇을 할 수 있을까요?" 내담자는 그의 하나뿐인 여동생과의 관계를 개선하기 위한 노력을 할 수 있다는 것을 깨닫게 되었다. 심각한 말다툼 이후로 내담자는 여동생을 거의 보지 않았다. 내담자가 여동생에게 전화를 걸었고 그 둘의 관계는 점점 개선되었다.

내담자가 비현실적인 목표를 설정한다고 하더라도 해결중심 상담자는 이것이 내담자에게 무엇을 의미하는지, 그리고 어떤 가능성이 존재하는지에 대해서 내담자와 함께 탐색할 수 있다.

두 명(혹은 그 이상)의 내담자가 상담에 참여하고 상담 회기가 계속 진행됨에도 불구하고 집단 목표를 설정하지 않았다면 이때도 상담이 실패로 끝날 위험이 있다. 바로 이것이 상담이 실패로 끝날 수 있는 일곱 번째이자 마지막 경우다. 상담 중 문제를 해결할 방법('로마로 가는 길')에 대해서만 이야기하고 목표(로마)를 애초에 명확히 설정해 놓지 않는다면 마찬가지로 상담이 실패로 끝나게 된다. 그렇게 되면 상담자와 내담자가 문제 해결 방법도 마련하지 못하는 난관에 빠지게 될 위험성이 커진다.

사례 17

내담자가 남편과의 관계에서 자기주장을 확실히 하는 것을 상담 목표로 정했다고 하자. 그렇지만 이는 목표가 아니고 방법에 해당한다. 상담자가 다음과 같은 질문을 하여 목표를 확실하게 해야 한다. "당신이 원하는 만큼 주장을 확실히 하는 사람으로 변했을 때 당신의 삶은 어때 보일까요? 그것이 당신과 당신 남편에게 어떤 차이를 가져올까요? 당신은 어떤 행동을 다르게 하게 될까요? 거기에 당신 남편은 어떤 반응을 보일까요? 다른 사람들이 어떻게 당신이 자신의 주장을 확실히 하는 모습으로 변했는지 또한 목표를 달성했는지 알아차릴 수 있을까요?" 그런데 대부분의 경우 상담자는 '주장을 확실히 하는 모습으로 변하기'를 목표로 수용한 채 자기주장 훈련을 시작한다. 얼마 시간이 지나자 내담자는 어떤 발전도 이루지 못한 것으로 드러난다. 내담자는 여전히 특히 집에서 변화를 거의 시도하려고 하지 않는다. 내담자와 상담자는 변화를 위한 희망을 잃는다. 그들의 동기도 자연히 줄어들게 된다. 상담자는 짜증이 나서 다음과 같은 생각을 하게 된다. 역할극으로 수없이 반복해서 연습하지 않았나? 상담 회기 초기에 상담자가 내담자로 하여금 제대로 된 목표를 설정하도록 했다면 상담은 분명히 앞의 예와는 다르게 더 긍정적인 방향으로 진행되었을 것이다.

Walter와 Peller(1992)가 정리한 상담 교착상태 개선을 위해 상담자에게 도움이 되는 해결중심 질문은 다음과 같다.

- 고객형인가? 변화에 대한 의지가 있는 사람과 상담을 진행하고 있는가?
- 내담자의 목표 달성을 위한 노력을 기울이고 있는가? 상담자보다 내담자가 목표를 달성하기를 원하며 상담 회기 중 내담자가 더 많이 이야기를 하고 있는지 확인해야 한다.
- 단지 (다른 감정을 불러일으킨다거나 다른 사람의 변화를 위한) 불평 혹은 희망 사항만이 아니라 내담자의 능력으로 달성할 수 있는 실질적이고 긍정

적이며 제대로 된 목표 달성에 노력을 기울이고 있는가?

• 너무 빨리 너무 많은 것을 달성하려고 하는 것은 아닌가? 작은 변화에 주의를 기울이고 목표나 이례적인 사항과 관련된 척도질문을 활용하거나 내담자로 하여금 지나치게 서두르지 않도록 조언을 해야 한다.

• 내담자가 과제를 수행하고 있지 않은가? 내담자가 생각해 볼 수 있는 피드백만을 제공하는 방법이나 행동과제보다는 관찰과제를 내주는 방법이 있다. 내담자가 아직 고객형이 아니거나 더 이상 고객형이 아닐 수가 있다.

• 이런 단계를 다 거쳤을 때 다른 행동을 취해야 하는 일이 있는가? 예를 들어, 내담자가 '예, 그러나'라고 자주 말하는가? 당신이 내담자와의 관계에서 거리를 두고 또한 그 관계에서 당신이 다르게 할 수 있는 것이 무엇인지에 대해서 팀 혹은 자문가가 도움을 줄 것이다.

Berg와 Steiner(2003)가 정리한 상담 교착상태 개선을 위해 상담자에게 도움이 되는 해결중심 질문은 다음과 같다.

• 만약 내담자에게 당신이 한 일 중 조금이라도 도움이 되었던 일이 무엇이냐고 물으면 내담자는 어떤 대답을 할 것인가?

• 내담자가 생각하는 성공적인 결과란 무엇인가?

• 그 결과는 현실적인가?

• 당신과 당신의 상담 프로그램 그리고 상담을 지원하는 기관이 생각하는 성공이란 무엇인가?

• 당신의 시각이 다른 이들의 시각과 다를 때 당신은 공동의 목표를 위해 무엇을 해야 하는가?

• 10점에서 0점까지 점수를 매긴다고 할 때, 당신의 내담자는 현재 몇 점이라고 대답하겠는가?

• 내담자의 점수를 1점이라도 10점에 가깝도록 향상시키려면 무엇을 해야

하는가?

상담자와 내담자가 이룬 발전 정도는 척도질문으로 측정할 수 있다. 이 질문은 내담자와 내담자의 중요한 타인들에게 할 수 있는 질문이다. 목표는 때로 시간이 흐르면서 바뀔 수 있고 처음에 생각한 것보다도 더 많은 것을 이룰 수 있음을 알게 될 수도 있다. 11장에는 상담자와 내담자 모두가 그동안 이루어진 상담 회기에 대해 반영하는데 많은 대안이 수록되어 있다.

사례 18

노동 쟁의 중재 과정에서 직원과 고용주는 그들이 5점에 이르렀을 때(10점은 최적의 협력관계를, 0점은 직원이 병가를 냈을 때를 가리킨다) 그들의 관계가 더 개선될 수 있다는 생각을 못했다는 사실에 대해서 이야기한다. 상황이 많이 좋아지면 직원과 고용주는 상황이 더 좋아질 수 있다고 생각해서 희망을 가지게 되며 이 상황에서 그들이 기록한 5점은 3점이나 4점 정도로밖에 여겨지지 않게 된다. 양 당사자 모두 새로운 측정 방법의 필요성을 인지했으며 새로운 10점은 어떤 모습일지 모두 이야기를 나누었다. 이후에 새로운 5점이 어떤 모습일지에 대해서도 이야기를 나누었고 그 5점을 달성하기 위해서 어떻게 해야 하는지에 대해서도 이야기했다. 그들은 심지어 직원을 미래에 회사의 공동 매니저로 승진시키는 방안에 대해서도 고려했다.

문제중심 방식으로 계속 이야기하는 내담자를 위한 개입

내담자가 문제중심 방식으로 계속 이야기한다면 상담자는 내담자가 고객형인지 불평형인지 생각해 봐야 한다. 불평형에게 할 수 있는 모든 질문에 추가하여 다음 질문을 할 수 있다.

- "문제에 대해서 이야기하는 것이 목표를 달성하는 데 어떤 도움을 줄 것으로 생각하나요?"
- "문제에 대해서 이렇게 많이 이야기하는 이유가 있을 텐데요. …… 좀 더 말씀해 주세요."
- "문제에 대해서 말하고 싶은 모든 것을 말했다고 가정해 보죠. 당신에게서 어떤 점이(혹은 관계에서) 바뀔 것 같나요?"
- "OOO가 아닌 당신의 자녀 혹은 가장 친한 친구 사이에 이런 문제가 있다고 가정해 봅시다. 그렇다면 그 상황에 대해서 어떤 생각이 드나요? 당신은 어떤 반응을 보일 것 같나요? 당신이 어떻게 반응할지와 당신이 현재 어떤 반응을 보이는지 사이에 어떤 차이점이 있나요?"

상담자는 전임자의 실수를 되풀이해서는 안 된다. 상담자는 내담자에게 다음과 같은 질문을 할 수 있다. "이전 상담에서 좋았던 점과 나빴던 점은 무엇이었나요? 어떤 것이 유용했으며 어떤 것이 유용하지 않았나요? 이전 상담자들과의 상담 경험으로 미루어 볼 때 내가 반드시 해야 할 것은 무엇이며 반드시 하지 말아야 할 것은 무엇인가요?" 상담자의 태도와 상담 진행 방식이 어떻게 변화해야 하는지에 대한 내담자의 생각과 일치하고 상담자가 그런 내담자의 생각에 맞추어 행동한다면 항상 협력관계가 이루어질 수 있다. 11장에는 상담자가 그동안 이루어진 상담 회기와 자신의 상담 진행에 대해 반영해 볼 수 있도록 스스로에게 할 수 있는 해결중심 질문이 나와 있다.

Duncan(2005)은 내담자를 위해 일곱 가지 조언을 하고 있다.

- 상담자와 맞지 않는다면 다른 상담자를 찾아야 한다.
- 상담자가 당신을 좋아하지 않고 당신의 생각을 이해하고 인정하지 않는다고 생각하면 다른 상담자를 찾아야 한다.

- 상담자의 목표에 동의할 수 없고 당신의 목표와 맞지 않는다고 생각하면 다른 상담자를 찾아야 한다.
- 상담자의 생각과 제안에 동의할 수 없고, 당신의 요구사항이 충족되지 않으며, 당신의 피드백이 상담자 방식의 변화를 가져오지 않는다면 다른 상담자를 찾아야 한다.
- 상담자가 당신의 문제나 당신이 처한 상황이 가망이 없는 상태이고 개선될 수 있는 여지가 없다고 생각하며, 변화를 위해서 수년이 걸릴 것이라는 생각을 가지고 있다고 판단되면 다른 상담자를 찾아야 한다.
- 상담이 3~6회기 진행되는 동안 어떤 긍정적인 변화도 일어나지 않는다면 상담자로 하여금 이 사실에 주목하도록 해야 한다. 그래도 상황이 개선되지 않는다면 다른 상담자를 찾아야 한다.
- 당신이 정신과 약물 치료를 요구하지 않았거나 약물 치료의 필요성이 의심스러움에도 불구하고 상담자나 주치의가 정신과 약물 치료를 권한다면 다른 상담자를 찾아야 한다. 누군가가 당신이 화학적 불균형 상태에 있다고 말한다면 그것이 정확히 어떤 의미인지 물어봐야 하다. 정신과 약물 치료가 당신에게 꼭 필요한 것이라고 판단되면 약물 치료를 시도해 봐야 한다.

요 약

- 긍정적이고 구체적이며 현실적인 목표를 설정하지 않았거나 내담자가 그러한 이례적인 사항을 인지하지 못하게 되면 상담 교착상태와 상담 실패와 같은 결과를 초래할 수 있다.
- 이 장에는 상담 실패를 가져오는 일곱 가지 경우가 제시되어 있다.
- 이 장에는 상담 교착상태를 개선하기 위해 상담자가 스스로에게 할 수 있는 해결중심 질문이 제시되어 있다. 또한 내담자가 계속 문제에 치중하는 방식으로 이야기를 할 때 할 수 있는 해결중심 질문도 제시되어 있다.

- 상담자는 스스로에게 해결중심 질문을 하고 내담자에게 피드백을 요구함으로써 상담 회기에 대해 반영해 보는 시간을 가질 수 있다.
- 상담자가 자신에게 적합한지 아닌지에 대한 판단을 내리거나 다른 상담자를 찾는 것이 최선인지 아닌지에 대해 도움을 받을 수 있는 일곱 가지 조언이 제공되어 있다.

10

1,001가지 해결중심
질문들

1001
Question

10

1,001가지 해결중심 질문들

현명한 사람은 바로 올바른 답을 주는 사람이 아니라
올바른 질문을 하는 사람이다.

-Claude Lévi-Strauss

해결중심 질문은 해결중심 상담자가 사용하는 전략의 대부분이다. 이 질문들은 내담자가 변화를 생각하도록 이끌고 내담자의 삶에서 자기가 원하는 변화를 이루도록 돕는다.

상담 전공자들은 종종 저자에게 말하기를, 해결중심 질문을 아주 많이 아는 것이 필수적이라고 한다. 그래서 이 장에 저자가 수년간 모아 온 해결중심 질문 1,001가지를 실었다. 이 질문들은 흔히 물을 수 있는 질문이다. 이 질문들을 반드시 해야 한다는 것은 아니다. 이 장에 수록한 질문보다 더 많은 질문을 떠올릴 수 있다. 그리고 이 질문들은 상황에 따라 순서를 바꿔서 사용할 수 있다.

해결중심 질문을 배우고 기억할 수 있는 즐거운 방법은 브레인스토밍으로 연습하는 것이다. 저자가 상담 전공자들과 이 연습을 할 때, 우리는 돌아가면서 질문들을 하나씩 떠올렸는데 얼마나 많은 질문을 떠올릴 수 있는지 알아보았다. 이 연습은 또한 과정 및 훈련 프로그램의 평가도구로도 사용할 수 있다. 이렇게 하다 보면 처음 시작할 때와 비교해 볼 때 엄청나게 많은 질문을 떠올릴 수 있었다. 학생들이 이 질문들에 익숙해지면서 해결중심 전략을 더 잘 기억할 수 있었다. 이 장에 수록한 질문들이 있기까지 기여해 준 상담 전공자 모두에게 감사한다.

3장에서 저자는 단순히 '예' 혹은 '아니요'를 넘어서서 가능한 한 많이 생각하고 대답할 수 있도록 내담자를 돕는 데 열린질문을 하는 것이 중요하다고 언급하였다. 어떻게, 무엇을, 그리고 언제로 시작하는 질문들이 열린질문들이다. 다음 장에서는 상담자가 자기가 한 작업에 대해서 스스로 질문할 수 있는 해결중심 질문을 수록하였다.

질문하기는 두 유형으로 나누어진다. 일반적으로 사용하는 해결중심 질문, 특정 상황이나 내담자들에게 사용하는 해결중심 질문이다. 이 유형들은 상호 배타적이지 않다. 일반적으로 사용되는 해결중심 질문이 특정 상황이나 내담자들에게도 사용될 수 있다. 일반적으로 사용하는 목표 개념화 질문들을 특정 상황에서도 사용할 수 있는데, 예를 들어 아동에게라든지 대인관계 등의 상황에서다. 유형으로 나누었기 때문에 올바른 질문을 찾기가 쉬울 것으로 생각된다. 이 질문들은 절대 완전하지 않다. 추가할 질문이 있으면 언제든지 해도 된다.

일반적으로 사용하는 해결중심 질문 유형은 다음과 같다.

- 목표 개념화에 사용하는 질문
- 이례적인 경험을 묻는 질문
- 개인의 능력에 관한 질문
- 척도를 사용하는 질문
- 회기를 종결하고 평가할 때 사용하는 질문

특정 상황이나 내담자들에게 사용하는 해결중심 질문의 유형은 다음과
같다.

- 처음 방문한 내담자에게 사용하는 질문
- 불평하는 내담자에게 사용하는 질문
- 의뢰인에게 묻는 질문
- 외상을 경험한 내담자에게 사용하는 질문
- 희망을 유발하는 데 사용하는 질문
- 위기 상황에 있는 내담자에게 사용하는 질문
- 문제나 갈등을 드러내는 데 사용하는 질문
- 아동에게 사용하는 질문
- 집단(부부, 가족)에게 사용하는 질문
- 인지치료 내담자에게 사용하는 질문
- 약물 치료에 관한 질문
- 재발에 관한 질문
- 매니저, 팀과 조직 코칭에 사용하는 질문
- 갈등하는 내담자에게 사용하는 질문

일반적으로 사용하는 해결중심 질문

목표 개념화에 사용하는 질문

1. "무슨 일로 오셨나요?"
2. "그게 어떻게 문제가 되나요?"
3. "그것이 상대방이나 다른 사람에게 어떻게 문제가 된다고 보나요?"
4. "최소한 이루고 싶은 것이 있다면, 무엇인가요?"
5. "이상적으로 말한다면, 최상으로 이루고 싶은 것은 무엇인가요?"

6. "상담 후에 무엇이 달라지기를 원하나요?"

7. "문제가 해결된다면 무엇이 좋아질까요?"

8. "좋은 결과의 의미는 무엇인가요?"

9. "가장 바라는 것은 무엇인가요? 그 바람이 이루어진다면 어떻게 달라질까요?"

10. "목표를 달성한 후라면, 생활이 어떻게 달라질까요?"

11. "그런 변화가 어떤 차이를 가져왔나요?"

12. "어떻게 도와 드릴까요?"

13. "어떤 일로 오셨나요?"

14. "목표가 달성되었음을 어떻게 알 수 있을까요?"

15. "목표가 달성되었음을 주변의 사람들(친구, 동료, 배우자/연인)이 어떻게 알 수 있을까요?"

16. "목표가 달성되었음을 의뢰인이 어떻게 알 수 있을까요?"

17. "목표가 달성되었음을 제(상담자)가 어떻게 알 수 있을까요?"

18. "그 밖에 무엇을 더 이루고 싶으세요?"

19. "목표가 달성되면 무엇이 달라질까요?"

20. "오늘의 만남이 어떤 의미가 있을까요?"

21. "문제가 해결된다면 무엇이 달라질까요?"

22. "문제가 줄어들었으면 하시는데 더 바라는 것은 어떤 것인가요?"

23. "문제 대신에 원하는 것은 무엇인가요?"

24. "오늘의 만남에서 무엇을 얻어 간다면 의미 있고 유용했다고 할 수 있을까요?"

25. "이번 상담에서 무엇을 얻어 간다면 의미 있고 유용했다고 할 수 있을까요?"

26. "어떤 것이 그 문제를 대신할 수 있을까요?" (부정적인 목표 개념화가 아닌 긍정적인 목표 개념화)

27. "원하는 미래란 어떤 것인가요?"

28. "원하는 미래에 왔다고 가정합시다. 무엇이 그리고 누가 그것을 가능하게 했을까요?"

29. "원하는 미래에 왔다고 가정합시다. 무엇을 하였기에 가능했나요?"

30. 기적질문: "오늘 밤 잠든 사이에 기적이 일어났다고 상상합시다. 모든 문제가 사라졌습니다. 하지만 그것을 모른 채 자고 있었습니다. 다음 날 아침 기적이 일어났음을 어떻게 알 수 있을까요? 또 그 밖에 어떻게 알 수 있을까요?"

31. 기적질문에서 말한 기적이 비현실적인 경우, "정말 대단한 기적이군요. 그 기적을 조금 축소시켜서 달성 가능하게 한다면 어떤 것일까요?"

32. "기적이 일어났음을 당신 다음으로 누가 알아차릴까요?"

33. "다음날 아침 그 사람(중요한 타인)은 어떻게 달라졌다고 말할까요?"

34. "기적이 일어난 다음날은 어떻게 될까요?"

35. "기적이 일어난 순간을 사진에 포착했다면, 그 사진은 어떤 것일까요?"

36. "문제가 더 이상 없다면 어떻게 될까요?"

37. "어떻게 하면 문제가 더 쉽게 사라질까요?"

38. "기적이 일어났음을 배우자 혹은 다른 중요한 사람이 어떻게 알 수 있을까요? 어떻게 반응할까요? 그 반응에 대해서 당신은 어떻게 할까요?"

39. "기적이 일어나면, 배우자나 다른 중요한 사람들은 어떻게 행동할까요?"

40. "만약 제가(상담자) 그 사람에게 그때 당신이 무엇을 다르게 했는지 묻는다면, 그들은 무엇이라고 말할까요?"

41. "기적 중에 어느 지점에서 시작하는 것이 가장 쉬울까요?"

42. "지금은 하고 있지 않지만 그 시작점이라면 어떤 것을 하시겠습니까?"

43. "기적에 대한 대화를 할 준비가 되셨나요?" (바로 기적질문을 할 것)

44. "이것이 문제로군요. 상황이 어떻게 달라지기를 원하나요?"

45. "해야 할 일이 무엇인지 깨달았다면 어떻게 하겠습니까?"

46. "해야 할 일을 이미 알고 있었다고 가정합시다. 그 일은 무엇일까요?"

47. "미리 알았더라면 무엇이 달라졌을까요?"

48. "미리 알았더라면 무엇이 달라져 있을까요?"

49. "누가 알아볼 수 있을까요?"

50. "당신 인생의 중요한 사람이나 파트너에게 동일한 질문을 했다면, 그들은 무엇이라 말할까요?"

51. "당신 인생의 중요한 사람이나 파트너는 당신의 목표가 무엇이라 말할까요?"

52. "저(상담자)라면 당신의 목표를 무엇이라 말할까요?"

53. "하나님 또는 돌아가신 분은 당신의 목표가 무엇이라고 말할까요?"

54. "당신에게 꿈 같은 날은 어떠한 날인가요?"

55. "그때는 제가 당신의 어떤 다른 모습을 보게 될까요?"

56. "상담의 결과로 무엇이 잘되거나 부드럽게 돌아가는 것을 보고 싶은가요?"

57. "(최상의 것은 무엇일까요?) 일어날 수 있는 최상의 것이란 무엇인가요?"

58. "당신의 미래가 어떤 것일지 꿈을 꾼다면 어떤 꿈일까요?"

59. "문제를 해결하는 꿈을 꾼다면 어떤 꿈일까요?"

60. "예를 들어, 당신이 복권에 당첨되어 경제적인 어려움이 사라진다면, 무엇이 달라질까요?"

61. "의사가 건강 문제 없이 이제부터 10~15년 더 산다고 한다면 어떻게 살겠습니까?"

62. "24시간밖에 살지 못한다고 한다면 어떤 일로 후회할까요?"

63. "3년 후 당신의 장례식이라 상상합시다. 당신에게 중요한 사람들(가족, 친구, 동료들)이 당신에게 어떤 말을 해 주었으면 하나요? 그들의 삶이 당신으로 인해 어떻게 변했기를 원하나요?"

64. "오늘의 만남에서 어떤 일이 생기면 만족하게 귀가할 수 있을까요?"

65. "1년 후, 5년 후, 10년 후에 지금을 돌아봅시다. 여기에 오신 일에 대해 어떤 말을 하고 있을까요?"

66. "더 이상 상담이 필요 없음을 어떻게 알 수 있을까요? 무엇이 달라져 있을까요?"

67. "상담이 성공적이었음을 언제쯤 알게 될까요?"

68. "언제 상담을 그만두어야 할지 어떻게 알 수 있을까요?"

69. "어떤 영역에서 상담이 가장 성공적이기를 원하나요?"

70. "제(상담자)가 당신의 현재와 당신이 목표를 달성한 미래에 대해 기록을 한다고 상상합시다. 2개의 기록 차이는 무엇일까요?"

71. "기적이 일어나 당신의 목표가 달성되었을 때 제(상담자)가 집안에서 날아다니는 나비라고 상상해 봅시다. 나비는 어떤 다른 행동을 볼까요? 그 외의 달라진 것은 무엇일까요?"

72. "그리고 다른 사람들은 당신의 달라진 행동에 어떻게 반응할까요?"

73. "목표를 가졌다고 가정하세요. 그 목표는 무엇일까요?"

74. "문제의 원인을 알게 되었다고 상상합시다. 원인을 알게 된 것이 목표에 얼마만큼 더 가까이 가게 할까요?"

75. "이상적인 해결은 어떤 것일까요?"

76. "이상적인 해결책은 지금 상황과는 얼마나 다른가요?"

77. "이상적으로 해결하는 당신은 어떤 모습일까요?"

78. "해결책이 한 가지 있다고 합시다. 그 해결책으로 무엇이 달라질까요?"

79. "완전히 회복되었다고 가정합시다. 도움이 되었던 것은 무엇이며 당신은 무엇을 했었나요?"

80. "6개월 후에 회복된 당신과 제(상담자)가 우연히 만났다고 가정합시다. 어떻게 회복되었나요? 라고 물었을 때 당신은 어떤 대답을 할까요?"

81. "충분히 문제가 해결되었다면 무엇을 하겠습니까?"

82. "언제 그것을 하겠습니까?"

83. "그것에 대해 무엇을 할 예정입니까?"

84. "좀 더 나은 삶을 살기 위해 이번 주에 무엇을 했나요?"

85. "매우 작은 기적이 일어나려면 무엇이 필요한가요?"

86. 내담자가 자신의 문제가 없고 불만도 없다고 말하고 있다면, "문제가 모두 사라졌을 때 어떤 느낌이었나요?"

87. "당신이 어떻게 되기를 가장 원하나요?"

88. "최상의 상태는 언제입니까? 어떤 모습입니까?"

89. "일이 더 잘 풀리게 하려면 어떻게 하면 될까요?"

90. "친구가 당신과 같은 문제를 가지고 있다면, 친구의 목표는 무엇일까요?"

91. "친구가 당신과 같은 문제를 가지고 있다면, 친구의 해결책은 무엇일까요?"

92. "친구가 당신과 같은 문제를 가지고 있다면, 친구에게 어떤 조언을 하겠습니까?"

93. "당신이 그랬던 것처럼 도움을 받는다고 하면, 그 도움은 무엇일까요?"

94. "당신이 바라는 미래를 향해 잘 가고 있다는 증거는 무엇일까요?"

95. "당신이 바른 길에 들어섰다는 첫 번째 신호는 무엇일까요?"

96. "상황이 아주 조금이라도 좋아지기 시작했다는 신호는 무엇일까요?"

97. "오늘 만남에서 한 가지 계획을 세운다면, 당장 시작할 수 있는 일로 무엇을 꼽겠습니까? 또 그 밖에는?"

98. "계획이 순조롭다면 무엇이 즐거울까요?"

99. "그때는 시간을 어떻게 달리 보낼 것 같나요? 무엇이 달라질까요?"

100. "어느 부분을 보고 당신의 좋은 기분을 사람들이 알아차릴까요?"

101. "배우자나 중요한 사람들이 당신은 바른 길로 들어섰고, 목표를 향하여 잘 가고 있음을 어떻게 알 수 있을까요?"

102. "이것이 더 이상 문제가 안 될 때 어떻게 다르게 행동하고 있을까요?"

103. "지금은 모르지만 여기에 오기를 잘했다고 말하려면 오늘 만남이 끝나기 전까지 무엇을 알아야 할까요?"

104. "어떻게 상담이 당신에게 변화를 가져다줄까요?"

105. "수정 구슬을 들여다본다고 상상합시다. 일주일 후, 한 달 후, 일 년

후에 어떻게 달라져 있을까요? 어떤 문제가 풀렸고 어떤 목표가 이루어져 있을까요?"

106. "무엇이 그리고 누가 목표를 계속 떠올리도록 도와줄 수 있을까요?"

107. "당신이 바꿀 수 있다고 가정합시다. 그렇다면 삶은 어떻게 달라질까요?"

108. "당신이 무엇인가 혹은 누군가를 변화시킬 수 있다고 가정합시다. 어떤 변화를 이루고 싶은가요? 그리고 인생이 어떻게 달라질까요?"

109. "통찰과 외상 사건 다루기 혹은 기술 훈련 등은 목표 달성에 어떤 도움을 줄까요?"

이례적인 경험을 묻는 질문

110. "오늘 상담 약속을 정한 다음에 여기에 오기까지 어떤 변화가 있었나요?"

111. "상담 약속을 한 후에 좋아지기 시작한 것은 무엇인가요?"

112. "좋아진 것은 무엇인가요?"

113. "제대로 잘되어 가는 것은 어떤 것이 있나요?"

114. "아주 작은 것이라도 노력해 보았거나 도움이 되었던 것은 무엇인가요?"

115. "그런 일이 더 자주 일어나려면 어떻게 하면 될까요?"

116. "이미 한 것들 중에서 무엇이 가장 도움이 되었나요?"

117. "그런 일이 더 자주 일어나려면 무엇이 필요한가요?"

118. "이제까지 그 밖에 도움이 된 것은 무엇인가요?"

119. "기적의 부분들이나 바라는 결과들을 맛보았던 때는 언제인가요?"

120. "그런 때는 무엇이 다른가요?"

121. "어떻게 그것을 이루었나요? 그 밖에는요?"

122. "지금 당장 다르게 할 수 있는 것은 무엇인가요?"

123. "기적의 작은 부분 혹은 원하는 결과를 언제 잡을 수 있었나요?"

124. "그때는 무엇을 다르게 행동했나요?"

125. "이전에는 무엇을 다르게 했나요?"

126. "이전에는 어떤 다른 성공들을 하였나요?"

127. "그 변화들을 어떻게 알아차렸나요?"

128. "그 일이 생기도록 무엇을 하였나요?"

129. "삶에서 중요한 사람들은 그때 무엇이 달랐다고 말할까요?"

130. "삶에서 중요한 사람들은 당신이 그때 무엇을 다르게 했었다고 말할까요?"

131. "제3자가 본다면, 그 밖에 또 무슨 말을 할까요?"

132. "그러면 제3자는 어떤 행동을 다르게 할까요? 그 행동에 당신은 어떻게 반응할까요?"

133. "그 작은 기적은 최근 언제 일어났나요?"

134. "그때는 무엇이 달라졌나요?"

135. "다른 사람은 이것이 일어날 가능성에 대해 뭐라고 말할까요?"

136. "그 일이 다시 일어날 가능성을 높이기 위해 당신이 무엇을 할 수 있을 거라고 그들이 말할까요?"

137. "당신이 할 수 있는 일을 한다면, 다른 사람들의 행동은 어떻게 달라질까요?"

138. "그 일을 제3자가 한다면, 당신과의 관계는 어떻게 될까요?"

139. "어떤 상황에서 기분이 좋아지나요?"

140. "어떤 면이 새로운가요?"

141. "최근에 기분이 좋았던 날을 언제였나요?"

142. "원하는 대로 행동했던 때는 언제입니까?"

143. "문제가 없을 때나 문제가 작아질 때는 언제입니까? 그럴 때는 어떻게 다르게 행동합니까? 무엇이 달라집니까?"

144. "지난 후, 지난달, 지난해에 돌아가서, 문제가 완전히 없었거나 작아

졌을 때는 언제였나요?"

145. "문제가 더 이상 문제가 안 될 때는 언제입니까? 그럴 때는 어떻게 다르게 행동합니까? 무엇이 다릅니까?"

146. "그 문제가 다른 사람에게는 더 이상 문제가 안 될 때는 언제입니까? 그럴 때는 어떻게 다르게 행동합니까? 무엇이 다릅니까?"

147. "이례적인 경험을 한 가지 떠올려 본다면 무엇일까요?"

148. "그 문제가 덜 할 때나 상황이 더 나아지면 어떤 일이 일어날까요?"

149. "어떤 행동을 했기에 상황이 좀 더 나아졌나요?"

150. "다른 사람들이 어떤 행동을 달리 했기에 상황이 더 나아졌나요?"

151. "누가, 무엇을 하면 그 일이 다시 일어날까요?"

152. "기적이 일어나서 이례적인 경험을 하게 되었다고 합시다. 그 이례적인 경험은 무엇일까요?"

개인의 능력에 관한 질문

153. "당신의 강점과 좋은 점에 대해 말해 주세요."

154. "~을 어떻게 그렇게 잘하고 계세요?"

155. "이전에 ~을 어떻게 그렇게 잘하였나요?"

156. "~을 할 수 있음을 어떻게 알았나요?"

157. "그것을 할 수 있었다는 것을 어떻게 알았나요?"

158. "무엇이 필요한지 어떻게 알았나요?"

159. "그것을 해낸 것을 어떻게 보나요?"

160. "지금까지 어떻게 그 문제와 부딪혀 왔고 무엇이 도움이 되었나요?"

161. "~할 용기를 어떻게 찾았나요?"

162. "무엇이 ~을 할 힘을 주었나요?"

163. "어떻게 그것을 할 마음이 내켰나요?"

164. "변화할 용기를 어디서 찾고 있나요?"

165. "목표에 도달할 것이라고 어떻게 확신할 수 있나요?"

166. "정확히, 그것을 어떻게 할 건가요?"

167. "어떻게 작은 기적들을 많이 일어나게 할 수 있었나요?"

168. "그 좋은 기분은 하루 또는 한 주 동안 어떻게 도움이 되었나요?"

169. "원하는 행동을 어떻게 그렇게 쉽게 할 수 있나요?"

170. "그렇게 되도록 당신은 무엇을 하였나요?"

171. "그 일을 하기로 어떻게 해서 결정했나요?"

172. "그 일을 하는 데 어떻게 해서 성공했나요?"

173. "좋은 생각이 많군요. 어떻게 그렇게 잘 찾아내나요?"

174. "이 문제가 풀릴 수 있다는 것을 어떻게 해서 아나요?"

175. "그런 방법으로 그 일을 한다는 대단한 생각을 어떻게 해서 찾아냈나요?"

176. "원치 않는 행동을 어떻게 해서 그렇게 잘 그만두나요?"

177. "어떻게 해서 그렇게 단호할 수 있나요?"

178. "그것이 당신의 방법인가요? 좀 더 말해 줄 수 있나요?"

179. "~할 때, 어떤 좋은 의도를 가지고 있었나요?"

180. "이것들이 효과가 있음을 어떻게 알았나요?"

181. "~임을 어떻게 알게 되었나요?"

182. "이 방식이 좋다는 것을 언제 알게 되었나요?"

183. "~하기에 적기라는 것을 무엇이 알게 했나요?"

184. "무엇이 여기서 노력하도록 했나요?"

185. "무엇이 지금 일하도록 이끌었나요?"

186. "무엇이 단호한 견해를 갖게 했나요?"

187. "그것이 다시 일어날 가능성을 최대화하기 위하여 해야 할 것을 기억하는 데 필요한 가장 중요한 것은 무엇인가요?"

188. "두 번째로 기억해야 할 가장 중요한 것은 무엇인가요?"

189. "어떻게 도와 드릴까요? 제가 여기서 어떤 역할을 하길 원하나요?"

190. "일이 잘 안 되거나 악화되고 있음에도 불구하고, 오늘 어떻게 여기 오게 되었나요?"

191. "오늘 이곳에 스스로 오도록 어떻게 동기를 북돋았나요?"

192. "올바른 길을 어떻게 그렇게 잘 가고 있나요?"

193. "방향을 되돌려 바른 길로 어떻게 그렇게 잘 가고 있나요?"

194. "목표를 달성할 어떤 아이디어를 이미 가지고 있었나요?"

195. "최근의 성공은 언제였나요? 누가, 무엇을, 어떻게 했나요? 이 성공을 하는 데 어떤 역할을 했나요?"

196. "자신의 노력을 스스로 칭찬한다면, 무엇이라고 칭찬하겠습니까?"

197. "이 성공이 당신의 어떤 장점과 기술을 알려 줍니까?"

198. "그러한 장점들을 언제 알게 되었나요?"

199. "그러한 장점들을 다른 사람들이 언제 알게 되었나요?"

200. "어떤 상황에서 그러한 장점들이 두드러지나요?"

201. "그런 장점과 기술들을 가지고 있는데 지금보다 더 많이 어떻게 활용할 수 있을까요?"

202. "그런 장점들을 보다 잘 활용하고 있음을 다른 사람들이 어떻게 알까요?"

203. "잘되고 있어서 변화할 필요가 없는 것은 무엇인가요?"

204. "잘되고 있는 것을 어떻게 하면 더 잘할 수 있을까요?"

205. "관심 분야가 무엇인지 말해 주세요."

206. "배우자나 기타 중요한 사람은 당신의 관심 분야가 무엇이라고 말해 줄까요?"

207. "한 달의 휴가를 갖는다면 무엇을 하겠습니까?"

208. "어떻게 하면 가장 즐겁게 보낼까요?"

209. "무엇에 능한가요? 구체적으로 어떤 것인가요?"

210. "주변의 중요한 사람들(파트너, 자녀, 친구, 부모)은 당신의 어떤 점을 좋아합니까?"

211. "자신에 대해 어떤 점을 좋아합니까?"

212. "다른 사람보다 무엇을 더 잘합니까?"

213. "다른 사람에게는 어려워도 당신에게 쉬운 것은 무엇인가요?"

214. "어릴 때 쉽게 했던 것은 무엇이었나요?"

215. "어떤 취미를 가지고 있나요?"

216. "어떤 활동들을 하면 편해지나요?"

217. "예전에 즐겼던 활동 중에서 다시 고르라고 한다면 어떤 활동입니까?"

218. "삶 속에서 가장 의미 있는 경험은 어떤 것이었나요?(예를 들어, 여행, 공부, 대회에서 상 타기)"

219. "나쁜 습관(예를 들어, 흡연, 손톱 뜯기)을 극복해 본 적이 있나요? 어떻게 그렇게 했나요?"

220. "누군가(예를 들어, 사망한 사람)가 지금의 당신을 바라볼 수 있다면, 어떤 점을 자랑스러워 할까요?"

221. "그 사람이 지금의 당신을 본다면, 무엇이라고 말할까요?"

222. "그것을 이룬 것에 대해, 그 사람은 무엇이라 말할까요?"

223. "누가 도움을 주었나요?"

224. "부모님이 이와 비슷한 상황들을 어떻게 대처했는지 알고 있나요?"

225. "부모님이 그렇게 대처한 것에 대해 다른 사람들은 어떻게 반응했나요?"

226. "성취한 것 중에 스스로 자랑스러운 것은 무엇입니까?"

227. "그것이 어떤 영향을 주었나요?"

228. "그것이 다른 사람들에게는 어떤 영향을 주었나요?"

229. "그것을 좀 더 자주 할 기회가 주어진다면 어떤 영향을 줄까요?"

230. "주변의 중요한 사람들은 당신이 성취한 것 중에서 어떤 것을 자랑스러워 할까요?"

231. "삶 속에서 자존감을 올려 줄 것으로 어떤 것을 하고 싶은가요?"

232. "그것을 할 수 있다면 무엇이 달라질까요?"

233. "다른 사람들에게 칭찬을 받았던 것은 어떤 상황인가요?"

234. "저의 칭찬에 동의하나요? 그렇다면 달라질 부분이 있을까요?"

235. "다른 사람들은 당신의 어떤 점을 좋게 볼까요?"

236. "우리 모두는 나름 대로 서로 나눠 줄 부분이 있습니다. 나눈다면, 어떤 것을 나누고 싶으세요?"

237. "주로 어떤 상황에서 스스로를 칭찬해 주나요?"

238. "학창시절에 제일 잘했거나 잘하고 있는 과목은 무엇입니까?"

239. "선생님이 해 준 칭찬은 어떤 것이 있습니까?"

240. "업무상 전문분야는 무엇입니까?"

241. "다른 사람들이 자문을 구해 오는 부분은 어떤 것입니까?"

242. "업무에서 격려해 주는 사람은 누구인가요?"

243. "그들에 따르면, 업무상 기억해야 할 중요한 것들이 무엇이라고 합니까?"

244. "이 일을 하도록 격려하는 사람은 누구입니까?"

245. "어떤 점을 격려해야 할지 그들이 아나요?"

246. "업무에서 만나는 사람들이 당신의 어떤 능력과 자질들을 가장 좋게 평가하나요?"

247. "네트워크 안에서 이러한 장점과 능력을 잘 알고 있는 사람은 누구인가요?"

248. "스트레스를 받을 때 기억해야 할 당신의 가장 중요한 장점은 무엇인가요?"

249. "배우자나 기타 중요한 사람은 당신의 어떤 점들이 목표 달성에 도움이 될 거라고 보나요?"

250. "신앙은 어떤 도움이 되나요?"

251. "어떻게 그렇게 자립적으로 해 나갈 수 있나요?"

252. "지난주에 성공적이었던 때는 언제였나요?"

253. "인생에서 성공적이었던 때는 언제였나요?"

254. "인생의 최고의 순간들은 언제였나요?"

255. "원하는 행동이나 원하지 않는 행동을 계속하도록 하는 생각은 어떤 것인가요?"

256. "어떤 장점들을 가지고 있나요?"

257. "주변의 중요한 사람들은 당신의 장점이 무어라 생각하나요?"

258. "그 장점들은 어디서 온 걸까요?"

259. "어떤 장점이 최근의 문제들을 해결하는 데 사용될 수 있을까요?"

260. "최근의 문제들을 해결하는 데 그 장점들을 어떻게 사용할 수 있을까요?"

261. "문제를 성공적으로 해결한 것을 어떻게 지속시키고 확장시킬 수 있을까요?"

262. "문제에서 어떤 점들을 알게 되었고 그것이 어떻게 도움이 되나요?"

263. "과거 문제를 해결하면서 배운 것들 중에서 어떤 것을 지금 활용할 수 있을까요?"

264. "그 사실을 어떻게 알게 되었나요?"

265. "다른 사람으로부터 받은 조언은 무엇인가요?"

266. "오늘 만남에서 어떤 이야기를 하면 도움이 될까요?"

267. "~할 만한 충분한 이유가 있네요. 조금 더 말해 주세요"

268. "모든 사람이 다 그렇게 말하거나 할 수 있는 것은 아닙니다. 그러므로 당신은 ~한 사람이군요. 좀 더 이야기해 주세요." (긍정적인 성격 특징에 대해 언급하라)

269. 내담자가 조언을 구할 때, "제가 조언을 한다면, 어떤 도움이 될까요?"

270. "배우자나 어떤 중요한 사람은 그 점에 대해서 어떤 칭찬을 할까요?"

271. "배우자나 어떤 중요한 사람이 그 상황에 함께 있다고 합시다. 당신이 무엇을 잘했다고 말할까요?"

272. "오늘 만남에서 누구를 초대하면 목표 달성에 유익할까요?"

273. "보시기에 일이 잘 풀리려면 그 밖에 무엇이 필요할까요?"

274. "아직 시도하지는 않았지만 염두에 두고 있는 것은 무엇인가요?"

275. "~이 일어나려면 어떻게 해야 할까요?"

276. "오늘 만남에서 무엇을 알게 되었나요?"

277. "애도, 통찰 혹은 외상 치유의 시간을 보냈다고 합시다. 그 시간이 목표 달성에 어떻게 도움이 될 수 있을까요?"

278. "제가 이 문제를 어떻게 돕기를 바라나요?"

279. "제가 당신을 도울 수 있는 최상의 방법은 무엇일까요?"

280. "이전의 상담자와 어떤 작업을 했나요? 그중 어떤 것이 도움이 되었나요?"

281. "제가 무엇을 피해야 하는지, 그리고 무엇을 확실히 해야 하는지 이야기 주세요."

282. "원치 않는 행동을 하려는 충동을 어떻게 자제하나요?"

283. "그 밖에 무엇으로 문제를 완화시키나요?"

284. "희망을 버리지 않고 어떻게 그런 위험한 상황을 이겨 내셨습니까?"

285. "삶 속에서 변화는 일반적으로 어떻게 일어나고 있나요?"

척도를 사용하는 질문

286. "지난 회기 이후 무엇이 좋아졌나요?"

287. "그 밖에 무엇이 좋아졌나요?"

288. "무엇이 좋아지고 있나요?"

289. "무엇이 달라졌고 달라지고 있나요?" (비관적인 내담자의 경우)

290. "10점에서 0점 척도에서 10점은 문제가 많이 해결되었거나 목표가 이루어졌음을 의미하고, 0점은 최악의 경험이라고 합시다. 지금 몇 점입니까?"

291. "그 점수는 무엇을 의미합니까?"

292. "그 점수가 어떠세요?"

293. "어떻게 그 점수를 유지하고 있나요?"

294. "한 발짝 앞으로 나간다면 어떻게 달라질까요?"

295. "1점이 더 높아진다면 어떻게 될까요?"

296. "어떻게 벌써 중간 점수에 와 있나요?"

297. "1점 높아진다면 어떻게 알 수 있을까요?"

298. "1점이 높아진다면 어떤 모습일까요? 그 경우 무엇을 다르게 하고 있을까요?"

299. "1점이 높아진다면 당신과 주변의 중요한 사람들에게 어떤 변화를 줄까요?"

300. "다음 단계는 어떤 모습일까요?"

301. "보시기에 아주 작은 발전은 어떤 것일까요?"

302. "그 작은 발전은 정확하게 어떤 모습일까요? 그 경우 무엇을 다르게 하고 있을까요?"

303. "작은 발전을 이룬다면, 다른 사람들이 어떻게 알까요?"

304. "할 수 있는 가장 작은 발전은 무엇일까요?"

305. "잘될 가능성이 얼마나 큰가요?"

306. "그 행동을 다시 하는 데 성공할 수 있다는 자신감은 얼마나 됩니까?"

307. "제가 벽에 붙은 나비라고 가정한다면, 1점이 올라갔을 때 어떻게 달라진 것을 제가 볼 수 있을까요?"

308. "제가 1점이 올라간 상황을 기록한다면, 저는 어떤 다른 행동을 보게 될까요?"

309. 내담자가 지난 회기보다 더 낮은 점수를 말한다면, "이전에 이 점수보다 더 높았던 이유는 무엇일까요?"

310. "어떻게 그 점수를 유지해 오고 있나요?"

311. "그 점수를 유지하려면 무엇이 필요한가요?"

312. "어떻게 하면 1점을 올릴 수 있을까요?"

313. "1점을 올리는 데 무엇이 필요할까요?"

314. "1점이 올라간다면 무엇이 달라질까요?"

315. "1점이 올라간 것처럼 보이려면 무엇이 필요할까요?"

316. "같은 문제를 가진 다른 사람이 1점을 올리려면 그 사람은 어떻게 해야 할까요?"

317. "몇 점이면 만족하게 될까요?"

318. "몇 점이 되면, 상담 받으러 올 필요가 없을까요?"

319. "이 정도까지 되리라고 상상했나요?"

320. "이제까지 최고의 점수는 몇 점인가요?"

321. "그 점수에 있을 때 당신을 알았던 사람들에게 제가 말을 건다면 그들은 무어라고 설명할까요?"

322. "이보다 더 낮은 점수에 있었을 때 당신을 알았던 사람들에게 제가 말을 건다면 그들은 무어라고 설명할까요?"

323. "~점에서 ~점으로 가는 데 무엇이 도움이 되었나요?"

324. "긍정적인 순간이 더 지속된다면 어떤 점이 달라질까요?"

325. "긍정적인 순간이 더 지속된다면 어떤 생각이 들까요?"

326. "10점에서 0점 척도에서, 해결책을 발견할 가능성은 몇 점일까요?"

327. "10점에서 0점 척도에서, 10점은 매우 자신 있음, 0점은 전혀 자신 없음이라면, 문제가 해결될 거라는 자신감은 몇 점입니까?"

328. "이 문제가 해결될 거라는 느낌을 주는 것은 무엇입니까?"

329. "10점에서 0점 척도에서, ~을 계속할 수 있는 자신감은 몇 점입니까?"

330. "무엇이 그것을 달성할 수 있다고 생각하게 합니까?"

331. "10점에서 0점 척도에서, 10점은 '나는 최선을 다한다', 0점은 '나는 전혀 동기가 없다'라고 한다면, 목표를 달성하거나 문제를 해결하려는 동기는 몇 점인가요?"

332. "10점에서 0점 척도에서, ~을 계속하려는 동기는 몇 점인가요?"

333. "10점에서 0점 척도에서, 10점은 '매우 희망적이다', 0점은 '전혀 희망이 없다'라면, 이 문제가 해결될 거라는 희망은 몇 점입니까?"

334. "어떻게 그런 자신감(동기 혹은 희망)을 가지게 되었나요?"

335. "어떻게 그런 자신감(동기 혹은 희망)을 잘 유지하고 있나요?

336. "1점이 높아지면 무엇이 달라질까요? 어떻게 그것이 가능할까요?"

337. "1점이 높아진 것을 어떻게 알 수 있을까요? 다른 사람들은 어떻게 알 수 있을까요?"

338. "이전 회기 이후 잘하고 있는 정도를 점수로 준다면 10점은 최고로 개선됨, 0점은 전혀 개선되지 않음을 나타낼 때, 몇 점을 주시겠습니까?"

339. "어떻게 이보다 더 낮은 점수를 주지 않았나요? 어떻게 그렇게 하셨나요?"

340. "~점에서 ~점으로 바뀌었는데, 어떤 희망이 생겼나요?"

341. "그 점수에서 1점 낮아지거나 0점으로 된다면, 어떤 상황에서 그렇게 될까요?" (재발 예방)

회기를 종결하고 평가할 때 사용하는 질문

342. "제가 아직 하지 않은 질문들 중에서 어떤 질문을 듣고 싶은가요?"

343. "제가 알아야 할 다른 게 또 있나요?" (회기 종결 시 닫힌질문)

344. "그 밖에 또 있나요?" "또 그 밖에는요?" (회기 종결 시 닫힌질문)

345. "저를 다시 보러 올 필요가 있을까요?" 그렇다고 내담자가 답하면, "언제 오겠습니까?"

346. "호전의 근거 혹은 도약의 근거는 무엇일까요?"

347. "다음 회기 약속을 잡는 것이 좋은 생각임을 알려 주는 것은 무엇일까요?"

348. "다음 회기에 오시면 어떤 좋은 변화가 있었다고 말하고 싶은가요?"

349. "다음 회기에 왔을 때, 그전 회기가 잘되었다고 말하려면 어떤 것을

달성하고 싶은가요?"

350. "이 회기 이후에는 어떤 행동이 달라질까요?"

351. "그것을 누가 제일 먼저 알아볼까요? 어떻게 알까요?"

352. "목표를 달성할 경우 어떻게 자축하겠습니까?"

353. "누구와 함께 축하하고 싶나요?"

354. "축하 자리에서 하고 싶은 말은 무엇입니까?"

355. "승리를 나타내는 상징은 무엇입니까?"

356. "오늘 만남을 마치면서, 과제를 받기 원하나요?"

357. 과제를 원한다고 할 경우, "어떤 과제를 원하나요?"

358. "스스로 과제를 준다면, 어떤 것이 될까요?"

359. "오늘 다루었어도 좋고 다음에 다루어도 좋은 것인데, 다루지 못한 것은 무엇일까요?"

360. "오늘 만남에서 저에게 주고 싶은 피드백이 있습니까?"

361. "오늘 무엇이 가장 유용했나요? 무엇이 도움이 되었나요?"

362. "이 회기에서 무엇을 얻었나요?"

363. "이번 회기에서 얻기를 원했지만 얻지 못한 것은 무엇인가요? 그것을 어떻게 개선할 수 있을까요?"

364. "회기를 마치기 전에, 어떤 질문이 도움이 되었고 제가 물어 주었으면 하고 바란 질문은 어떤 것입니까?"

365. "오늘 스스로 알게 된 최고로 좋았던 점은 무엇입니까?"

366. "오늘 이후로 다음 회기까지 자기 성찰할 부분은 무엇일까요?"

367. "오늘 회기의 어떤 부분이 다음 회기까지 ~에 도움을 줄까요?"

368. "오늘 만남에서 얻은 것 중에서 무엇이 상황을 나아지게 할 거라 말할 수 있을까요?"

369. "오늘 만남을 통해서 무엇이 달라졌나요?"

370. "오늘 이후로 과제를 할 의향이 있나요? 어떤 과제가 좋을까요?"

371. "10점에서 0점 척도에서, 오늘 만남 중에 제가 어느 정도 경청하고, 이

해하고, 존중했다고 느낍니까?"

372. "10점에서 0점 척도에서, 오늘 만남 중에 중요한 것을 어느 정도까지 말하고 나누었나요?"

373. "10점에서 0점 척도에서, 저의 접근 방법이 어느 정도 적합했나요?"

374. "10점에서 0점 척도에서, 오늘 만남이 얼마나 좋았나요?"

375. "상담에서 도움이 된 것은 무엇이고 도움이 되지 않은 것은 무엇인가요?"

376. "어떤 해결책이 가장 실천 가능했나요?"

377. "오늘 만남 이후 원하는 길을 갈 때, 무엇을 다르게 행동하고 생각할 것 같나요?"

378. "상담자 모임에서 이야기할 기회가 있다면, 상담에서 무엇이 가장 도움이 되었다고 학생들에게 말하겠습니까?"

379. "우리가 상담을 다시 시작한다면, 제가 또는 우리가 어떻게 다르게, 좀 더 낫게 할 수 있을까요?"

380. "동일한 문제를 가진 다른 내담자가 있다면, 어떤 조언을 저에게 하겠습니까?"

381. "미래에 동일한 문제를 가진 내담자를 위해서 저에게 자문 역할을 해 주겠습니까?"

382. "다른 내담자들을 돕는 데 함께해 주겠습니까?"

특정 상황이나 내담자들에게 사용하는 해결중심 질문

이 두 번째 유형의 해결중심 질문들은 특정 상황에서 사용한다. 목표 개념화를 위한 질문, 이례적인 경험에 대한 질문, 개인의 능력에 관한 질문, 척도를 사용한 질문, 회기를 종결하고 평가할 때 사용하는 질문들도 모두 추가적으로 사용할 수 있다. 다시 말하면, 첫 번째 유형의 질문들은 어떤 것이라도 특정 상황이나 내담자들에게 특별한 방법으로 사용될 수 있다. 특정 상황이나 내담자들에게 사용하는 해결중심 질문들은 다음과 같다.

처음 방문한 내담자에게 사용하는 질문

383. "이곳에 오게 된 것은 누구의 생각이었나요?"

384. "오늘 여기 오게 된 이유는 무엇이라고 생각하나요?"

385. "이 상황을 어떻게 보는지요?"

386. "그렇게 생각하는 데는 분명한 이유가 있을 겁니다. 좀 더 이야기해 주세요."

387. "의뢰인은 무슨 이유로 이곳에 와야 한다고 생각할까요?"

388. "보시기에, 그것이 왜 의뢰인에게 문제가 될까요?"

389. "보시기에, 그것이 왜 본인에게 문제가 될까요?"

390. "의뢰인이 걱정하는 것이 타당하다고 보나요?"

391. "의뢰인은 여기에서 무엇을 해야 한다고 생각할까요?"

392. "의뢰인은 무엇이 달라져야 한다고 생각할까요?"

393. "의뢰인은 최소한 무엇이 달라져야 한다고 생각할까요?"

394. "의뢰인은 이 문제의 원인을 무엇이라 생각할까요?"

395. "이곳에 오지 않기 위해서는 무엇이 필요한가요?"

396. "여기에 다시 올 필요가 없다는 것을 의뢰인에게 어떻게 확신시켜 줄 수 있나요?"

397. "그렇게 하고 싶은가요?"

398. "최소한으로, 무엇을 다르게 행동할 수 있거나 해야 할까요?"

399. "그렇게 하려면 어떻게 스스로 동기화시킬 수 있나요?"

400. "의뢰인을 안심시키려면, 최소한 어떤 준비를 해야 할까요?"

401. "의뢰인을 안심시키려면, 어떤 준비를 가장 많이 해야 할까요?"

402. "보시기에, 그중에서 어떤 것을 할 수 있을까요?"

403. "그것을 할 수 있음을 어떻게 아나요?"

404. "최근에 그것을 했던 때는 언제인가요?"

405. "그 당시, 무엇이 달라졌나요?"

406. "그 당시, 어떻게 해서 그것을 잘할 수 있었나요?"

407. "그 당시, 의뢰인은 어떤 점을 알게 되었을까요?"

408. "그것을 다시 하기로 마음먹는다면, 첫걸음은 무엇일까요?"

409. "10점에서 0점 척도에서, 10점은 매우 자신 있음, 0점은 전혀 자신 없음일 때, 그것을 다시 할 수 있다는 자신감은 몇 점인가요?"

410. "그것을 다시 할 확률에 대해 의뢰인은 몇 점이라고 말할까요?"

411. "그것을 하기로 결정했다면, 의뢰인과의 관계가 어떻게 달라질까요?"

412. "그것이 의뢰인에게 어떤 도움이 될 거라고 말할까요?"

413. "그렇게 하기로 결정했다고 합시다. 인생이 어떻게 달라질까요?"

414. "아직은 일어나지 않은 어떤 일들이 삶 속에서 일어날까요?"

415. "기적이 일어난 것처럼 보여야 한다고 합시다. 첫걸음은 어떤 것일까요?"

416. "충분히 했다는 것을 어떻게 알까요?"

417. "그러한 변화들을 누가 제일 먼저 알아차릴까요?"

418. "그 변화를 알아차린 그 사람은 거기에 대해 어떻게 다르게 행동할까요?"

419. "그 사람이 다르게 행동한다면, 어떻게 보일까요?"

420. "오늘 이곳에 오게 된 것이 결국 좋은 생각이었다는 것을 어떻게 알 수 있을까요?"

421. "책임을 져야 한다면, 삶이 어떻게 달라질까요?"

422. "목표는 무엇인가요?"

423. "제가 이 문제를 어떻게 도와주기를 바라나요?"

424. "문제가 해결될 수 있다는 느낌을 주는 일은 무엇인가요?"

425. "상담을 지속하지 않으면, 어떤 일이 있을까요?"

426. "이전 상담자와의 경험에 비추어, 제가 무엇을 해야 하고, 하지 말아

야 할까요?"

427. "궁금해 하는 일로, 우리가 함께 살펴볼 것이 있나요?"

428. " '그것은 절대 안 돼.'라고 생각하게 만드는 것으로서, 여기에서 일어 날 일은 무엇이라고 생각하나요?"

429. "그것을 원하지 않을 모든 이유를 제쳐 두고, 혹시 그것을 원할 수도 있다거나 그것이 효과가 있을 수 있다는 생각을 해 본 적이 있나요?"

430. "나중에 의미 있다고 느낄 만한 것들 중에서 의제로 넣는다면 어떤 것 이 있을까요?"

431. " '이것들은 나와는 상관이 없어.'라고 말하는데, 당신의 소관에 있는 것은 무엇입니까?

432. "아무 일도 안 한다면 어떻게 될까요?"

불평하는 내담자에게 사용하는 질문

433. "어떻게 대처하고 있나요?"

434. "어떻게 더 악화되지 않고 있나요?"

435. "어떻게 살아남았나요?"

436. "제가 상대방이나 세상을 바꿔 줄 수는 없습니다만, 어떻게 도울 수 있을까요?"

437. "그대로 유지하고 싶은 것은 어떤 것인가요?"

438. "괜찮기 때문에, 그대로 유지하고 싶은 것은 무엇인가요?"

439. "절대로 달라져서는 안 되는 것은 무엇입니까?"

440. "내려놓아야 할 때가 됐는데, 여전히 붙잡고 있는 것은 무엇입니까?"

441. "이것이 어떻게 해서 문제가 되나요?"

442. "이 문제가 풀릴 수 있다는 생각을 갖게 해 주는 것은 무엇인가요?"

443. "문제가 되지 않았거나 혹은 두드러지지 않았을 때는 언제입니까?"

444. "문제가 문제로 되지 않았을 때는 언제입니까? 혹은 잠시라도 그것이

문제가 아니었던 때는 언제입니까?"

445. "문제가 어떻게 유용할 수 있을까요?"

446. "최소한 이루고 싶은 것은 무엇인가요?"

447. "배우자(다른 가족원, 동료)가 당신이 원하는 대로 달라진다고 합시다. 그건 어떤 의미가 있나요?"

448. "상대방이 당신이 원하는 대로 달라진다고 합시다. 그렇다면 당신은 어떻게 다르게 행동하겠습니까?"

449. "상대방이 당신이 원하는 대로 달라진다고 합시다. 그렇다면 당신이 어떻게 다르게 행동하려고 생각할까요?"

450. "상대방이 당신이 원하는 대로 달라진다고 합시다. 그렇다면 그 사람과의 관계는 어떻게 달라질까요?"

451. "무엇이 달라질 것이고 어떻게 다르게 행동하게 될까요?"

452. "그것이 어떻게 도움이 될까요?"

453. "상대방이 당신이 원하는 대로 한다면, 당신이 어떻게 달리 대우해 준다고 말할까요?"

454. "마술 지팡이로 당신이 원하는 대로 상대방이 뭐든지 하도록 만든다고 합시다. 그 경우 무엇이 달라지며 어떻게 다르게 행동할까요?"

455. "원하는 대로 변했다고 상상합니다. 그 변화는 무엇일까요?"

456. "가장 작은 변화는 무엇이 될까요?"

457. "계속 변한다면, 원하는 미래로 다가갈까요?"

458. "어떤 영역에서 가장 변하길 원하나요?"

459. "고려해 보았지만, 아직 시도해 보지 않은 것은 무엇인가요?"

460. "배우자(가족원, 동료)가 당신이 원하는 대로 변하지 않았다고 가정합시다. 그럴 때 어떻게 하겠습니까?"

461. "배우자(가족원, 동료)가 당신이 원하는 대로 변하지 않았다고 가정합시다. 그럼에도 불구하고 상황을 개선하고자 스스로 할 수 있는 것은 무엇입니까?"

462. "지금의 삶이 그대로 계속된다면, 변화해야 할까요?"

463. "이제까지 많은 노력을 기울이면서 이루고 싶은 것은 무엇입니까?"

464. "제가 어떻게 도울 수 있나요?"

465. 척도질문을 한 다음에, "그 점수를 어떻게 유지하고 있나요?"

466. "많은 것을 겪었으면서 어떻게 그렇게 잘해 왔나요?"

467. "지금까지 어떤 것을 겪어 왔나요?"

468. "지금보다 상황이 더 나빠질 수 있었을까요? 나빠지지 않은 이유는 무엇일까요?"

469. "상황이 더 나빠지지 않고 그대로 유지하기 위해 무엇을 해 왔나요?"

470. "스스로 달라지고 싶은 것이 있다면 무엇입니까?"

471. "두 분이 공동의 목표를 가지고 있다면, 그것은 무엇일까요?"

472. "상대방이 ~욕구를 존중해 주었다고 가정합시다. 두 분의 관계가 어떻게 달라질까요?"

473. "10점에서 0점 척도에서, 10점은 가능성이 매우 높다, 0점은 가능성이 전혀 없다고 한다면, 해결책을 찾을 가능성은 몇 점일까요?"

474. "상황이 달라지기를 원하지 않는다고 많이 말해 왔는데, 변하지 않았으면 하고 바라는 상황은 무엇인가요?"

475. "그런 문제 대신에 원하는 것은 무엇인가요?"

476. 내담자가 모르겠다고 말한 경우, "당신만큼이나 자신을 아는 사람이 있다고 가정합시다. 그 사람이 뭐라고 말할까요?"

의뢰인에게 묻는 질문

477. "의뢰인으로서 내담자와 제가 함께 협동할 때 최상의 결과는 무엇이 될까요?"

478. "내담자의 강점은 무엇이며 어떤 측면들이 만족스러웠고, 그리고 어떤 것들이 계속 유지되어야 할까요?"

479. "우리가 고려해야 할 제한점들은 무엇인가요?"

480. "내담자가 가지고 있는 자원들은 무엇입니까?"

481. "내담자에게 치료가 의미 있고 유용하다고 알려 주는 첫 번째 근거는 무엇일까요?"

482. "이 일이 언제 일어났나요? 예를 들어 주세요."

483. "이 시점에서 내담자로부터 얻기 원하는 가장 작은 변화는 무엇입니까?"

484. "최근에 내담자가 당신이 원하는 만큼 잘하고 있었던 때는 언제입니까?"

485. "그때 내담자는 어떻게 달리 행동하고 있었습니까?"

486. "그때 무엇이 내담자에게 도움이 되었다고 생각하나요?

487. "10점에서 0점 척도에서, 그 당시 도움이 되었던 일을 기꺼이 다시 해 줄 마음은 몇 점일까요?"

외상을 경험한 내담자에게 사용하는 질문

488. "어떻게 도와 드릴까요?"

489. "어떻게 살아남게 되었나요?"

490. "그 밖에 어떤 것이 도움이 되었나요?"

491. "다른 사람들이 살아남도록 어떻게 도왔나요?"

492. "경험했던 것을 다룰 수 있도록 무엇이 도왔나요?"

493. "이것이 당신이 경험한 최악의 것인가요? 10에서 0점 척도에서, 10점은 최악이다, 0점은 전혀 나쁘지 않다고 하면 몇 점인가요?"

494. "이전에 그 밖에 힘들었던 적은 언제였으며, 그때는 무엇이 도움이 되었나요?"

495. "도움이 되었던 것들 중에서, 지금 다시 유용한 것은 어떤 것입니까?"

496. "동일한 시련을 겪어 왔던 사람을 또 알고 있나요? 그 사람에게는 무

엇이 그 시련을 이기도록 도왔나요?"

497. "이러한 외상 사건에서 살아남은 것은 어떤 의미가 있나요?"

498. "한밤중에 기적이 일어나서 외상 사건의 피해를 잘 극복하여 여기에 다시 올 필요가 없을 정도로 삶에 만족한다면, 무엇이 달라질까요?"

499. "이 외상 사건이 일상생활에서 문제가 덜 된다면, 어떻게 다르게 행동할까요?"

500. "시간을 어떻게 다르게 사용할 건가요?"

501. "지난 일에 대해서 생각하는 대신, 무엇을 생각하고 무엇을 하겠습니까?"

502. "다르게 하고 있음을 어떻게 알 수 있고, 계속해서 다르게 할 수 있다는 것을 어떻게 알 수 있나요?"

503. "조금이라도 다르게 행동했던 적은 언제였나요?"

504. "조금이라도 다르게 했을 때, 무엇이 달랐나요? 어떻게 그런 순간들을 만들었나요?"

505. "다른 사람들은 그때 무엇이 다르다고 이야기하며, 당신이 그것을 어떻게 이루었다고 이야기할까요?"

506. "치유의 변화 순간들이 오랫동안 지속되었다면(며칠, 몇 주, 몇 달, 몇 년) 삶이 어떻게 달라질까요?" "주변의 중요한 사람들의 관계가 어떻게 달라질까요?"

507. "당신이 달성한 변화들은 미래의 차세대에게 어떠한 영향을 줄까요?"

508. "외상을 더 잘 다루거나 좀 더 편해졌다는 것을 어떻게 알 수 있을까요?"

509. "상황이 더 나아지고 있다는 것을 알리는 가장 작은 증거는 무엇일까요? 그것이 어떤 변화를 가져올까요?"

510. "두 번째로 작은 증거는 무엇일까요? 그리고 그다음 증거는 무엇일까요?"

511. "미래의 삶이 좀 더 쉬워질 거라는 희망을 어떻게 되찾을 수 있나요?"

512. "미래에 보다 좋은 삶을 회복할 수 있다는 희망은 얼마나 되나요?"

513. "다음 단계는 무엇이 될까요? 그 단계를 밟는다면 어떻게 달라질까요?"

514. "외상 사건이 변화시키지 않은 것은 무엇이며 어떻게 그렇게 할 수 있었나요?"

515. "이미 일어난 일이지만, 삶 속에서 어떤 것들이 함께 유지되기를 바라나요?"

516. "동일한 사람들과 동일한 상황이지만 외상으로 인해서 당신의 행동이 덜 영향을 받는다면 지금부터 한 달 후에는 당신의 삶이 어떻게 되기를 바라나요?"

517. "그 목표를 고려할 때, 지금으로부터 한 달 후 피해자인 자기 자신을 바라보면 자기 자신에 대해 어떤 반응과 느낌과 생각을 하게 될까요?"

518. "그 목표를 고려할 때, 지금으로부터 한 달 후 생존자로서 자기 자신을 바라보면 자기 자신에 대해 어떤 반응과 느낌과 생각을 하게 될까요?"

519. "자기 자신을 피해자 혹은 생존자로 간주하는 것이 목표를 달성하는 데 큰 도움이 될까요?"

520. "이러한 행동, 이러한 느낌, 이러한 생각들을 어떤 상황에서 성공적으로 사용했었나요?"

521. "그런 방식으로 그렇게 하는 데 어떻게 성공하였나요?"

522. "당신을 잘 아는 사람들은 당신의 성공에 대해 어떻게 말할까요?"

523. "상상해 보세요. 삶을 회고하는 지혜로운 노인이 되었다고 합시다. 그 사람은 현재의 당신이 지금의 삶을 극복하는 데 도움이 될 만한 어떤 조언을 해 줄까요?"

524. "그 노인은 어떤 생각을 해야 한다고 조언할까요?"

525. "그 노인은 당신이 치유에 어떤 것이 가장 도움이 될 거라고 조언할까요?"

526. "그 노인은 어떤 말로 당신을 위로할까요?"

527. "그 노인은 치료가 매우 유용하고 가장 도움이 될 수 있는 방법에 대해 어떤 조언을 해 줄까요?"

528. "외상적 이미지(침투)와 기억들을 통제하는 데 무엇이 도움이 될까요?"

529. "기억 통제를 어떻게 하고 있나요?" (외현화)

530. "10점에서 0점 척도에서, 10점은 외상을 매우 잘 다루고 있다, 0점은 외상을 전혀 다룰 수 없다고 한다면, 몇 점을 주겠습니까?"

531. "다른 사람이 외상을 겪었음을 알았더라면, 어떻게 다르게 행동했을까요?"

532. "다른 사람이 외상을 겪었음을 알았더라면, 그와의 관계가 어떻게 달라졌을까요?"

533. "이전에는 하지 못했던 것을 만회하기 위해, 지금의 관계에서 어떤 것을 할 수 있습니까?"

534. "어릴 때 누구와 함께 있을 때 안전하게 느끼곤 했나요?"

535. "그 사람과 있는 것을 어떻게 그렇게 안전하게 느낄 수 있었고 그 경험이 어떤 변화를 가져왔나요?"

536. "과거의 안전 혹은 위안의 경험 중에서 지금 어떤 것이 활용 가능하나요?"

537. "그때의 안전과 위안을 상징하는 것으로서 지금 도움 받을 수 있는 것은 무엇인가요?"

538. "때로 안전하게 느끼면서 삶을 통제하는 것을 어떻게 그렇게 잘하고 있나요?"

539. "지금 어떻게 당신 자신을 위로할 수 있을까요? 어떻게 그렇게 하나요?"

540. "지금 당신을 조금이라도 위로할 수 있는 사람은 누구입니까?"

541. 만약 내담자가 해리 또는 자해를 보이는 경우, "그럴 만한 충분한 이유가 있을 것인데, 좀 더 자세히 이야기해 주세요."

542. "이것이 어떤 점에서 도움이 됩니까?"

543. "해리 상태에서 지금-여기로 어떻게 잘 빠져나올 수 있나요? 혹은 어떻게 하면 자해를 중단할 수 있을까요? 어떻게 그렇게 하나요? 이 점에서 그 밖에 무엇이 도움이 됩니까?"

544. "목표를 달성했다면, 어떠한 축하 의식을 할 수 있을까요?"

545. "첫걸음을 떼었다면 어떤 축하 의식을 할 수 있을까요?"

546. "승리를 어떻게 축하하겠습니까?"

547. "지금 여전히 당신이 피하고 있거나, 여전히 공포를 경험하게 만드는 미래의 상황을 한 장면 떠올린다면, 그 장면은 어떤 것일까요?"

희망을 유발하는 데 사용하는 질문

548. "이것이 문제가 되고 있는 동안에도 희망을 갖게 한 것은 무엇인가요?"

549. "최고의 희망은 무엇입니까?"

550. "더 많은 희망이 있다고 가정합시다. 당신의 삶이나 대인관계가 어떻게 달라질까요?"

551. "더 많은 희망을 가진다면, 목표 달성에 어떻게 도움이 될까요?"

552. "더 많은 희망을 안겨다 줄 최소한의 변화는 무엇입니까?

553. "더 많은 희망을 가지기 시작했음을 어떻게 알까요?"

554. "충분한 희망을 가지고 있음을 어떻게 알 수 있나요?"

555. "언제 희망적으로 느꼈으며, 그것을 어떻게 하였나요?"

556. "희망을 생각하면, 무엇을 떠올리게 되나요?"

557. "매일 아침 희망을 떠올리는 그림이 벽에 걸려 있다면 어떤 그림인가요?"

558. "어떤 향기, 생각, 노래나 소리가 희망을 떠오르게 해 줄까요?"

559. "가지고 다닐 수 있는 희망의 상징물을 고른다면, 무엇이 될까요?"

560. "10점에서 0점 척도에서, 10점은 희망이 많다, 0점은 희망이 전혀 없

다라면 지금 몇 점을 줄 수 있습니까?"

561. "그 점수를 어떻게 유지하고 있습니까?"

562. "1점이 더 올라간다면 어떻게 달라질까요? 무엇을 달리하고 있고, 어떻게 다르게 생각하고 있을까요?"

563. "어떻게 하면 1점을 더 올릴 수 있을까요?"

564. "삶에서 많은 희망이나 더 많은 희망을 가졌던 때를 말해 주세요."

565. "문제를 살펴보면서 어떤 정보가 다소간 희망을 줄 수 있을까요?"

566. "희망을 (더 많이) 가진 사람이 있다면, 당신이 처한 이 상황에서 무엇을 생각하고 무엇을 할까요?"

567. "무엇이 그리고 누가 당신에게 더 많은 희망을 줄 수 있을까요? 혹은 당신의 희망을 빼앗을 수 있을까요?"

568. "어떤 일을 하게 되면 모든 희망을 다 잃어버리게 될까요?"

569. "희망이 전혀 없을 때 스스로 희망을 주기 위해서 무엇을 할 수 있나요?"

570. "다음 회기까지 더 많은 희망을 가지기 원한다면 다시 만나기 전에 당신은 무엇을 할 것이며 또는 제가 무엇을 하기를 바라나요?"

571. "아주 적지만 우리의 대화에서 어떤 것이 당신에게 희망을 주었을까요?"

572. "이 문제를 해결하는 데 당신이 올바른 길을 걷고 있음을 무엇이 알려 주나요?"

573. "긍정적 순간들이 조금 더 지속될 수 있다고 가정합시다. 어떻게 달라질까요?"

574. "~에서 ~로 변한 것이 어떤 희망을 주었나요?"

위기 상황에 있는 내담자에게 사용하는 질문

575. "어떻게 여기에 오시게 되었나요?"

576. "어떻게 오늘 아침 자리에서 일어날 수 있었나요?"

577. "아주 사소한 것이라도 이 상황에서 이미 시도했던 것은 무엇이며 그 것이 어떤 도움이 되었나요?"

578. "이 위기가 끝나면, 어떻게 변화되기를 바라나요?" (목표 개념화)

579. "어떻게 그렇게 잘하고 있나요? 어떻게 유지하고 있나요?"

580. "한 순간에서 다음 순간까지 어떻게 잘하고 있나요?"

581. "여기 오기까지 어떻게 오랫동안 견디어 내었나요?"

582. "최근에 식사한 적은 언제였으며 어떻게 그렇게 할 수 있었나요? 그것 이 어떤 도움이 되었나요?"

583. "최근에 언제 잠을 잤으며 어떻게 그렇게 할 수 있었나요? 그것이 어 떤 도움이 되었나요?"

584. "이러한 생각들(자살사고)을 하지 않았던 적은 언제였나요?"

585. "기적이 일어난다면, 고통과 자살사고가 어떤 것으로 바뀌어 있을까 요?"

586. "이렇게 오랫동안 어떻게 버티어 왔나요?"

587. "이 상황에서 조금이나마 스스로를 돌보기 위해 무엇을 하고 있습니 까?"

588. "이 시점에서 가장 도움이 되는 사람은 누구이며 또 무엇이라고 생각 하나요?"

589. "지금까지 겪은 모든 것을 감안할 때, 어떻게 ~을 견디어 왔나요?"

590. "오랫동안 어떻게 전문적인 도움을 구하지 않고 살아왔나요?"

591. "그 원치 않은 행동을 어떻게 중단했나요?"

592. "어떻게 수화기를 들어서 위기 전화를 걸 수 있었나요?"

593. "지금 입원이나 처방약이 어떻게 도움이 될 수 있을까요?"

594. "다른 사람들이 당신을 돕도록 어떻게 요청했나요?"

595. "무엇이 지금까지 당신을 지탱하는 데 도움이 되었나요?"

596. "무엇이 전에(이와 유사한 상황) 당신을 지탱하도록 도왔나요?"

597. "그중에서 어느 것이 가장 도움이 되었나요?"

598. "누가 가장 도움이 되나요? 혹은 가장 도움이 되어 주었나요? 그 밖에 누가 있나요?"

599. "~가 도움이 될 것이라는 사실을 어떻게 알았나요?"

600. "그 사람의 어떤 부분이 큰 도움이 되었나요?"

601. "그 사람이 당신을 돕도록 무엇을 하였나요?"

602. "그 사람이 다시 당신을 도우려면 무엇이 필요한가요?"

603. "그 도움을 다시 얻는다면 지금 어떻게 달라질까요?"

604. "10점은 휴식과 질서이고 0점은 혼돈과 무분별 상태라면, 지금은 몇 점인가요?"

605. "그리고 그 밖에 무엇이 도움이 되었나요?"

606. "이전에 힘든 날들과 비교했을 때, 자리에서 일어나 여기에 오게 하도록 오늘 아침 당신이 다르게 했던 것은 무엇입니까?"

607. "이 시점에서 제(상담자)가 할 수 있는 가장 도움이 되는 일이 무엇이라고 생각하나요?"

608. "지금보다 상황이 더 악화될 수 있을까요? 어떻게 그렇게 악화되지 않고 있을까요?"

609. "이 위기를 극복했다는 것을 어떻게 알 수 있을까요?"

610. "이 상황을 계속해서 대처하려면 무엇을 기억하는 것이 가장 중요할까요?"

611. "지금까지 당신을 가장 많이 도왔던 것은 무엇입니까? 그리고 그중에서 지금 어느 것을 사용할 수 있나요?"

612. "일이 힘들어질 때(상황이 나빠질 때) 기억해야 할 가장 중요한 것은 무엇입니까?"

613. "어려운 상황이지만 당신이 잘하고 있는 것에 대해 주위 사람들은 무엇이라고 말하나요?"

614. "지금부터 1년 전, 5년 전 또는 10년 전을 떠올리세요. 이 위기로부터

당신이 빠져나오도록 도왔던 것은 무엇일까요?"

615. "오늘 밤 기적이 일어난다고 가정합시다. 기적이란 이 힘든 상황을 대처할 수 있다는 것입니다. 그러나 잠이 들었기 때문에 기적이 일어난 사실을 모릅니다. 다음날 아침 기적이 일어났다는 사실을 제일 먼저 어떻게 알 수 있을까요?"

616. "친구와 힘께 지금으로부터 1년 전, 5년 전, 10년 전을 되돌아본다고 가정합시다. 그 시간 동안 또는 그 수년간 당신이 했던 것들 중 어떤 것이 당신으로 하여금 이 위기를 잘 빠져나오도록 도왔다고 당신과 친구는 말할까요?"

문제나 갈등을 드러내는 데 사용하는 질문

617. "그 문제에 이름을 붙인다면 어떤 것일까요?"

618. "문제를 그리거나 표현한다면 어떤 것이 될까요?"

619. "그 문제가 당신에게 고민이 되지 않을 때는 언제일까요? 고민이 덜 될 때는 언제일까요? 그럴 때는 어떤 점이 다른가요? 그것을 어떻게 다루나요?"

620. "그 문제는 어떤 때 다른 사람들을 곤란하지 않거나 덜 곤란하게 하나요? 그럴 때는 어떤 점이 다른가요? 그 사람들은 어떻게 그것을 다루나요?"

621. "그 문제가 더 이상 문제가 되지 않았던 때는 언제입니까?"

622. "그 문제가 주변의 사람들에게 문제가 아니었던 때는 언제인가요?"

623. "그 문제에 얼마나 익숙해져 있나요?"

624. "그 문제가 우위에 있거나 통제할 때 어떻게 하나요?"

625. "그 문제가 우위에 있을 때 무엇이 달라지나요?"

626. "그 문제가 어떻게 당신을 통제하나요?"

627. "그럴 경우 어떻게 바로잡나요?"

628. "그 문제를 잘 통제했음을 어떻게 알 수 있을까요? 그 밖에 어떤 점으로 알 수 있나요?"

629. "그 문제를 잘 통제하기 위해서 작지만 제일 먼저 취할 수 있는 행동은 무엇인가요?"

630. "작지만 제일 먼저 취한 행동이 성공적이라면 어떠한 변화가 일어날 수 있나요?"

631. "그 문제가 어떻게 당신을 돕나요?"

632. "어떻게 그 문제를 잘 다루고 있나요?"

633. "그 문제의 우위에 있고 통제를 하고 있을 때는 무엇을 하고 있기 때문일까요?"

634. "현재 통제 척도의 점수는 몇 점일까요?"

635. "지난 회기에는 통제 점수가 몇 점이었나요?"

636. 현재 점수가 지난 회기보다 더 높을 경우, "어떻게 해서 더 높은 점수를 갖게 되었나요?"

637. 점수가 지난 번과 같을 경우, "어떻게 같은 점수를 유지하였나요?"

638. 점수가 지난 번보다 낮을 경우, "그전에 무엇을 하여 높은 점수를 받았나요?" "과거의 유사한 상황에서 무엇을 하여 성공하였나요?"

639. "지난 한 주간 당신의 삶에서 중요한 사람들은 당신에 대해 어떤 것을 알아볼 수 있었나요? 그것이 당신을 향한 그들의 행동에 어떤 영향을 주었나요?"

640. "최근에 어떻게 하여 그 문제를 등한시할 수 있었나요?"

641. "그 문제를 공략하려고 할 때 당신(다른 사람)은 어떻게 하나요?"

642. "그 문제를 공략하는 데 어떤 수단을 사용하나요? 어느 수단이 가장 도움이 되나요?"

643. "그 문제로 어려움을 겪는 또 다른 사람들이 그 문제를 공략하고 통제하는 방식에 대해 어떤 것을 알고 있나요?"

644. "그 문제를 극복했을 때 어떻게 자축할 건가요?"

645. "그 문제를 극복하여 자축할 때 누구와 함께 하고 싶습니까?"

646. "타인에게 그 문제를 극복할 수 있었던 방법에 대해 무엇이라고 말하겠습니까?"

아동에게 사용하는 질문

647. "학교에서 제일 잘하는 과목이 뭔가요?"

648. "무엇을 잘하나요?"

649. "어떤 친구들을 좋아하나요? 그 친구들은 학생의 어떤 점을 좋아하나요?

650. "믿을 수 있는 어른이 있나요?"

651. "말을 건넬 수 있는 사람은 누구이고 누가 학생의 말을 잘 들어 주나요?"

652. "누구랑 통한다고 느끼나요?"

653. "제일 친한 친구와 어떻게 사귀었나요?"

654. "또 친구들이 있나요? 그 친구들과는 어떻게 사귀었나요?"

655. "친구들과 사람들은 학생의 어떤 점을 좋아하나요?"

656. "학생을 도와줄 수 있는 사람들을 만나고 우정을 쌓으려면, 어떤 좋은 점들을 활용해야 할까요?"

657. "몇 살인가요?" "~살쯤 되겠네요."

658. "인생을 학생의 손에 쥔다면, 어떻게 달라지면 좋을까요?"

659. "오늘 밤 마술사가 집에 와서 지팡이를 가지고 마술을 부려서 학생을 힘들게 하는 것들을 날려 버린다고 상상해 봅시다. 내일 아침 어떤 변화가 일어날까요? 그리고 무엇이 달라졌을까요?"

660. "~에는 충분한 이유가 있을 텐데…… 좀 더 이야기해 주세요."

661. "부모님(선생님, 형제들)이 지금 하는 것 중에 어떤 것이 도움이 되나요?"

662. "부모님이나 선생님이 지금 하고 있지 않지만, 한다면 무엇이 ~에 도움이 될까요?"

663. "그것이 관계에 어떤 변화를 가져올까요?"

664. "문제행동을 하지 않는 대신 한 것이 무엇인지 좀 더 이야기해 줄 수 있나요?"

665. "어떻게 그렇게 하고 있나요? 내(상담자)게 보여 줄 수 있나요?"

666. "무언가 다른 행동을 시작해야겠다고 깨달은 것은 언제인가요?"

667. "학생은 ~한 사람인가요? 어떻게 그렇게 하나요? 그것을 어디서 배웠나요?"

668. "내가 학생의 부모님(혹은 선생님)에게 이야기를 한다고 상상합시다. 잘되어 가고 있는 것이 무엇이라고 부모님이 말할까요?"

669. "내가 부모님에게 이야기한다고 상상합시다. 학생이 그것을 어떻게 잘해 냈는지 부모님이 뭐라고 말할까요?"

670. "학생이 어떻게 달라지고 싶어 하는지 가장 친한 친구는 뭐라고 말할까요?"

671. "학생의 가장 친한 친구는 어떤 점이 더 나아진다고 말할까요? 학생이 어떻게 그것을 잘했는지 말할까요?"

672. "학생의 가장 친한 친구는 어떻게 학생을 도울 수 있을까요?"

673. "언제 한번 친구를 이곳에 데리고 와서 어떻게 학생을 도와줄 수 있는지 함께 살펴볼 수 있도록 하는 것이 좋은 생각이라고 보나요?"

674. "친한 친구와 잘 지낼 때 학생은 어떤 모습인지 친한 친구가 말해 줄까요?"

675. "여기에서 말하기 부끄러워하지만, 부모님은 무엇을 학생이 잘한다고 말해 줄까요?"

676. "엄마(아빠, 선생님)는 학생의 어떤 점을 좋아하나요? 무엇이 그들을 자랑스럽게 만드나요?"

677. "학교에서 학생이 무엇을 잘하는지 묻는다면 선생님은 무엇이라 말할

까요?"

678. "어떻게 하면 부모님을 놀라게 할 수 있을까요?"

679. "집에서나 학교에서 기적이 일어나서 문제들이 모두 사라졌다고 상상해 봅시다. 무엇이 달라졌을까요?"

680. "세 가지 소원을 말한다면 그것은 무엇일까요?"

681. "소원들이 이루어진다면 어떻게 달라질까요?"

682. "집에 있을 때, 좋은 날을 계획한다고 상상합시다. 학생에게 멋진 날이 되기 위해서 가족들은 무엇을 해야 할까요?"

683. "내가 마술을 부려서 우리 둘이 함께 1년 혹은 2년 후 미래로 이동한다고 상상합시다. 학생이 잘 지내고 있다면 우리는 어떤 모습을 보게 될까요?"

684. "학생이 가장 잘 지낼 때, 학생을 가장 닮은 동물은 무엇일까요? 그 동물은 무엇을 하고 있나요?"

685. "학생이 잘 지내지 못하고 있을 때, 학생을 가장 닮은 동물은 무엇일까요? 그 동물은 무엇을 하고 있나요?"

686. "학생이 동물이라면 지금의 모습보다 어떤 동물의 모습이었으면 좋을까요?"

687. "지금의 동물 모습에서 다른 모습으로 어떻게 변할 수 있을까요?"

688. "어떤 동물에서 다른 동물로 이미 변하기 시작했던 때는 언제인가요? 어떻게 그렇게 하나요?"

689. "학생이 다른 동물로 변했다는 것을 부모님이나 선생님은 어떻게 알 수 있을까요?"

690. "그것은 어떤 변화를 가져오는 것일까요?"

691. "학생이 원하는 모습을 그림으로 그린다면 무엇을 그리겠습니까?" (아이가 직접 그림을 그릴 수도 있다)

692. "학생이 현재의 문제를 그림으로 그린다면, 이 두 그림에는 어떤 차이가 있을까요?"

693. "학생이 집에서 원하는 모습을 그림으로 그린다면, 어떤 그림이 될까요?"

694. "학생이 여기에 올 필요가 없다고 말하는데, 어떤 점에서 그런가요?"

695. "학생이 여기에 오게 된 것은 누구의 생각이었나요? 여기서 오늘 만남의 결과로 그 사람이 어떻게 달라지기를 원하나요?"

696. "그것에 대해 어떤 기분이 드나요? 어떻게 그것을 알 수 있나요?"

697. "내가 학생을 도울 수 없다고 말하는 데는 충분한 이유가 분명히 있어요. 내게 좀 더 이야기해 주세요."

698. "이전의 상담자와 어떤 일이 있었나요? 만약 그 시간들이 도움이 될 수 있었더라면 그 상담자들이 어떻게 다르게 했어야 할까요?"

699. "부모님이나 선생님을 어떻게 하면 놀라게 할 수 있을까요?"

700. "학생이 여기에 더 이상 올 필요가 없다는 것을 부모님이나 선생님이 알기 위해서는 어떤 점을 보여야 할까요?"

701. "학생이 그런 것들을 하고자 정했다고 상상합시다. 학생과 그 사람들 사이에 어떤 변화가 있을까요?"

702. "학생이 도움이 필요 없고 여기에 올 필요가 없다고 말해 줄 수 있는 것으로, 무엇을 잘하고 있는지 내게 말해 줄 수 있나요?"

703. "집에서 잘하는 것은 무엇인가요? 학교에서는요? 운동이나 활동에서 잘하는 것은 무엇인가요?"

704. "상황이 그리 나쁘지만은 않다고 생각하게 해 주는 것으로 학생이 하고 있는 것은 무엇인가요?"

집단(부부, 가족)에게 사용하는 질문

705. "여러분 공동의 목표는 무엇인가요?"

706. "그 목표가 여러분 각자에게 어떻게 문제가 되나요?"

707. "두 분은 그 문제 대신에 어떤 것을 보기 원하나요?"

708. "두 분은 관계가 어떻게 달라지기를 원하나요?"

709. "어떠한 관계이기를 원하나요?"

710. "그러한 관계는 각자에게 어떤 변화를 가져올까요?"

711. "두 분이 바라는 관계라면, 어떻게 다르게 행동할 건가요?"

712. "그러한 행동이 상대방에게 어떻게 도움이 될까요?"

713. "두 분이 바라는 관계라면, 상대방은 어떻게 다르게 행동할까요?"

714. "그러한 행동이 어떻게 당신에게 도움이 될까요?"

715. "관계를 개선시키기 위해서 할 수 있는 첫 번째 가장 작은 행동은 무엇일까요?"

716. "관계를 개선시키기 위해서 상대방이 할 수 있는 첫 번째 가장 작은 행동은 무엇일까요?"

717. "당신이 생각하는 이상적인 관계는 어떤 것인가요?"

718. "그러한 이상적인 관계를 10점으로 하고 최악의 관계를 0점으로 한다면, 두 분은 몇 점인가요?"

719. "만약 10점은 완전 협동, 0점은 완전 대립이라면, 두 분은 몇 점인가요?"

720. "어떻게 해서 지금 상황이 최악이 아닌가요?"

721. "지금 상황이 더 나빠지지 않도록 기여하고 있는 사람은 누구인가요?"

722. "당신이 도움이 필요하다고 처음에 생각한 사람은 누구였나요? 그 사람이 이런 생각을 하게 한 것은 무엇 때문인가요?"

723. "공동의 목표가 있다면 그 목표는 어떤 것일까요?"

724. "5년 후, 10년 후에 두 분은 어디에 함께 있기 원하나요? 그때는 상황이 어떻게 되기를 원하나요?"

725. "자녀들은 두 분의 관계가 앞으로 어떻게 되기를 원할까요?"

726. "그러한 관계가 되기 위해서 어떠한 일이 일어나야 된다고 자녀들이 말할까요?"

727. "첫 번째 행동이 무엇이어야 한다고 자녀들이 말할까요?"

728. "만약 두 분이 원하는 미래에 도달했다는 것을 (충분한 수준까지) 자녀

들은 어떻게 알 수 있을까요?"

729. "두 분이 원하는 미래에 도달하도록 자녀들이 어떻게 도와줄 수 있을까요?"

730. "두 분이 목표를 달성하면 자녀들과 어떻게 축하할 건가요?"

731. "이번 주에 상황이 나아지게 된 것은 두 분이 무엇을 했기 때문인가요?"

732. "두 분이 함께 잘하는 것은 무엇인가요?"

733. "상대방에게 어떠한 장점이 있나요?"

734. "관계가 형성되면서 어떤 긍정적 기대를 가지고 있었나요?"

735. "서로에게 칭찬할 만한 행동을 할 경우 어떻게 알 수 있을까요?"

736. "두 분은 그 밖에 어떠한 일들이 일어나야 한다고 생각하나요?"

737. "그 일들이 다음 몇 주간 더 자주 일어난다면 두 분의 삶은 어떻게 변할까요?"

738. "상대방의 어떤 점이 당신에게 개선의 여지를 준다고 보나요?

739. "상대방은 당신의 어떤 점이 자기에게 개선의 여지를 준다고 보나요?

740. "상대방의 문제가 어떤 점에서 당신에게 문제가 될까요?"

741. "그 문제에 대해서 당신 스스로에게나 상대방에게 어떻게 설명하나요? 그러한 설명이 어떻게 당신에게 도움이 될까요?"

742. "상대방이 무슨 일이 있었고 무엇이 이 문제를 초래했는지 저에게 말해 줄 수 있다고 가정합시다. 그러한 설명이 상대방에게 어떻게 도움이 될 수 있을까요?"

743. "당신이 상대방에 대해서 알고 있는 것을 토대로, 상황이 상대방에게 좀 더 나아졌음을 무엇을 보고 알 수 있을까요?"

744. "상황이 좀 더 나아진다면 당신과 상대방에게 어떤 변화가 있을까요?"

745. "상황이 좀 더 나아진다면 상대방과 그 주변 사람과의 관계가 어떻게 변할까요?"

746. "두 분 모두에게 가능한 한 긍정적인 방향으로 이 관계가 어떻게 마무

리될 수 있을까요?"

747. "자녀들을 위해서 가능한 한 긍정적으로 이 관계를 어떻게 마무리할 수 있을까요?"

748. "이 관계를 이상적으로 종결한다면 어떤 모습이 될까요?"

749. "10점에서 0점 척도에서, 10점을 매우 이상적인 종결, 0점은 매우 이상적인 종결이 아니라고 한다면, 현재 상황에 몇 점을 주실래요?"

750. "두 분 모두 몇 점에서 종결되면 만족할까요?"

751. "어떻게 하면 두 분 모두에게 이 관계를 윈-윈 관계로 만들 수 있을까요?"

752. "과거의 관계들을 어떻게 긍정적인 방향으로 맺을 수 있었나요? 그리고 그 전략 중에 어떤 것을 다시 사용할 수 있을까요?"

753. "이 관계를 긍정적 방향으로 종결할 수 있다면 당신의 삶은 어떻게 변할까요?"

754. "상대방에게 상황을 최대한 어렵게 만들기 원한다면 어떠한 대가를 기꺼이 치를 수 있겠습니까?"

755. "그 대가에 얼마나 많은 에너지를 쏟고자 하나요? 그리고 얼마나 많은 에너지가 다른 일—아마도 좀 더 즐길 수 있는 일—에 남아 있을까요?"

756. "그 대가를 얼마나 오랫동안 지불하기 원하나요?"

757. "어떻게 하면 배우자(자녀, 부모)를 놀라게 해 줄 수 있을까요?"

758. "상대방을 놀라게 할 은밀한 어떤 것을 하고자 한다고 상상합니다. 그것은 무엇일까요?"

759. "상대방이 당신을 놀라게 한다면 어떻게 하겠습니까?"

760. "내일 아침에 잠이 깨었을 때 '마법의 세계'에 와 있다고 상상합시다. 그곳에서는 부모들이 모두 높이 존중받고 자녀들이 늘 최상의 행동만을 하는 곳입니다. 그 부모들은 자기 자신과 자녀들을 위해서 그렇게 행복하게 만드는 어떤 행동을 하고 있나요?"

761. "그 부모들로부터 배운 것 중에서 두 가지를 당신의 집으로 갖고 돌아와 자녀들에게 시도한다면, 이 두 가지란 무엇일까요?"

762. "과거에 부모로서 당신은 이와 유사한 문제들을 어떻게 해결했나요?"

763. "배우자(가족)는 그러한 변화에 대해 어떻게 설명할까요?"

764. "자녀가 바람직한 행동을 할 수 있다는 것을 무엇을 통해 알 수 있을까요?"

765. "자녀가 이것에 대해 잘 반응했다는 것을 어떻게 알 수 있었나요?"

766. "지금으로부터 몇 주 동안 집의 상황을 좀 더 나아지게 하도록 모두 무엇을 할 수 있나요?"

767. "가족들이 언제 당신을 도와주기를 원하나요?"

768. "가족들은 당신이 도움을 원한다는 것을 어떻게 알 수 있을까요?"

769. "배우자가 언제 당신을 도와주기 원하나요?"

770. "배우자가 도움을 원한다는 것을 어떻게 알 수 있나요?"

771. "당신의 변화가 배우자나 가족에게 어떻게 도움이 될까요?"

772. "이제까지 누가 가장 도움이 되어 주었나요?"

773. "배우자(가족)는 당신의 어떤 점을 통해서 당신이 ~에 성공할 것이라는 것을 알까요?"

774. "배우자(가족)가 당신에 대해 더 이상 걱정하지 않게 된다면 그들은 어떻게 달라질까요?"

775. "자녀가 당신이 원하는 모든 것을 다 했다고 상상합시다. 그 자녀는 당신이 어떻게 다르게 대했다고 말할까요?"

776. "이것이 여러분 모두에게 더 이상 문제가 되지 않는다면 여러분은 모두 어떻게 달라질까요?"

인지치료 내담자에게 사용하는 질문

777. "어떤 점이 이미 잘되고 있어서 변화가 필요하지 않은 것은 무엇인가

요?"

778. "문제행동 대신에 어떤 행동을 보기 원하나요?"

779. "역기능적 사고 대신에 어떤 생각들을 갖기 원하나요?"

780. "이미 때때로 하고 있는 바람직한 행동은 무엇입니까?"

781. "미래에 좀 더 하고 싶은 바람직한 행동은 무엇입니까?"

782. "그 행동을 좀 더 자주 할 수 있도록 스스로에게 어떤 동기를 줄 수 있을까요?"

783. "그 행동을 자주 할 수 있도록 다른 사람이 당신에게 어떤 동기를 줄 수 있을까요?"

784. "그 행동을 좀 더 자주 할 수 있도록 제가 당신에게 어떤 동기를 줄 수 있을까요?"

785. "그 바람직한 행동(생각, 감정)은 언제 나타나나요? 어떻게 그렇게 하나요?"

786. "그 바람직한 행동(생각, 감정)에 결과물(이득과 손실)은 무엇인가요?"

787. "그 바람직한 행동(생각, 감정)은 어떻게 당신이 목표를 달성하도록 돕나요?"

788. "목표에 도달한 것처럼 행동하는 것이 목표 달성에 어떻게 도움이 될까요?"

789. "이미 때때로 갖고 있는 기능적 사고나 도식은 어떤 것이 있나요?"

790. "미래에 더 많이 가지기를 원하는 기능적 사고나 도식은 어떤 것이 있나요?"

791. "그 바라는 생각이나 도식은 언제 생겨나나요? 그리고 어떻게 그렇게 하나요?"

792. "원하는 생각이나 도식의 결과물(이득과 손실)은 어떤 것들인가요?"

793. "이러한 생각이나 도식이 당신의 목표를 달성하는 데 어떻게 도움이 되나요?"

794. "부정적인 가정 대신에 어떤 긍정적인 기본 가정을 가지고 싶으신가

요?"

795. "긍정적 기본 가정에서 이미 가지고 있는 것은 어떤 것인가요?"

796. "그러한 가정들은 어떤 도움이 되나요?"

797. "당신이 더 많은 긍정적 가정을 가졌다고 상상합시다. 그것은 어떤 변화를 가져올까요?"

798. "그렇게 된다면 당신은 어떻게 달라질까요?"

799. "당신이 더 많은 긍정적 가정을 가지고 있다는 것을 다른 사람들은 어떻게 알 수 있을까요?"

800. "당신이 좀 더 많은 긍정적 기본 가정을 가지고 있는 미래의 상황을 영화로 만든다고 상상해 봅시다. 그 영화가 미래의 영화임을 무엇을 보고 제가 알 수 있을까요?"

801. "현재 이러한 긍정적 가정들은 얼마나 신뢰할 만한가요?"

802. "미래에 이러한 가정들이 얼마나 신뢰할 수 있기를 원하나요?"

803. "그러한 긍정적 생각들을(충분히 신뢰할 수 있다는 것을) 당신은 어떻게 알아차릴 수 있을까요?"

804. "그러한 긍정적 생각들이 충분히 신뢰할 수 있다는 것을 다른 사람들이 어떻게 알아차릴 수 있을까요?"

805. "짧은 기간 동안이나마 그러한 긍정적 가정을 가지고 있었던 때는 언제입니까?"

806. "부정적 가정이 없었거나, 혹은 문제가 되지 않았을 때는 언제였나요?"

807. "어떻게 그렇게 할 수 있었나요? 그럴 때 어떤 차이가 있었나요?"

808. "당신의 목표에 한 걸음 가까이 다가가게 돕는 작은 시도에는 어떤 것이 있을까요?"

809. "당신에게 도움이 되었던 어떤 시도들을 전에 해 본 적이 있나요?"

810. "아직 해 보지는 않았지만 고려 중인 것으로는 어떤 것이 있나요?"

811. "그러한 시도들을 하기 위해서 필요한 것은 무엇인가요?"

812. "그 시도가 성공적이기 위해서 누가 또는 무엇이 도움을 줄 수 있을까

요?"

813. "이 시도를 시작할 용기를 어디서 찾을 수 있을까요?"

814. "원하는 행동을 하고 있다고 상상합시다. 그것은 당신에게 어떤 의미가 있나요?"

815. "어떤 도움이 되는 생각들이 도움이 되지 않는 생각들을 대체할 수 있나요?"

816. "그것은 당신에게 어떤 의미가 있나요? 그 밖에 어떤 의미가 있을까요?"

817. "당신이 어떤 진단을 받았다고 가정합시다. 그 진단은 당신의 목표에 다가가는 데 어떻게 도움이 될 수 있을까요?"

818. "당신의 문제의 원천에 대한 통찰을 가지게 되었다고 상상합시다. 그 통찰은 당신의 목표에 어떻게 더 다가가도록 해 줄까요?"

약물 치료에 관한 질문

819. "약물 치료가 당신의 목표를 성취하는 데 도와줄 것이라고 제안해 준 사람이 있었나요?"

820. "이 처방약의 유용성에 대해서 어떤 생각을 가지고 있습니까?"

821. "이 처방약이 어떤 효과가 있을 거라고 생각하나요?"

822. "이전에 약물 치료를 받았던 적이 있었나요? 어떤 도움이 되었나요?"

823. "이 약이 효과가 있다고 가정합시다. 어떠한 변화를 볼 때, 이 약이 효과가 좋다고 말할 수 있을까요?"

824. "이 약이 효과가 있고 당신이 잘 지내고 있다고 가정합시다. 당신의 삶은 어떤 모습일까요? 당신은 어떻게 다르게 행동하고 있을까요? 어떤 변화가 있을까요?"

825. "그 약이 효과가 있다고 확신하기 위해서 당신이 할 수 있는 것이 무엇이라고 생각하나요?"

826. "처방약의 사용에 대해 비판적인 관점을 가지는 데 충분한 이유가 틀림없이 있을 겁니다. 제게 좀 더 이야기해 주세요."

827. "이 약의 효과에 대해서 이미 알고 있는 것은 무엇입니까?"

828. "이 약의 효과의 가능성을 어떻게 하면 최대화할 수 있을까요?"

829. "이 약의 부작용에 대해서 이미 알고 있는 것은 무엇입니까?"

830. "부작용에 대해서 아는 것이 어떻게 도움이 되나요?"

831. "이 약을 한 번 써 보기로 한다면 어떠한 확신이 필요합니까?"

832. "이것을 누가 당신에게 확신시켜 줄 수 있을까요?"

833. "기꺼이 감수할 만한 부작용으로는 어떤 것이 있을까요?"

834. "이 약을 실험해 본다고 상상해 봅시다. 어떤 실험이 될까요?"

835. "실험으로 기꺼이 사용하려는 최대 복용량은 얼마나 될까요?"

836. "이 약을 지속적으로 사용하는 데는 무엇이 필요합니까?"

837. "이 약이 더 이상 필요하지 않음을 어떻게 알 수 있을까요?"

838. "당신이 더 이상 이 약이 필요하지 않음을 다른 사람은 어떻게 알아차릴 수 있을까요?"

839. "이 약을 사용하더라도 어떻게 하면 당신의 삶을 더 잘 통제할 수 있나요?"

840. "아직 시도는 하지 않았으나 고려 중인 약물 치료는 무엇입니까?"

841. "실험으로 그것을 해 보는 데 무엇이 필요할까요?"

842. "그 실험의 성공 가능성을 최대화하려면 어떠한 것이 수반되어야 한다고 생각하나요? 이 점에서 누가, 무엇이 가장 당신에게 도움이 될 수 있을까요?"

843. "앞으로 1년, 5년, 10년을 건강하게 살고 있다고 가정해 봅시다. 현재를 돌아본다면 약을 복용하도록 도왔던 것이 무엇이었다고 말할 수 있을까요?"

844. "친한 친구 한 사람이 동일한 문제로 약물 치료를 고려 중이라고 가정합시다. 어떤 조언을 해 줄 수 있을까요?"

845. "만약 자녀가 약물 치료로 도움이 될 수 있는 문제가 있다고 가정합시다. 부모로서 어떻게 하겠습니까?"

재발에 관한 질문

846. "상황이 다시 나빠지기 시작했다는 것을 가능한 빨리 어떻게 알 수 있을까요?"

847. "이러한 문제를 가진 사람에게 무엇을 하라고 조언을 해 줄 수 있을까요?"

848. "재발 예방을 위해서 무엇을 할 수 있을까요?"

849. "척도에서 점수가 더 낮아지지 않으려면 어떻게 해야 할까요?"

850. "이전에 재발 예방을 어떻게 하였나요?"

851. "다시 제자리로 돌아오기 위해 어떻게 관리하고 있나요?"

852. "이전 자리로 돌아오기 위해 어떻게 하였나요?"

853. "제자리는 어떤 모습이었나요?"

854. "다시 제자리에 왔다는 것을 어떻게 알아차렸나요?"

855. "그 당시 제자리로 돌아오기 위해 포기하지 않고 어떻게 용기를 냈나요?"

856. "앞으로 동일한 일을 어떻게 할 수 있을까요?"

857. "제자리로 돌아올 수 있는 강점과 용기를 지녔음을 어떻게 아나요?"

858. "그 밖의 어떤 장점이 그렇게 하도록 도울 수 있을까요?"

859. "이전에 제자리로 돌아오도록 어떻게 했나요?"

860. "누가, 무엇이 그렇게 하도록 도와주었나요?"

861. "앞으로 그것이 필요하다면 누가, 무엇이 도움이 될 수 있을까요?"

862. "그것이 필요하다고 밝혀지면 어떻게 도움 받기를 원하나요?"

863. "긍정적 결과를 유지하기 위해서 어떤 일이 일어나야 할까요?"

864. "긍정적 결과를 유지하기 위해서 어떤 것을 할 수 있나요?"

865. "10점에서 0점 척도에서, 10점은 자신감이 매우 많다, 0점은 자신감이 전혀 없다고 한다면 이 시점의 자신감은 몇 점인가요?"

866. "10점에서 0점 척도에서, 10점은 동기 수준이 매우 높다, 0점은 동기가 전혀 없다고 한다면 현재의 성공을 유지하려는 동기 수준은 몇 점인가요?"

867. "지금보다 상황이 좋지 않은 때가 온다면 이 상담으로부터 무엇을 기억하고 사용할 수 있을까요?"

868. "점수가 매우 낮더라도 어떻게 하면 빠져나올 수 있을까요?"

869. "역경을 어떻게 다룰 수 있을까요?"

870. "어디에서 그런 것을 배우셨나요?"

871. "당신은 매우 결단력 있는 사람임에 틀림없습니다. 제게 좀 더 이야기해 주세요."

872. "그 밖의 어떤 상황에서 그러한 결단력을 보였나요?"

873. "당신의 재발이 가속화된다면, 사람들이 어떻게 할 때 그러할까요?"

874. "당신이 가능한 한 빨리 제자리로 돌아오도록 하려면 사람들이 어떻게 도와야 할까요?"

매니저, 팀과 조직 코칭에 사용하는 질문

875. "당신의 팀이 드림 팀으로 함께 작업한다면 앞으로 어떤 기능을 하게 될까요?"

876. "상당히 개선된 작업 환경이라면 어떤 모습일까요?"

877. "당신의 이상적인 해결책은 어떤 것일까요?"

878. "당신의 조직은 지금으로부터 1년, 5년, 10년 후에 어디에 있기를 바라나요?" (목표 개념화)

879. "구체적이고 긍정적이고 현실적인 행동으로 표현한다면, 그 조직은 어떤 것일까요?"

880. "이 논의를 잘했다고 생각하면서 걸어나올 수 있으려면, 이 논의의 결과가 어떻게 되어야 할까요?" (목표 개념화)

881. "개인적으로 당신은 무엇을 성취하기를 원합니까?"

882. "이것을 성취하기 위해서 어떤 것이 내년에 구체화되기를 가장 바라나요?"

883. "이 중에서 어떤 것이 내년에 구체화되는 데 가장 중요한 것인가요?"

884. "당신이 올바른 방향을 향하고 있다는 것을 알려 주는 것은 어떤 것일까요?"

885. "조직의 목표가 달성되었음을 어떻게 알 수 있을까요?"

886. "그 목표에 다가가려면 어떤 작은 단계들이 필요하다고 생각합니까?"

887. "과거에 다른 사람과 성공적으로 협력했던 적은 언제였으며 어떻게 그렇게 하였나요?"

888. "당신의 팀이나 조직에서 일어나고 있는 것 중에서, 그대로 유지되기를 원하는 것은 무엇인가요?"

889. "당신의 조직이 가장 번영했던 때는 언제였나요?"

890. "그러한 번영기를 만드는 사람은 누구며, 무엇을 하고 있나요?"

891. "현재 문제가 있지만 조직에서 어떤 점이 잘되어 가고 있나요?"

892. "조직의 강점은 무엇이며 그 강점은 어떻게 성취되었나요?"

893. "동료 직원들의 강점은 무엇입니까? 그들은 어떻게 ~을 잘하고 있나요?"

894. "동료 직원들에게 어떤 칭찬을 해 줄 수 있을까요?"

895. "이미 칭찬을 했던 것은 어떤 것이 있나요?"

896. "그들이 서로에게 어떤 칭찬을 할 수 있을까요?"

897. "그들이 이미 칭찬을 하고 있거나 서로에게 했던 것은 무엇인가요?"

898. "당신의 동료들에게 더 많은 칭찬을 하려면 어떻게 해야 할까요?"

899. "동료들이 서로에게 더 많은 칭찬을 하려면 당신은 어떻게 해야 할까요?"

900. "만약 조직이 협동한다면 그것은 어떤 변화를 가져올까요?"

901. "목표를 달성하는 데 조직의 강점들이 어떻게 가장 잘 활용될 수 있을까요?"

902. "과거의 어떤 성공들을 조직이 달성해 왔나요?"

903. "조직에 대해 가장 좋은 기억은 어떤 것이 있나요?"

904. "조직에서 잃어버리고 싶지 않은 것은 어떤 것인가요?"

905. "조직에서 반드시 유지되어야 할 것은 무엇일까요?"

906. "지난 번 프로젝트가 실패했을 때, 하나의 조직으로서 당신들은 무엇을 다르게 했었나요?"

907. "그 실패한 프로젝트에 어떤 점들이 여전히 잘되어 가고 있습니까?"

908. "올바른 방향으로 일이 되지 않는 상황들을 동료들은 어떻게 성공적으로 해결하고 있나요?"

909. "조직에서 작은 개선이 이미 일어나고 있음을 무엇을 통해 알 수 있을까요?"

910. "그럴 경우 당신은 어떻게 다르게 하고 있을까요? 그 경우 팀원들은 어떻게 다르게 행동하고 있을까요? 그 경우 조직은 무엇을 다르게 하고 있을까요?"

911. "그것이 동료와 조직에게 어떠한 변화를 가져올 수 있을까요?"

912. 조직의 목표에 대한 모든 척도질문들

913. "10점에서 0점 척도에서, 10점은 목표 달성에 매우 희망적이다, 0점은 목표 달성에 전혀 희망이 없다라고 한다면 오늘은 몇 점이라고 말할 수 있나요? 이미 올바른 방향으로 되어 가고 있는 것은 무엇인가요?"

914. "팀이나 회사가 경험하는 어려움이나 실패를 당신은 어떻게 다루나요? 무엇이 가장 효과가 있나요?"

915. "팀이나 회사에서 누가 어려움이나 실패를 잘 다루나요? 혹은 그것들에 의해서 동요되지 않나요? 그 사람들은 무엇을 다르게 하나요?"

916. "이러한 일이 일어나지 않도록, 또는 그것을 다루기에 좀 더 용이하도록

확신하기 위해서 당신이나 팀은 무엇을 다르게 할 수 있었을까요?"

917. "그런 것이 미래의 어려움을 직면하는 데 어떻게 도움이 될 수 있나요?"

918. "오늘의 만남이 유용하였음을 알려 주는 것은 어떤 것일까요?"

919. "이 문제에 대해서 저와 더 이상 만날 필요가 없게 되기 위해서는 무엇이 달라져야 할까요?"

920. "그렇게 오랫동안 ～을 해 오셨나요?"

921. "상호 협동이 잘되거나 더 잘되는 때는 언제입니까?"

922. "해결책을 그렇게 신속하게 찾는 것에 어떻게 성공하였나요?"

923. "당신이 이 프로젝트를 성공적으로 성취했음을 상사나 경영자는 어떻게 알 수 있을까요?"

924. "어떤 구체적인 표시들이 ～에 성공적임을 알려 줄 수 있나요?"

925. "개선되고 있음을 알리는 첫 번째 작은 증거는 무엇일까요?"

926. "동료들로 하여금 그들의 결단을 보다 더 잘 성취하도록 도울 수 있는 것은 무엇일까요?"

927. "동료들이 이미 스스로 찾아낸 해결책은 어떤 것입니까? 동료들은 어떻게 그렇게 할 수 있었나요?"

928. "임원으로서 당신의 어떤 장점을 동료들이 가치 있게 보나요?"

929. "어떤 점에서 그들이 그 점을 가치 있게 본다고 생각합니까?"

930. "경영진은 당신의 어떤 장점들을 가치 있게 보나요?"

931. "무엇이 그들로 하여금 이러한 장점들을 가치 있게 보도록 하나요?"

932. "동료들은 당신의 어떤 장점들을 가치 있게 보나요?"

933. "그들이 그러한 장점들을 가치 있게 보도록 한 것은 무엇인가요?"

934. "당신의 경력에서 최고의 평가는 무엇이었나요? 그것에 대해서 제게 좀 더 이야기해 주세요."

935. "조직 내에서 성공을 할 경우 일반적으로 어떻게 축하하나요?"

936. "만약 이와 같이 높은 평가를 받은 기회들이 더 있다면, 그것은 어떤 것일까요?"

937. "직장 생활에서 당신은 누구를 특별히 가치 있게 생각합니까?"

938. "그 사람으로부터 배운 것은 무엇인가요?"

939. "그 교훈은 당신의 일상생활과 직장에서 어떻게 나타나나요?"

940. "동료들이 한 일을 가치 있다고 그들에게 알려 주는 방법으로 선호하는 것은 무엇입니까?"

941. "이러한 방식으로 더 자주 인정해 준다면 그것은 동료들(팀)에게 어떠한 영향을 줄까요?"

갈등하는 내담자에게 사용하는 질문

942. "여러분들이 이미 동의한 부분은 무엇인가요?"

943. "당신의 의사소통에서 효과가 있는 것은 무엇인가요? 갈등이 생기기 전에 의사소통을 어떻게 했나요?"

944. "이전에 함께 갈등을 어떻게 해결하였나요?"

945. "그때 배웠던 것은 무엇이며, 배운 것 중에서 어떤 것을 지금 다시 사용할 수 있을까요?"

946. "상대방이 이 관계에 어떤 긍정적인 기여를 하고 있나요? 상대방은 그렇게 함으로써 무엇을 얻기를 바란다고 생각하나요?"

947. "당신이 이전과 다른 태도를 가지도록 격려하려면 그 사람은 앞으로 무엇을 다르게 해야 할까요?"

948. "그 접근이 효과가 있는지 보고자, 지금 그것을 기꺼이 시도하겠습니까?"

949. "사과하고 싶은 것이 있나요?"

950. "상대방의 어떤 면에 점수를 주고 싶은가요?"

951. "상대방이 당신의 어떤 점에 점수를 주기를 원하나요?"

952. "당신이 그와 같은 부정적인 일을 다시 하지 않는다면, 이 관계는 어떤 방향으로 개선될까요?"

953. "어떻게 하면 당신과 상대방 사이에 거리를 조금 더 줄일 수 있을까요?"

954. "상대방에게 당신이 옳다고 확신시키는 일을 중단하기 위해서는 당신에게 무엇이 필요할까요?"

955. "이 시점에서 상대방에게 가장 듣고 싶은 이야기는 무엇인가요?"

956. "중재 결과로 어떤 점이 달라지기를 원하나요?"

957. "상황이 좋아지고 있다는 것을 알리는 첫 번째 표시는 어떤 것일까요?"

958. "상대방이 이 갈등의 해결책을 찾길 원한다고 당신을 확신시키는 말은 어떤 것이었나요?"

959. "두 분이 좀 더 잘 지낼 필요가 있다는 것에 대해 상대방은 어떻게 말할까요?"

960. "갈등 해결의 방법을 찾을 수 있다고 가정합시다. 그 방법에 어느 정도까지 기꺼이 헌신하겠습니까?"

961. "갈등 해결의 방법을 찾지 못한다고 가정합시다. 그럴 경우 어떤 문제가 일어날까요? 그리고 어떻게 다루기를 원하나요?"

962. "비록 아주 적기는 하나 상대방이 당신을 이해하고 있다는 느낌을 주는 것을 무엇으로 알 수 있었나요?"

963. "여러분이 공동의 목표를 가지고 있다고 가정합시다. 그것은 어떤 것일까요?"

964. "이 갈등이 해결될 수 있다는 느낌을 주는 것으로서 어떤 작은 증거를 이미 보았나요?"

965. "두 분에게 무엇이 중요한지 제가 알고 있습니다. 어떠한 해결책이 두 분 모두의 바람을 만족시킬 수 있을까요?"

966. "상대방이 당신의 ~욕구를 존중한다고 가정합시다. 두 분 사이에 어떤 변화가 있게 될까요?"

967. "여전히 논의될 필요가 있지만, 말씀하지 않은 것은 무엇입니까?"

968. "10점에서 0점 척도에서, 10점은 상대방을 온전히 신뢰한다는 것이고 0점은 전혀 신뢰하지 않는 것이라면, 몇 점을 주시겠습니까? 어떻게 해서 그 점수인가요? 1점 높아진다면 어떤 모습일까요?"

969. 상대방이 변해야 한다고 내담자가 믿는다면, "당신 자신은 무엇을 다르게 할 수 있을까요?"

970. "당신이 이 갈등을 이 사람이 아닌 다른 사람과 가지고 있다고 가정합시다. 예를 들어, 그 사람이 자녀나 가장 친한 친구라면 이 상황에 대한 당신의 생각은 어떨까요? 그것이 어떤 차이를 가져올까요? 어떠한 해결책을 떠올려서 그 갈등을 해결할 수 있을까요? 그러한 접근은 어떠한 것이 될 수 있을까요?"

971. "중재를 통해 논쟁이 무엇에 대한 것인지 동의할 수 있다고 가정합시다. 그 논쟁을 어떻게 설명할까요?"

972. "두 분 모두가 동의할 수 있는 것만을 합의서에 서명해야 한다고 가정합시다. 그러한 합의서는 어떤 것일까요?"

973. "만약 이 중재가 실패한다면 무슨 일이 일어날까요?"

974. "갈등이 없었거나 문제가 되지 않았던 때는 언제였으며 그때는 어떤 점이 달랐나요?"

975. "갈등이 더 이상 문제가 되지 않은 때는 언제입니까? 어떻게 그 갈등을 보류할 수 있으며 그 경우 무엇을 다르게 하게 될까요?"

976. "두 분이 함께 지난 번 갈등을 어떻게 마무리 지을 수 있었나요?"

977. "갈등이 없는 경우에는 두 분이 서로에게 어떻게 다르게 대합니까?"

978. "그 밖의 다른 상황에서 갈등을 어떻게 해결합니까?"

979. "어떤 점에서 논쟁하는 것이 당신의 집단 목표를 달성하게 돕나요?"

980. "어떤 방식으로 당신은 대부분 논쟁을 마무리합니까? 그 전략 중에서 어떤 것을 지금 적용할 수 있나요?"

981. "현재 갈등이 있기 전에 여러분들은 어떻게 함께 지냈나요?"

982. "이 갈등으로 ~을 위해서 ~을 성취하기를 원합니까?" (조직, 자녀)

983. "좋은 관계를 형성하거나 회복하기 위해서, 상대방으로부터 어떤 것이 필요합니까?"

984. "좋은 관계를 형성하거나 회복하기 위해서, 당신은 상대방에게 무엇을 제공할 수 있습니까?"

985. "평화롭게 헤어지기 위해서, 상대방으로부터 무엇이 필요합니까?

986. "평화롭게 헤어지기 위해서, 당신이 무엇을 상대방에게 제공할 수 있습니까?"

987. "상대방이 좋은 관계를 형성하거나 회복하는 데 당신이 필요로 하는 것을 제공해 준다고 가정합시다. 그럴 경우 당신은 어떻게 달리 행동하겠습니까?"

988. "상대방이 평화롭게 헤어지는 데 당신이 요구하는 것을 제공한다고 가정합시다. 그럴 경우 당신은 어떻게 다르게 행동하겠습니까?"

989. "갈등에 얼마나 많은 에너지를 쏟기 원합니까? 당신의 삶에서 그 밖의 일들(좀 더 즐길 만한 일들)을 위해 얼마나 많은 에너지가 남아 있을까요?"

990. "이 갈등을 포기하거나 갈등을 수용하고 삶을 영위하는 것을 배우기 위해서는 무엇이 필요한가요?"

991. "상대방을 여전히 용서할 수 없는 것은 무엇인가요? 상대방을 용서하지 않음으로써 어떠한 대가를 기꺼이 지불하겠습니까? 그러한 대가를 얼마나 오랫동안 지불하기 원합니까?"

992. "이 갈등이 당신의 삶을 어떻게 개선할 수 있을까요?"

993. "이러한 갈등에 대해 우습거나 우습기까지 하는 것은 무엇입니까? 그것이 어떻게 당신에게 도움이 되나요?"

994. "이것이 상대방과 하는 마지막 대화라면, 무어라 말하고 싶습니까?"

995. "상대방이 사과를 했다고 가정합시다. 두 사람의 관계에 어떠한 변화가 있을까요? 무엇이 달라질까요?"

996. "상대방이 사과를 했다고 가정합시다. 당신은 무엇을 다르게 하기 시

작할까요?"

997. "상대방이 그러한 당신의 행동에 어떻게 반응할 거라 생각하나요?"

998. "상대방이 그러한 당신의 행동에 다르게 반응한다면, 그것은 어떤 의미일까요? 반대로 그것에 대해 당신은 어떻게 반응할 건가요?"

999. "상대방이 사과를 하지 않는다고 가정합시다. 그 상태로 당신은 어떻게 지낼 수 있을까요?"

1,000. "사과하는 것이 두 분의 공동 목표를 달성하는 데 어떤 도움이 될까요?"

1,001. "사과를 요구함으로써 결국 무엇을 얻기 원하나요?" (목표 개념화)

11

상담 회기에 대한
반영

1001
Question

11
상담 회기에 대한 반영

자신이 원하는 모습으로 스스로를 바라보는 것이 개인의 성장에 중요하다.

-Anonymous

상담 회기에 대한 반영

상담이 성공적이었을 때나 정체 혹은 실패했을 때도 상담자는 상담 회기에 대해 반영하는 것이 바람직하다. "이 상담 회기에서 무엇이 효과적이었고 이와 비슷한 다른 상담 회기에서 나는 어떤 다른 방법을 쓰겠는가? 이 상담 회기에서 무엇이 비효과적이었고 이와 비슷한 다른 상담 회기에서 나는 어떤 다른 방법을 쓰겠는가?" 원칙적으로 상담자는 상담 회기마다 반영 시간을 가지는 것이 좋다. 반영은 동료와 함께 동료 자문 형태와 슈퍼비전 형태로 진행할 수 있다.

해결중심 상담자는 상담 회기가 끝난 후 항상 스스로에게 해결중심 질문을 한다. 동료들과 함께 있을 때도 스스로에게 이런 질문을 할 수 있다. 이 질문들은 상담자가 자신이 얼마나 상담에 기여했는지 반영해 볼 수 있도록 돕는다. 또한 상담자의 해결중심 능력을 키워 주기도 한다. 상호교류 매트릭스에 기반을 둔 질문도 도움이 된다.

상담자를 위한 해결중심 질문

상담 회기에 대해서 상담자가 스스로에게 할 수 있는 해결중심 질문은 다음과 같다.

- 이 상담 회기를 다시 진행해야 한다고 가정해 보자. 다음 상담 회기에서는 어떤 다른 방법을 쓸 것인가? 혹은 어떤 점을 개선할 것인가?
- 내담자는 내가 어떤 다른 방법을 쓰거나 어떤 점을 개선해야 한다고 말할 것인가?
- 그것이 내담자에게 어떤 차이를 가져다줄 것인가?
- 그것이 나에게 어떤 차이를 가져다줄 것인가?
- 향후 현재 내담자와 비슷한 문제를 가지고 있는 내담자와 상담 회기를 진행한다고 가정해 보자. 다시 사용하거나 하지 않을 방법은 무엇인가?
- 내담자는 상담에 얼마나 만족하고 있는가? (10점에서 0점)
- 내담자는 내가 현재의 점수를 받을 수 있었던 이유를 무엇이라고 하겠는가?
- 내 점수가 1점이라도 더 높았다면 내담자에게 어떻게 보이겠는가?
- 그것이 상담에 어떤 차이를 가져다줄 것인가?
- 내가 어떻게 하면 1점을 향상시킬 수 있는지 묻는다면 내담자는 어떤 대답을 하겠는가?
- 나의 상담 진행 능력에 대해 나는 얼마나 만족하는가? (10점에서 0점)
- 어떻게 현재의 점수를 받을 수 있었는가?
- 점수가 1점이 더 높다면 어떤 모습일 것인가?

- 그것이 상담에 어떤 차이점을 가져다줄 것인가?
- 어떻게 1점을 향상시킬 수 있겠는가?
- 1점이 향상되려면 무엇이 요구되는가?
- 이 상담의 긍정적 측면은 무엇인가?
- 내담자로부터 얻은 유용한 정보는 무엇인가?
- 내담자의 능력과 특성 중 어떤 것을 나는 칭찬해 줄 수 있는가?
- 상담 회기에서 내담자가 성취하고자 하는 것은 무엇인가?
- 내담자의 문제를 해결하기 위해 사용할 수 있는 내담자의 강점은 무엇인가?
- 내담자가 처한 환경에서 그가 필요한 자원은 무엇인가? 그중에서 어떤 자원들이 활용 가능한가?
- 내담자의 목표를 설정하는 데 도움이 되는 내담자에 대한 정보는 무엇이며 내담자로부터 받은 인상은 어떠한가?
- 목표 달성에 도움이 될 내담자(파트너, 가족, 팀)의 능력은 무엇인가?
- 내가 계속 유지하고 싶은 전문적 수행 능력은 무엇인가?

목표 달성, 변화를 위한 희망, 동기, 자신감에 대한 척도질문에 덧붙여, 상담자 스스로의 전문적 수행 능력에 대한 해결중심 질문은 다음과 같다.

- 나의 개인적 삶의 어떤 측면을 반드시 유지하기 원하는가?
- 개인적 혹은 전문적 문제를 겪게 되었을 때 문제 해결을 위한 가장 효과적인 방법은 무엇인가?
- 개인적 혹은 전문적 삶에서 내가 사용할 수 있는 자원은 무엇인가?
- 나는 어떤 능력과 자질을 지니고 있는가?
- 문제 해결 방법을 찾기 위해 그것을 어떻게 사용할 수 있는가?
- 1년 후, 5년 후, 혹은 10년 후에 나는 어디에 있고 싶은가?
- 나에게 기적이란 어떤 모습인가?

- 내가 올바른 방향으로 가고 있다는 것을 무엇을 통해 알 수 있는가?
- 내가 올바른 방향으로 가고 있음을 다른 사람들에게 무엇을 통해 알려 줄 수 있는가?
- 내가 그 길에서 취할 수 있는 첫 번째 작은 행동은 어떤 것인가?
- 그것이 나와 다른 사람들에게 어떤 차이를 가져오겠는가?
- 나와 나에게 중요한 사람들 사이에 변화가 어떻게 생기겠는가?

Berg와 Steiner(2003)가 정리한 상담이 진척되지 않을 때 상담자에게 요구되는 해결중심 질문은 다음과 같다.

- 만약 내담자에게 내가 한 일 중 조금이라도 도움이 되었던 일이 무엇이냐고 물으면 내담자는 어떤 대답을 할 것인가?
- 내담자가 생각하는 성공적인 결과란 무엇인가?
- 그 결과는 얼마나 현실적인가?
- 내가 생각하는 성공의 표식은 무엇인가?
- 나의 시각이 내담자의 시각과 다를 때 공동 목표를 위해서 나는 무엇을 해야 하는가?
- 10점에서 0점까지 점수를 매긴다고 할 때, 내담자는 현재 자신의 점수가 몇 점이라고 할 것인가?
- 내담자의 점수를 1점이라도 10점에 더 가깝도록 향상시키려면 무엇을 해야 하는가?

해결중심 회기가 끝날 때마다 상담자는 내담자에게 피드백을 요청해야 한다(3장 참조). 상담자뿐만 아니라 내담자가 피드백을 제공한다면 상담자와 내담자의 관계는 더 동등한 협력관계가 될 것이다. 내담자 피드백은 상담자에게 좋은 정보가 된다. 보통 내담자는 상담자가 무엇을 계속해야 하고 어떤 것을 다르게 해야 하는지 정확하게 말해 줄 수 있다. 내담자의 피드백은 상담자가 발전하는 데 도움을 줄 수 있기 때문에 상담자가 내담자의 피드백을 요청하지 않는 것은 부끄러운 일이다. 2장은 Duncan 등(2004)이 고안한 상담 회기 평가 척도(Session Rating Scale: SRS)에 대해 설명하고 있다. 이 연구에서는 내담자가 상담 회기와 상담자와의 관계를 어떻게 생각하는지에 대해 상담자가 내담자에게 직접 피드백을 받을 때 더 효과적인 상담 회기가 될 수 있다고 주장한다.

Wampold와 Bhati(2004)는 성공적인 상담에는 치료 자체보다도 상담자의 페르소나(persona)가 더 중요하며 근거기반 연구에서도 치료 결과(즉, 치료 자체)에 주안점을 덜 둔다. 그들의 연구는 치료 관계가 치료 자체보다도 7배 더 중요하다고 주장한다. 성공적인 결과에는 희망을 주는 것과 상담자가 자신의 방법에 자신감을 갖는 것과 같은 불특정 변수가 상담자가 사용하는 방법 자체보다도 더 중요한 것으로 보인다.

상담이 끝나고 몇 개월 후에 하는 후속 상담 회기에서는 내담자의 현재 상황뿐만 아니라 상담 회기에서 무엇이 효과적이었고 어떤 점이 개선되었는지에 대한 정보도 내담자가 제공할 수 있다. 또한 내담자는 보통 이런 후속 관리에서 자신이 배려받는 만족감을 느낀다. 후속 상담 회기는 전화나 이메일을 통해서 진행할 수도 있다. 저자의 의견으로는 이런 후속 상담은 더 많이 수행되어야 한다고 생각한다. 또한 상담자는 내담자에게 피드백을 더 자주 요청하는 것이 바람직하다.

해결중심 동료 자문 모델

동료 자문도 상담 회기에 대한 반영에 해당한다. 동료 자문도 해결중심 방법을 사용해서 효과적으로 진행할 수 있다. 동료 자문에서는 문제점이 있는 상담이나 더 이상 진척되지 않는 상담을 다루는 것이 보통이다. 이런 자문에서는 무엇이 문제이고 어떤 점이 변화되어야 하는지에 초점을 맞춘다. 그러나 해결중심 접근으로 상담자는 무엇이 잘 진행되고 있는지를 찾아본다. 상담이 언제 성공적이었고 누가 어떻게 해서 상담을 성공적으로 이끌었는가?

연습 24

상담 회기가 10회 혹은 20회 진행되면 상담 회기가 성공적이라고 생각하든 실패로 끝났다고 생각하든, Berg와 Steiner가 발전 없는 상담 회기를 위해 고안한 질문을 사용하십시오. 내담자에게 피드백을 요청하거나 더 자주 피드백을 하도록 요청할 수도 있습니다. 피드백을 얻을 수 있는 질문은 다음과 같습니다. "당신에게 이 상담 회기에서 중요한 것은 무엇이었나요? 무엇이 도움이 되었나요? 어떤 점을 다르게 하고 싶은가요?" 상담 회기에서 무엇이 효과적이었고 비효과적이었는지에 대한 자신의 생각과 내담자의 생각을 알게 되면 놀라게 될 것입니다.

상담자와 내담자는 실패에서 배우는 것만큼이나 자신과 상대방의 성공으로부터도 배울 수 있다는 것이 기본 생각이다. 해결중심 동료 자문 모델은 다음과 같다.

시간은 없고 사례는 많을 때의 모델: 가장 어려운 경우

이 모델에서는 가장 어려운 사례가 제시되고 각 사례마다 한정된 시간(최대 5분)이 제공된다. 동료 자문은 두 명 혹은 집단으로 진행되며 모두가 돌아가면서 어려웠던 상담 사례를 제시한다.

짧은 시간 안에 많은 사례를 다루는 것이 이 모델의 목표다. 이 모델은 주어진 시간이 짧고 처리해야 할 일은 많다. 이 모델은 상담자가 어떻게 하면 1점 더 높은 점수를 얻을 수 있는지에 집중한다. 상담 사례에 대한 배경 정보는 불필요하다. 상담 사례를 제시하는 상담자가 점수를 1점 더 향상시키기 위한 능력과 의지가 있는지가 중요하다. 상담자는 1점을 향상시키기 위해 무엇을 (무엇을 다르게 혹은 더 자주) 하겠는가? 내담자가 목표를 달성할 수 있다는 확신이 있거나 상담 사례에 대해 희망이 있다면 무엇을 다르게 혹은 더 자주 하겠는가? 이 모델의 목표는 상담 사례를 제시하는 상담자가 작은 변화를 인지하는 데 있다. 해결방안을 찾아 나가는 데 있어서 이 모델은 요점을 짚어 주고, 긴장을 풀어 주고, 재미있으며, 효과적이다. 이 모델에서 할 수 있는 질문은 다음과 같다.

- "10점은 상담이 잘 진행되고 있는 것을 의미하고, 0점은 아무 개선도 이뤄지지 않은 것을 의미한다면, 가장 최근의 상담 회기에는 어떤 점수를 주겠는가? 내담자는 발전을 보이는가?"
- "왜 (더 낮은 점수가 아니라) 이 점수를 주었는가?"
- "다음 상담 회기가 지금보다 1점이 향상되었다면 무엇이 달라졌을 것이고 그것을 어떻게 알 수 있을 것인가? 어떻게 다르게 행동할 것인가?"
- "모두 어떤 생각을 가지고 있는가?"

이 질문들은 이 모델에 참가한 상담자들에게 두 번째로 어려웠던 상담 사례에도 적용할 수 있다.

더 많이 하시오 모델: 최고의 회기

이 동료 자문 모델은 둘이서 진행하는 것이 가장 바람직하다. 이 모델에서는 긍정적인 경험을 나눈다(각 사람에게 15분이 주어진다). 이 모델에서 할 수 있는 핵심 질문은 다음과 같다. "어떻게 상담을 성공으로 이끌었습니까?" 이 모델은 상담에서 행했던 반복적인 개입과 이례적인 사항에 초점을 맞춘다. 상담자와 파트너가 긍정적인 경험과 관련된 대화를 나눌 때 파트너가 상담자에게 반복적 개입과 이례적인 사항들을 구체적으로 물으면서 확대될 수 있는 긍정적인 경험에 대해 대화를 나눈다.

이 모델은 이전 모델과 마찬가지로 좋은 분위기를 이끌어 준다. 이 모델에서 할 수 있는 질문은 다음과 같다.

- "최근에 최고의 회기는 어떤 것이었나요?"
- "무엇이 그렇게 훌륭한 회기로 만들었나요?"
- "어떻게 그렇게 할 수 있었나요?"
- "그것이 당신에 대해 어떤 것을 말해 줄까요?"
- "그런 회기를 어떻게 해야 더 자주 (혹은 다시) 할 수 있나요?"

인지 모델: 상담 정체 사례

이 모델은 상담이 교착상태에 이르렀을 때 사용되고 상담의 진행을 방해하는 상담자의 생각이나 신념에 초점을 맞춘다. 상담자의 어떤 인지 작용이 상담의 진행을 방해하는가? 상담자가 생각하는 내담자의 동기가 이 둘의 협력관계에 영향을 미친다는 점이 중요하다. 내담자의 행동과 동기에 대한 다른 해석이 상담 교착상태를 개선할 수 있는지의 여부에 대해 알아보는 것이 중요하다. 따라서 긍정적인 재명명과 재해석이 이루어질 수 있다. 내담자의 태도에 대해 어떤 설득력 있는 설명을 할 수 있을 것인가? 그럴 경우 상담 회기 중 상담자는 무엇을 다르게 행할 것이며 상담 회기는 어떻게 매끄럽게 진행될 수 있겠는가? 이 모델에서는 상담자의 자기반영이 필요하다.

- 상담 회기 중 내담자와 당신은 정확히 무엇을 하는가?
- 동료에게 고민을 상담할 때(진심을 털어놓을 때) 내담자가 상담에 얼마만큼의 동기를 가지고 있다고 말할 수 있겠는가?
- 어떻게 당신의 해석이 늘 동일한 방식으로 반응하게끔 만드는가?
- 어떻게 다른 시각으로 바라볼 수 있겠는가? 내담자가 가지고 있는 다른 긍정적인 동기는 무엇이겠는가?

- 다른 방식의 해석에 맞추어서 행동해야 한다면 어떻게 다르게 행동하겠는가?
- 그것이 어떤 차이를 가져오겠는가? 다음 상담 회기가 어떻게 더 나아질 수 있겠는가?

거울 뒤편의 팀 모델: 반영하는 팀

팀의 구성원들은 원 모양으로 앉고 정해진 절차에 따라 상담 사례를 논의한다. 각 사례당 대략 20분의 논의 시간을 갖는다. 상담 사례를 제시하는 상담자 외에도 원 모양 밖에 앉아 논의에 참여하지는 않지만 논의를 지휘하는 토의 리더가 있어야 한다. 다른 구성원들은 제시된 문제를 다루는 데 도움을 주는 역할을 한다. 이는 팀 구성원들이 각 구성원의 전문 지식을 나누면서 팀이 제 기능을 발휘하는 데 긍정적인 영향을 미친다. 팀을 구성할 수 있는 최대 인원은 8명이다. 이 모델은 명확한 단계로 구성되어 있고 다소 경직된 모델이라고도 할 수 있다. 그러나 상담 사례를 제시하는 상담자들은 인정을 받을 뿐 아니라 명료화해 주는 질문을 받게 되어 많은 혜택을 보기 때문에 이것에 대해 감사하며 받아들인다. 이 모델의 단계는 다음과 같다.

1. **준비** 모두가 제시할 상담 사례에 대해 생각한다. 첫 번째 발표자가 본인의 상담 사례를 간략하게 제시한다.
2. **제시** 첫 번째 발표자가 간단하게 상담 사례를 설명하고 어떤 도움을 받고 싶은지 상세히 설명한다. 다른 구성원들은 방해하지 않고 경청한다.
3. **명료화** 팀 구성원들은 돌아가면서 명료하게 해 주는 질문 하나와 후속 질문(무엇을, 어디에서, 언제, 누가, 어떻게 형식의 질문이며, 왜라는 질문은 하지 않는다)을 하나씩 한다. 자신의 차례가 될 때까지 조용히 앉아 있는다.
4. **인정** 제시된 상담 사례에서 상담자에 대해 가장 인상 깊었던 측면에 대해서 모두 돌아가면서 논의하도록 한다. 발표자는 (고마움을 표시하는 것을 제외하고는) 말하지 않는다.

5. **반영** 기술적인 지도, 조언, 고찰, 은유, 시, 연상 등과 같이 도움이 될 만한 모든 것을 공유한다. 때로는 이전 반영 단계와 관련해 반영을 할 수도 있다. 모든 구성원들이 의견을 말하거나 자신의 차례를 건너뛸 수도 있다.
6. **결론** 상담 사례를 제시하는 발표자는 논의 과정 중에서 자신에게 가장 와 닿았던 점, 적용 가능한 것으로 보이는 것, 그리고 앞으로의 계획에 대해서 이야기한다.

이 모델은 내담자가 함께 있어도 사용할 수 있다.

단기 최근 경험 모델

모든 참가자가 짧은 시간 내에 최근 성공 사례에 대해 간략히 이야기한다. 이 약식 모델에서는 모든 참가자들이 최근에 성공했던 사례들을 말한다. 이 약식 모델은 또한 동료 리뷰 모델의 다양한 변형들을 위한 워밍업으로도 사용 가능하다.

성공 극대화 모델

한 가지(혹은 그 이상)의 성공 사례에 대해서 심도 있게 다루며 시간이 오래 걸리는 모델이다. 다음과 같은 단계로 이루어진다.

1. 모든 참가자가 성공 사례에 대해 이야기한다. 이 중 주어진 시간을 고려해서 논의를 위해 몇 가지 성공 사례만을 선택한다.
2. 각 성공 사례마다 모든 참가자가 질문을 하고 정확히 성공이 무엇을 수반하고 어떤 효과적인 방법이 사용되었는지, 또한 상담자와 내담자에게 성공이 무엇을 의미하는지에 대해서 함께 고찰한다.
3. 참가자들은 자신이 성공적으로 진행했던 상담 사례를 제시한 상담자와 참가자들이 존중하고 가치 있다고 여기는 상담자의 측면에 대해 칭찬을

한다.

4. 모든 참가자가 성공적인 상담 사례의 논의에서 배운 점을 어떻게 사용할 수 있는지 적용해 보는 시간을 짧게 가진다.

5. 모든 참가자가 논의의 유용하고 효과적인 측면과 이들 중 사용할 수 있는 점은 어떤 것인지에 대해서 이야기를 나눈다.

6. 논의를 종료하고 다음 번 논의 시간을 계획한다.

개인 역량 모델

팀 혹은 동료 자문 집단에서 참가자들은 둘씩 짝을 지어 서로의 역량을 탐색한다. 다음과 같이 진행한다.

1. 모두 최근의 성공적 상담 사례에 대해 생각해 본다.

2. 둘 중 한 명이 상대방에게 어떤 방법이 효과적이었는지 질문한다. 다른 한 명이 상대방에게 어떤 방법이 효과적이었는지 질문한다(합쳐서 15분 내로 끝낸다).

3. 동료의 성공 요인에 대해서 적어도 다른 두 명의 동료와 함께 나눈다 (10분간).

이 모델에서 참가자들은 신속히 연달아 4개의 성공적 상담 사례에 대해 듣는다. 자기 자신의 상담 사례, 상대방의 상담 사례, 다른 두 명의 상담 사례가 이에 해당된다. 이 모델은 상대방의 성공 요인에 대해 논의하기 위해서 다른 동료들과도 이야기를 나누어야 하기 때문에 신체 활동이 요구된다고 할 수 있다.

마지막으로, 참가자가 자원해서 상담 사례를 제시할 수 있다. 다른 참가자들은 다음과 같은 4개의 기본적인 해결중심 질문을 한다.

1. "당신의 최대 희망은 무엇인가요?"

2. "그것이 어떤 차이를 가져올까요?"

3. "이미 무엇이 효과를 보이고 있나요?"

4. "다음에는 무엇으로 상담이 잘 진행되고 있음을 알 수 있을까요?" "다음 단계에 해야 할 일은 무엇인가요?"

이 네 가지 질문을 하게 되면 보통 상담 사례 자체에 대해 논의하는 것이 불필요해진다.

상담 회기에 대한 내담자의 반영

상담자의 역량이 상담 효과를 증진시킨다고 말한다. 이 때문에 상담자를 위한 많은 훈련 프로그램과 교육 과정이 개설되었다. 그러나 상담자의 상담 경험과 그들의 상담 결과 사이에 연관성이 거의 없다고 밝힌 연구 결과가 있다(Clement, 1994). 상담자가 더 많은 훈련을 받을수록 상담이 더 비효과적일 수도 있다는 연구도 있다! Hiatt와 Hargarve(1995)는 높은 효과성을 보이는 상담자들보다 효과성이 낮은 상담자들이 더 수년간 상담을 해 오고 있음을 밝혔다. 또한 비효과적인 상담은 자신이 그렇다는 사실을 인지하지 못했다는 사실도 알아냈다. 사실 이러한 비효과적 상담자들은 연구에서 진정 효과적인 상담자만큼이나 스스로 효과적이라고 생각했다. 따라서 상담자의 역량은 상담자 스스로뿐만 아니라 내담자로부터 평가받는 것이 중요하다. 이를 목적으로 Miller 등은 매 회기를 마치면 내담자들에게 간단한 피드백을 주도록 요청하기 시작했다. 그들이 주장하는 것은 내담자 피드백을 사용하게 되면 상담에서 내담자를 동등한 파트너로 요청하게 된다는 것이다. "내담자를 버스의 뒷좌석에 앉히는 대신에 운전석에 앉히게 함으로써 승객들로 하여금 긍정적 효과가 바로 코 앞이라는 것에 대해 자신감을 얻도록 해 준다." 그 연구자들은 계속해서 다음과 같이 진술하였다. "우리는 내담자가 상담의 진척에 대해서 어떤 지각을 가지는지 정기적이고 체계적인 평가를 옹호한다. 그렇게 함으로써 임상가는 치료를 내담자의 개인 욕구와 특성에 맞게끔 경험적으로 진행할 수 있기 때문이다."(S. D. Miller et al., 1997, p.15)

Miller 등(1997)은 회기 평가 척도(SRS)를 고안했다. 상담 회기가 끝나면 내담자는 상담이 얼마나 효과적이었는지 파악하기 위한 관계, 목표와 주제, 방법과 같은 세 가지 부분에 대한 피드백과 상담 자체에 대한 피드백도 제공한다. 내담자는 10cm 길이의 선이 네 개 그려져 있는 종이 한 장을 받는다. 각각의 선은 상담이 얼마나 효과적이었는지 나타내 주는 부분을 대표한다. 예를 들어, 관계 부분에서 0점은 '상담자는 내 이야기를 경청하고 이해하거나 존중하는 것 같지 않았다'는 것을 의미하고, 10점은 '상담자는 내 이야기를 경청하고 이해하고 존중했다'는 것을 의미한다. 내담자는 선에 X 표시를 함으로써 상담자가 상담 회기 중에 얼마나 자신의 이야기를 경청하고 이해하고 존중했는지 표시한다. 선에 모두 표시를 했으면 네 가지 부분에 표시된 점수를 합산한다. 높은 점수(30점 이상, 최고 점수는 40점)는 상담자와 내담자의 양질의 협력관계를 의미하고 변화 가능성이 크다는 것도 의미하지만 낮은 점수는 관계 형성에 더 큰 노력이 필요하다는 것을 의미한다. 이런 경우 상담자는 다음과 같은 질문을 던질 수 있다. "더 높은 점수를 받기 위해 다음 상담에서 나는 어떻게 다르게 행동할 수 있을까?" 회기 평가 척도는 내담자와 상담자 사이의 대화를 효과적으로 이끌어 주는 데 가장 필요한 도구다. Duncan은 다음과 같이 말했다.

회기 평가 척도와 같은 정보를 먼저 접해 본 상담자와 상담을 진행하게 되면 상담을 받는 과정 중에 내담자의 상황이 더 악화될 수 있는 가능성이 적어지고 임상적으로 큰 변화를 이룰 수 있는 가능성은 2배나 더 커진다. 이는 혁명적이라고는 못해도 매우 놀라운 결과라고 할 수 있다. 심리치료 역사에서 이 정도의 효과를 내는 방법은 전무후무하다!(2005, p. 183)

회기 평가 척도는 부록 E와 http://heartandsoulofchange.com/measures에 있다. 아동과 청소년을 위한 회기 평가 척도도 있으며 회기 평가 척도는 다국 언어로 제공되어 있다. 웹사이트에 등록을 하면 모든 평가도구의 사용 허가를 받을 수 있고 사용 방법에 대한 정보도 이용할 수 있다.

요약

- 상담 수행에 관한 상담자 자신의 반영은 더 나은 상담을 진행할 수 있도록 도와주고 해결중심 기술을 향상시킨다.
- 상담 회기가 끝나고 또는 상담이 진척되지 않을 때 상담자는 상담 수행에 대한 해결중심 질문을 할 수 있다.
- 회기 평가 척도를 이용해서 상담이 끝날 때마다 내담자로부터의 반영을 받게 되면 상담의 효과가 크게 증진된다.
- 해결중심 동료 자문 모델은 다양하다. 이 모델들은 상담자의 성공 경험과 역량에 우선적으로 초점을 맞춘다.

12

해결중심 면담
시작부터 끝까지

1001
Question

12
해결중심 면담
시작부터 끝까지

문제 해결을 위해 필요한 모든 것은 자신에게서 찾을 수 있다.

-John Walter

케빈은 52세 고등학교 수학 교사다. 그는 불면증, 심계 항진증, 공황 발작, 주의력 감소, 불시의 울음 발작(심지어 수업 중에도), 혈압 상승의 증상을 호소하고 있다. 주치의는 케빈의 문제를 임상심리 전문가에게 의뢰하였다. 그는 병가를 내고 두 달 동안 집에서 지냈으며 학교에 다시 돌아간다는 생각만 해도 멀미가 나고 몸이 떨리는 것과 같이 불쾌감을 안겨 주는 신체 증상에 시달린다. 집에서 쉬기 시작했을 때부터 케빈의 상황은 호전되기보다 더 악화되었다. 이전보다 울음 발작이 더 심해졌고 신체 증상도 악화되었다. 최근 몇 달 사이에 음주량도 늘었다. 케빈은 어떤 약물 치료도 하지 않고 있다.

첫 번째 회기

첫 번째 회기는 자기소개로 시작한다. 상담자는 긍정적 분위기 조성을 위해서 케빈의 관심사, 인간관계, 취미에 대해서 이야기를 나눈다. 상담자는 케빈이 도움을 받기 위해 결정을 내린 것에 대해 칭찬한다. 상담자는 케빈이 관심을 보이는 해결중심 방법에 대해서 정보를 제공하였는데, 이것이 케빈에게 다가갔다. 첫 번째 열린질문은 다음과 같다. "무엇 때문에 여기에 오셨나요?" 케빈은 간략하게 자신의 문제점에 대해서 설명하고 그의 문제가 작년에 있었던 동료의 자살 사건에 기인한다고 덧붙인다. 또한 그는 동료의 자살은 엄청난 충격이었고 학교 측에서는 케빈이 상담을 받을 수 있도록 배려하지 않았다고 말한다. 이 과정에서 그는 혼자라고 느꼈으며 그 때문에 화가 난다고 말한다. 한편, 집에는 편찮으셔서 도움이 많이 필요한 아버지가 계시고 집을 리모델링했기 때문에 자신이 할 일이 많다고 말한다. 또한 케빈은 정신과적 문제를 겪고 있는 동료 교사가 한 명 더 있는데 그 동료가 자주 결근하고 케빈이 대신 일을 맡아서 해야 한다고 한다. 케빈은 이 동료도 자살을 시도할까 봐 겁이 난다고 말한다. 실제로 이 동료도 때로 자살에 대한 이야기를 꺼냈다고 말한다. 학교에서는 선생님들 간의 관계가 악화되었고 동료애 의식도 줄어들었으며 문제 교사의 안녕과 수업 시간 할당에 대한 논쟁이 생겼다고 한다.

상담자는 이후에 목표 개념화에 대한 다음 질문을 한다. "상담이 의미 있었고 유용했다고 말할 수 있으려면 상담이 끝날 때까지 무엇을 성취하기를 바라나요?" 케빈은 다시 학교로 돌아가 학생들을 가르치고 싶고, 동료들과 잘 지내고 싶으며, 학교에서 편안함을 느끼고 싶다고 말한다. 이는 그가 다시 교사 휴게실에서 동료들과 이야기를 나눌 수 있게 되고, 수업 시작 전에 커피 한 잔을 마실 수 있는 여유를 가지게 되며, 수업 시간을 둘러싼 긴장감과 스트레스가 줄어들고, 교사들이 동료 교사가 아플 때 다시 서로를 도울 수 있게 되는 것을 의미한다. 그는 학생들과 다시 농담을 하고 수업 중간에 때로 편하게 앉아 있을 수 있기를 바란다. 또한 음주량을 정상적인 범위 내로 줄이기를 원한다. 척도질문에서 10점은 목표 성취를 의미하고, 0점은 그가 경험한 것 중 최악의 상황을 의미한다면, 케빈은 현재 2점에 와 있다고 대답한다. 상담자는 다음과 같은 개인의 능력 질문을 한다. "어떻게 2점이나 주셨나요? 어떻게 1점이나 0점이 아닌가요?" 케빈은 아내와 아이들로부터 많은 지지를 받고 있으며 상태가 호전된 날들이 때때로 있기 때문에 2점이라고 설명한다. 상담자는 이례적인 사항에 대한 질문을 한다. 또한 상담자는 몇 점에 도달하면 상담을 끝낼 수 있을지 질문한다. 케빈은 7점 혹은 8점이면 충분하다고 대답한다. 상담자는 케빈이 도움을 찾아 나선 점과 그의 문제점과 목표를 명확하게 이야기한 점에 대해 칭찬한다. 케빈과 상담자의 관계는 고객형 관계라고 할 수 있다. 케빈은 스스로를 문제의 일부이자 문제 해결책의 부분적 실마리라고 생각하며 자신의 행동을 변화하려고 동기화되어 있다. 상담자는 다시 상담하러 오고 싶은지 물어보며 그렇다면 언제 다시 올 수 있는지를 묻는다.

두 번째 회기

두 번째 회기는 2주 뒤에 진행되었고 케빈에게 척도질문을 한다. "10점에서 0점 척도에서, 10점은 완전히 회복되었으며 다시 일을 시작한 상태(목표)를 가리키고, 0점은 최악의 상태를 가리킨다면 현재 상태는 몇 점입니까?" 케빈은 현재 4점이라고 답한다. 왜냐하면 그는 어쩐지 기분이 좋아졌고 더 활동적이게 되었기 때문이라고 한다(예를 들어, 케빈은 아내와 콘서트에 다녀왔다). 잠을 더 잘 자고 다른 사람들과 함께 있는 것이 더 편안해졌기 때문에 4점이라고 설명한다. 다시 조금씩 독서를 하고 있고, 집중력이 조금 나아졌으며, 편안해졌고, 여러 가지를 좀 더 즐길 수 있게 되었다고도 말한다. 그의 아내도 조금 더 잘 지내고 있고 좀 더 명랑해졌기에 그에게 4점이라는 점수를 줄 것이라고 생각한다고 말한다. 2점에서 4점으로 어떻게 빨리 도달할 수 있었느냐는 개인의 능력에 대한 질문에 대해 그는 첫 번째 회기의 목표 개념화가 그가 원하는 것과 그가 나아가야 할 방향에 집중하도록 도와주어서 '단순히 할 일을 실천하기 시작했기' 때문이라고 대답한다. 그는 학교에 대해서는 아직 생각하고 싶지 않다고 말하며 동료 교사와 어떤 연락도 하고 싶지 않다고 한다. 그러나 학생들이 보낸 꽃다발과 카드는 받았다고 말한다. 이 또한 그가 4점에 도달하는 데 도움을 주었던 것이다.

빠른 호전에 대해 칭찬을 하면서 상담자는 다음과 같이 척도질문을 한다. "5점이 되면 어떤 모습일까요?" "5점이라는 것을 어떤 모습을 통해 알 수 있을까요?" 케빈은 5점이 되면 동료 교사와 연락을 하고 있을 것이고(그는 즉시 현재는 연락할 준비가 되어 있지 않다고 덧붙인다) 신체 증상이 많이 감소되어 있을 것이라고 말한다. '감소된 신체 증상'을 긍정적으로 표현한다면 어떤 것인지 질문을 하자 그는 더 좋은 느낌을 갖는 것이라고 대답한다. 일찍 일어나서 아침 운동을 하게 될 수도 있을 것이라고 말한다.

효과적인 것을 지속하는 것(행동과제), 5점과 관련된 것에 대해 생각하는 것, 다른 사람들에게도 5점은 어떤 모습인지 생각해 보도록 물어보는 것, 5점에 도달했을 때 자신이 무엇을 다르게 행동하고 그때는 어떤 점이 다른지에 대해서 관찰하는 과제를 제시한다(관찰과제). 케빈은 3주 후에 다시 상담을 하러 오기를 원한다.

세 번째 회기

세 번째 회기의 첫 열린질문은 다음과 같다. "무엇이 개선되었나요?" 케빈은 신체 증상이 더 많이 감소되었고, 동료 교사와 있었던 논쟁에서 자신이 잘못한 부분에 대해서 사과하는 이메일을 보냈으며(이전 상담 회기에서 사과 이메일을 보내는 부분에 대해 잠깐 이야기가 나왔었다), 그 동료 교사로부터 긍정적인 답을 받았다고 대답한다. 음주량도 상당히 줄어들었다고 말한다. 학교 교장에게도 전화를 걸어 원래 할당 수업 시간의 반에 해당하는 시간만큼만 수업을 하고 싶다고 이야기했다고 한다. 그는 현재 6.5점에 와 있다. 상담자는 다시 칭찬을 하고 속성에 대한 긍정적인 해석을 제공한다. "굉장히 결단력 있는 분이시

네요. 좀 더 이야기해 주세요."

학교로 다시 돌아가는 문제에 대한 자기의 자신감에 점수를 매긴다면 그는 7점이나 심지어 8점까지도 가능한 것으로 보인다고 대답한다. 어쨌든 케빈은 여유로워졌고 동료의 친절한 답변에 만족하며 학교로 다시 돌아갈 수 있을 것 같다. 또한 심리적 문제를 겪고 있는 동료와는 거리를 두기로 했다. 상담자가 케빈이 이미 성취한 모든 일과 그가 성공적으로 다시 학교로 돌아가는 일에 큰 자신감을 가지고 있는 부분을 칭찬한 후 상담은 종료된다. 상담자는 현재 효과적인 방법을 계속 고수하는 일과 가장하기 과제를 제시한다. "며칠 동안 현재보다 1점이 높다고 가정하고 그것이 삶과 인간관계에서 어떤 차이를 가져 오는지 다음 상담 시간에 이야기를 나누어 볼 수 있도록 생각해 보세요."

후속 회기

케빈의 요청에 따라 후속 회기는 3개월 뒤에 이뤄진다. 상담의 첫 열린질문 은 다음과 같다. "무엇이 개선되었나요?" 케빈은 모든 일이 순조롭게 진행되 고 있다고 대답한다. 학교에 다시 나가고 있으며 학교로 돌아가서 즐겁다고 말한다. 동료 교사들과 학생들은 진심으로 그를 반겨 주었고 그 때문에 크게 감동을 받았다고도 한다. 신체 증상도 대부분이 사라졌고 훨씬 더 건강하다 고 느끼며 모든 일에 기쁨을 느끼고 동료 교사의 자살 사건과 같은 일에 더 이상 크게 두려움을 느끼지 않는다고 말한다. 그는 여유로워졌고 조깅을 시 작했다고 한다. 또한 가장하기 과제를 정말 즐겼다고 말한다. 진척 척도에서 현재 그는 자신에게 8.5점의 점수를 주겠다고 말한다. 기분은 긍정적이고 안 정감을 느낀다. 상담자는 상호교류 매트릭스에서부터 다음의 추가 질문을 한 다. "아내는 몇 점을 줄 것이라고 예상하나요?" 케빈은 8점이라고 대답한다. 그가 상당히 밝아졌고 다시 웃고 농담도 할 수 있는 상태가 되었기 때문에 교 장과 학생들도 그에게 8점을 줄 것이라고 생각한다고 말한다.

케빈의 요청에 따라 재발 예방에 대해 이야기를 나누었다. 상담자는 다음과 같은 질문을 한다. "4점 혹은 2점까지 다시 점수가 내려가게 되면 그것은 어떤 행동을 했기 때문일까요?" 케빈은 동료 교사들과 다시 논쟁을 하거나 초과 근무를 많이 하고, 자신과 학생들에게 많은 것을 요구하게 되면 점수가 내려갈 것이라고 대답한다. 케빈은 웃으면서 그런 상황이 오는 것을 확실히 방지할 것이라고 말한다(이런 말을 할 때도 그는 편안한 자세를 하고 있다). 상담자가 케빈이 자신의 삶을 정상 궤도로 돌려놓기 위해 시도한 여러 가지 방법에 대한 역동적인 방식에 대해서 충분히 칭찬하고 축하해 주었다면 이제 상담은 종료된다. 케빈은 결과에 만족한다고 말한다. 마지막으로 상담자는 다음과 같은 질문을 한다. "목표를 성취했는데 이를 어떻게 축하할 건가요?" 케빈은 잠시 생각한 다음 아내와 고급 레스토랑에 가서 식사를 함으로써 기념할 것이라고 대답한다. 이런 특별한 날에는 술을 한잔해도 될 것 같다고도 말한다.

13

인지행동치료 형태의
해결중심 단기치료

1001
Question

13
인지행동치료 형태의
해결중심 단기치료

대안적 접근은 당신의 안정을 토대로 할 때 가능하다.

-W. Timothy Gallwey

해결중심 단기치료와 정신분석 치료, 내담자중심 상담, 문제 해결 치료, 인지행동치료와 대인관계 상담과 같은 문제중심 상담 사이에는 차이점과 유사점이 존재한다. 해결중심 단기치료와 다른 상담 사이에서는 다른 무엇보다도 상담자의 태도와 단계 설정이 큰 차이점이라고 볼 수 있다.

문제중심 상담의 단계는 보통 다음과 같다.

1. 내담자는 문제에 대해 설명하고 데이터는 문제 상기 방식으로 수집된다.
2. 상담자가 문제를 분석한다.
3. 상담자가 문제 해결을 위한 방법을 고안하고 제안한다(수정 과정).
4. 내담자는 그 개입 방법을 따라 수행한다.
5. 상담을 평가하고 상담을 계속 진행한다.

해결중심 단기치료 단계는 1장, 3장, 4장에 제시되어 있다.

de Shazer(1991)는 만약 상담자가 상담 초기에 내담자가 설명하는 문제를 그대로 받아들였고 내담자가 상담을 종료할 수 있는 이유로서 호전되었음을 선언한다면, 상담자는 동일한 이유로 그것 또한 받아들여야 한다고 말하였다. 이는 내담자의 목표와 해결책이 내담자가 논의하는 문제보다 더 중요하다는 것을 의미한다. 이러한 방식으로 문제와 해결책의 구분이 명확해졌고 해결중심 단기치료가 발전할 수 있었다.

해결중심 면담은 때로 'Carl Rogers를 약간 변형한 것'으로 일컬어지기도 하는데, 왜냐하면 상담자가 가지는 공감적 태도(Rogers의 내담자중심 상담에 기인)가 내담자의 행동 변화와 조합을 이루기 때문이다.

Cepeda와 Davenport(2006)는 그들이 '인간중심 상담'이라고도 일컫는, 내담자중심 치료와 해결중심 단기치료를 비교하였다. 그들은 비록 두 가지 상담 방식이 상담자의 역할과 상담 구성 단계 시행 시점에서 큰 차이가 존재함에도 불구하고 둘의 통합 형태를 제안했다. 그들은 내담자중심 치료의 전반부에서 내담자가 자아실현과 성장 기회를 가져 보고 본인이 되고 싶은 사람으로 변화된 후인 상담 후반부(2부)에 해결중심 면담이 유용할 것이라고 보았다. 그때가 되어야 내담자는 목표 달성을 위해 의욕을 키울 수 있을 것이다(예를 들어, 이상적인 모습으로 변하는 것). Cepeda와 Davenport가 설명한 상담 사례에서 1부는 20회기로 진행되었고 2부에서는 해결중심 면담이 사용되었다. 그들은 내담자중심의 관점으로 볼 때 장기적이고 일반화가 가능한 내담자의 발전은 내담자가 자신의 모든 모습과 대면할 수 있는 용기를 가질 때 가능하다고 주장했다. 이 부분에서 해결중심 단기치료만으로는 이 목적을 달성하는 데 도움을 줄 수 있는 부분이 매우 적어서 두 가지 상담의 통합 형태를 제안한 것이다.

(해결중심) 기법들은 내담자가 자신이 꿈에서 그리는 모습이나 이상적인

모습으로 변할 수 있는 길에 서 있다는 유형의 증거를 제공해 줄 수 있다. (해결중심) 기법들은 오래 지속될 수 있는 변화된 모습과 일치된 모습을 성취하기 위해 인간중심 치료 형태 내에서 자기 인지 능력과 수용 능력을 향상시켜야 한다(Cepeda & Davenport, 2006, p. 13).

이 장에서는 해결중심 단기치료를 어떻게 인지행동치료(CBT)의 한 형태로 볼 수 있는지에 대해 설명하고 있다. 이를 위해서 문제중심 인지행동치료와 해결중심 단기치료를 비교해 보았다. 비교 결과 두 가지 상담 방식 모두 동일한 이론 학습 원칙을 적용하고 동일한 행동치료 절차에 따르고 있음을 알 수 있었다. 따라서 해결중심 단기치료도 CBT의 한 종류로 생각할 수 있다. CBT와 해결중심 인지행동치료는 동일한 행동치료 방법의 동전의 양면으로 볼 수 있다(Bannink, 2005, 2006c).

CBT와 해결중심 단기치료: 유사점

CBT와 해결중심 단기치료는 유사점이 많다. Hawton, Salkovskis, Kirk 와 Clark(1995) 그리고 Orlemans 등(1995)의 연구는 행동치료를 실험심리학 으로부터의 방법과 결과를 적용하는 것으로 정의하였다. 구체적으로 말하면, 행동치료는 Pavlov의 고전적 조건 형성과 Skinner의 조작적 조건 형성과 같은 실험적으로 확증된 학습 원칙의 적용과 관련되어 있다. CBT와 해결중심 단기치료 모두 이와 같은 학습 원칙을 기반으로 하고 있다. 해결중심 상담자는 목표와 해결방안에 관한 대화에 선택적으로 집중하고 문제와 불평에 관한 대화에 (가능한 많이) 집중하지 않음으로써 내담자와의 상담 중에 이 원칙들을 직접적으로 적용해 간다.

또한 CBT와 해결중심 단기치료는 내담자가 그들의 삶에서 바람직한 변화를 이룰 수 있도록 도와준다는 같은 목표를 가지고 있다(Hawton et al., 1995).

CBT와 해결중심 단기치료는 Orlemans 등(1995)의 연구에서 기술한 행동 치료 과정의 흐름도와 매우 동일하게 그려질 수 있다. Korrelboom과 ten Broeke(2004)는 치료를 세 단계(진단, 개입, 결론)로 나누어 봄으로써 이 과정에서 약간 벗어나 보았지만 Orlemans 등(1995)의 연구에서 주장하는 행동치료 과정과의 유사점이 차이점보다 더 크다고 할 수 있다. CBT와 해결중심 단기상담치료는 인지(문제에 대한 내담자의 시각)와 행동(문제로 인한 행동)을 바꾸는 것과 관련이 있다. 비록 감정으로 인한 충격을 인정하고 있긴 하지만 두 가지 치료 방식 모두 감정에 초점을 맞추고 있지는 않다. 비록 '기능 분석'이 일반적으로 해결중심 단기치료에서 사용되는 용어는 아니지만 해결중심 상담자는 항상 내담자와 함께 기능 분석을 수행한다. 이는 문제행동의 기능 분석이라기보다는 이례적인 사항과 바람직한 행동(혹은 바람직한 기능 인지)이 이미 나타났을 때에 대한 분석이라고 할 수 있다(de Shazer, 1985). 또한 CBT와 해결중심 단기치료 모두 과제를 자주 제시하고 치료 평가를 수행한다.

해결중심 인지행동치료

다음은 CBT를 해결중심 단기치료(소위, 해결중심 인지행동치료 또는 SFCBT)로 '번역'하여 각 단계마다의 차이점을 보고자 한다. Orlemans 등(1995)의 연구에서 작성한 행동치료 과정의 흐름도의 각 단계들은 지침 원칙으로 사용된다(〈표 13-1〉). 각 단계의 이름은 해결중심 행동치료 과정에서 따온 것이다.

단계1: 소개
협력관계 형성하기
이 단계에서 각 (행동) 상담자는 긍정적인 협력관계나 라포 형성을 하게 된다. 이는 내담자의 말에 공감하면서 경청하고 질문을 함으로써 가능하다. 해결중심 상담자는 내담자가 잘하는 것과 그의 삶에서 성공적이었던 순간에 대해 구체적으로 질문을 한다. 해결중심 상담자는 내담자에게 칭찬을 해 주고

〈표 13-1〉 문제중심 행동치료 과정과 해결중심 행동치료 과정의 비교

문제중심 행동치료 과정	해결중심 행동치료 과정
소개	소개
문제 분석	(문제 논의) 목표 분석
기저선 측정	바람직한 행동의 기저선 측정
기능 분석	바람직한 행동의 기능 분석
계획과 목표 개념화	수정 절차(이미 존재)
수정 절차	
수행	수행
평가	평가(각 회기마다)
문제행동 감소 → 아니요 ↓ 예 → 중지/계속/변화	바람직한 행동 증가 → 아니요 ↓ 예 → 중지/계속/변화

다음과 같은 질문을 한다. "어떻게 그런 일을 할 수 있었나요? 어떻게 그런 좋은 생각을 할 수 있었나요?" 이런 질문은 내담자가 스스로를 칭찬할 수 있도록 해 주고 자신감을 가질 수 있도록 도와준다. 이러한 개인의 능력에 대한 질문들은 SFCBT의 특징이다. SFCBT는 이미 잘되어 가고 있는 일과 내담자가 성공적으로 일을 수행할 수 있는 부분에 집중한다.

만약 내담자가 자신의 문제나 불만에 대해 이야기하기를 원한다면 해결중심 상담자는 내담자의 말을 경청하고 내담자의 고통을 인정한다. 가능한 한 빨리 상담자는 내담자에게 문제 대신에 보고 싶은 것이 무엇인지에 대해 질문한다. 문제에 대한 탐색은 더 이상 하지 않는다. 해결중심 단기치료에서 내담자의 과거는 오직 내담자의 이전 성공에 대해서 알아보고 가능하다면 성공을

통해 현재의 문제를 해결하려고 할 때만 사용할 수 있다.

행동 변화 동기 평가하기

SFCBT에서 행동 변화를 위한 내담자의 동기는 첫 번째 회기에서 평가한다. 해결중심 상담자는 가능한 한 내담자가 가진 동기 수준에 가깝게 맞추어야 한다.

단계2: 목표 개념화 (바람직한 행동의 선택)

SFCBT에서는 첫 번째 회기에서 내담자의 목표를 개념화한다. CBT에서는 목표 개념화가 문제 선택과 분석 다음에 이루어진다. 해결중심 단기치료의 목표는 불만이나 문제의 감소(부정적인 결과 방지하기)에 있지 않고 내담자의 바람직한 행동(목표)의 접근에 있다. 따라서 상담자는 문제행동에 대해 많이 알 필요가 없다. 바람직한 행동은 또한 바람직한 기능 인지에 포함되기 때문에 결국 인지는 내부 행동의 한 형태로 생각할 수 있다.

목표 개념화에 대한 해결중심 질문은 다음과 같다. "문제(혹은 문제 행동) 대신 보고 싶은 것이 무엇인지 구체적, 긍정적, 현실적으로 표현해 보겠습니까?" 이 질문을 한 후에 상담은 바람직한 행동에 초점을 맞추게 된다. 만약 내담자가 비현실적인 목표를 설정한다면 상담자는 목표 달성의 불가능성을 인정하고 목표의 어떤 측면이 달성 가능한지 내담자와 함께 파악해 나갈 수 있다. SFCBT는 종종 척도질문을 사용한다. 10점에서부터 0점 척도에서, 내담자는 자신이 현재 몇 점인지와 목표에 얼마만큼 가까이 왔는지 표시할 수 있다. 척도질문에서 비현실적인 목표도 역시 10점이 될 수 있는데, 내담자는 자신이 도달할 수 있는 점수가 몇 점인지 파악해 나갈 수 있다. 내담자가 10점이 되길 바라는 경우는 드물다.

SFCBT는 진단을 넘어서는 상담 방법이다. 상담자는 상담을 즉시 시작하고 필요하다면 상담 후반부에 가서야 진단에 주의를 기울인다. 기저에 있는 기질적 병리를 추적하는 것이 예를 들어, 직접적인 치료 결과를 가지고 오기 때문에 심각한 정신장애나 의심이 되는 경우는 철저한 진단을 수행하는 결정을 합리화하기도 한다.

1차 혹은 2차 진료 기관의 외래 환자에게는 해결중심 상담이 적당하다. 첫 번째 회기 혹은 후속 회기에서 내담자의 상태가 악화되거나 상담이 긍정적인 결과를 가져오지 않는 상황에서는 심도 있는 진단이 필요할지가 명료해질 수 있다. '점진적 케어'와 비슷한 개념으로 이를 '점진적 진단'이라고 부르기도 한다(Baker, Bannink, & Macdonal, 2010).

SFCBT에서는 과거, 현재, 미래의 바람직한 행동에 대해 질문한다(목표 개념화나 이례적인 사항에 대한 질문을 사용). CBT에서 상담자는 내담자로 하여금 자신의 문제에 대해 이야기하도록 하고 상담을 진행하면서 둘이 함께 문제를 파악하고 분석한다. 따라서 상담자는 상담 중에 문제에 대한 이야기를 긍정적으로 강화시킨다. SFCBT에서 상담자는 가능한 빨리 목표 개념화에 대한 질문으로 넘어간다. 또한 목표와 해결책에 대한 이야기를 긍정적으로 강화시키는 데 반해 문제에 대한 이야기에 집중하지 못하도록 함으로써 문제에 대한 이야기를 꺼낼 때는 부정적인 처벌을 가한다(문제에 대한 이야기는 결국 소거된다). 부정적인 처벌은 내담자가 문제 대신에 보고 싶은 것이 무엇인지에 대한 질문의 형태를 취하기도 한다. 한편, SFCBT에서 상담자는 내담자 문제가 삶에 주는 영향을 인정하고 받아들인다(3장 참조).

SFCBT에서는 문제보다는 내담자의 강점 개발에 초점을 맞춘다. 탄력성을 증진해 주는 내담자의 개인적인 자질이나 특징을 목록으로 작성할 수 있다. 이 과정 중에 상담자는 내담자가 어떻게 기능 인지와 기능 행동을 배우고 적용했는지 생각해 보는 시간을 가질 수 있다.

단계3: 기저선 측정

CBT의 기저선 측정은 바람직하지 못한 인지가 발생하거나 바람직하지 못한 행동을 할 때의 상황을 기록하는 것으로 구성된다. 역기능적인 인지를 추적한다(그렇게 함으로써 이후에 내담자로 하여금 더 기능적인 인지를 개발하고 적용할 수 있도록 가르치기 위한 것이다). SFCBT는 바람직한 인지나 바람직한 행동이 이미 발생하거나 발생했을 때(이례적인 사항)를 기록한다. "바람직한 생각이나 바람직한 행동이 발생했을 때 무엇을 다르게 행동하고 있었고 그런 행동의 결과는 무엇이었나요?" 내담자와 함께 상담자는 어려운 특정 상황에서 언제 기능적 인지를 하거나 하게 되었는지를 알아보며 내담자는 그런 기능적 인지를 더 자주 적용하도록 요청된다. 상담자는 관찰 행동을 과제로 제시할 수 있다. 이후에 내담자는 다음 상담 회기에 상담자와 이야기를 나눌 수 있도록 언제 기능적 인지를 사용할 수 있었는지에 집중하도록 요청한다. 내담자가 원하면 관찰한 사항을 서면으로 작성할 수 있다. 물리적 공간 분석은 바람직한 행동이 나타나는 상황에 대한 설명이라고 볼 수 있다.

단계4: 기능 분석

SFCBT에서 기능 분석은 항상 바람직하지 않은 (문제)행동보다는 바람직한 행동에 초점을 맞춘다. 상담자는 과거 혹은 현재에서 이례적인 사항을 찾거나 목표 개념화와 기적(미래)질문을 함으로써 분석을 실시한다.

문제가 없었거나 거의 없었던 상황에 대한 질문

자극(Stimulus) = 언제 문제가 없었고, 문제로 보이지 않았나요?

반응(Response) = 그때 정확히 무엇을 (다르게) 했나요?

결과(Consequences) = 그 행동의 결과가 무엇이었나요, 혹은 무엇인가요?

내담자는 행동과 인지(조작적 반응)와 감정에 대한 질문을 받는다.

바람직한 행동 혹은 인지가 관찰된 상황에 대한 질문

S = 조금이라도 바람직한 상황을 언제 관찰할 수 있었나요?

R = 그때 정확히 무엇을 (다르게) 했나요?

C = 그 행동의 결과는 무엇이었나요?

미래에 대한 질문

S＝기적이 일어났고 (혹은 목표를 달성했고) 문제가 해결되었다고 가정합시다(만족할 정도로).

R＝그때 무엇을 (다르게) 하고 있었거나 무엇을 다르게 할 것인가요? 구체적이고 긍정적으로 어떻게 보이나요?

C＝어떤 결과를 가져올까요?

Burger(1994)는 상담자가 바람직한 행동에 대한 기능 분석을 할 수 있다고 지적했다.

> 말하자면, 상담자는 바람직한 행동(아직 나타나지 않았거나 거의 드물게 나타나는 것)으로 시작하여 쉽게 진행할 수 있다. 치료 기법들이 결과들과 관련되어 있는 방식은 따라서 바뀌어져야 하며 결과들을 억제하는 것은 줄이고 자극하는 것이 증진되어야 한다(p. 30).

단계5: 수정 절차

CBT에서는 상담자란 문제를 해결하기 위해 내담자에게 그가 할 일을 말해주는 전문가다. SFCBT는 내담자가 자신의 문제를 스스로 해결할 수 있는 능력이 있다고 보며 필요한 수정 과정에 대한 지식을 이미 가지고 있고 그 지식을 사용할 수 있는 능력 또한 지니고 있다고 본다. 이례적인 사항에 대한 질문을 함으로써("이전에 어떻게 그런 일을 해낼 수 있었나요? 조금이라도 현재 그런 일을 해낼 수 있나요? 문제 해결을 위해 다른 사람들은 무엇을 하는지 알고 있나요?") 해결중심 상담자는 내담자의 개인 능력에 대해 질문한다. 상담 초기에 대처 전략 목록(총제 이론과 개인의 능력 발달, 기저선 측정)을 만듦으로서 수정 절차를 준비하도록 돕는다. 원칙적으로 해결중심 단기치료는 기술 습득이 통상적인 문제중심 치료와는 달리 새로운 것을 추가하지 않는다. 해결중심 단기치료에서 상담자는 내담자가 반복할 수 있고 자주 할 수 있는 이례적인 사항을 항상 찾을 수 있다고 가정한다. 이론적으로 말해서 '학습'은 해결중심 용어라기보다는 특정 기술에 대한 '실력이 좋아지는' 것이라고 말하는 것이 더 정확하다고 할 수 있다. 이런 식으로 상담자는 내담자가 이미 걸어온 길을 인정해 주는 것이다. 만약 내담자가 상담자가 실시하는 수정 절차에 관심을 보인다면 상담자는 당연히 내담자에게 수정 과정에 대해 기탄없이 말해 주어야 한다. 그러나 해결중심 상담자는 우선적으로 항상 내담자가 가지고 있는 수정 절차의 '창고' 문을 활짝 열 수 있도록 요청한다. SFCBT는 새로운 어떤 것도 추가하지 않는다. 즉, 내담자는 자신의 이전 성공 경험과 생각을 미래에 바람직한 상황을 만들어 내기 위해 사용할 수 있다. 내담자가 자신의 경험에 대해 아무것도 생각해 낼 수 없는 드문 경우에만 상담자가 방법을 제시해 줄 수 있다. 5단계 이후부터 SFCBT의 행동치료 과정은 CBT보다 한 단계 앞서간다.

단계6: 수행

CBT에서는 과제 수행을 중요시한다. 과제는 보통 일관된 과제들이어야 한다(기저선 측정, 인지치료, 행동 실험). 내담자가 과제를 수행하도록 동기화가 되지 않았을 때 과제를 받기 때문에 상담 교착상태가 발생한다. 다시 말하면, 상담자와 내담자의 동기 수준이 같지 않을 때 상담 교착상태가 발생한다. 이렇게 해서 치료적 관계의 문제가 발생한다. 상담자는 짜증, 의기소침, 불안정을 경험하고 내담자의 저항과 비순응이 돌출되어 나타난다. 해결중심 상담자는 내담자가 볼 때 과제가 유용하다고 생각할 때만 과제를 제시한다(5장 참조). 변화는 종종 회기가 진행되는 도중에 이미 나타나기도 해서 과제의 중요성이 떨어지기도 한다. 상담자는 내담자의 모델이 되기도 한다(문제에 대한 이야기가 아니라 해결책에 대한 이야기를 함으로써 바람직한 행동에 긍정적인 보상을 제공한다). 상담자가 보통 문제의 원인에 대해서 한정되고 경직된 설명밖에 할 수 없는 내담자의 문제에 대해 다각적인 측면에서 설명을 제공할 때 인지 재구조화가 실현된다. 변화를 위한 다양한 방법을 물색하는 것은 인지 재구조화가 가능하도록 해 준다.

방문형 내담자에게는 과제를 제시하지 않는 대신 상담자가 내담자에게 상담을 받으러 온 점에 대해 칭찬하고 다시 상담을 하고 싶은지에 대한 질문을 한다. 불평형 관계에 있는 내담자에게는 관찰과제만 준다("현재 바꾸고 싶지 않고 유지하고 싶은 것은 무엇인지 생각해 보세요." 혹은 "문제가 없거나 문제가 진짜 문제로 보이지 않을 때를 생각해 보세요." 혹은 "작은 기적이 이미 일어난 때를 생각해 보세요."). 행동과제(효과적인 것은 더 많이 하기, 다르게 해 보기, 가장하기 과제)는 고객형 내담자에게만 제시한다. 5장에는 모든 과제 제안들에 대한 개요가 있다. 내담자가 원한다면 여기에서 CBT와 일치하는 절차들을 사용할 수도 있다. 예를 들어, 내담자가 목표를 달성하기 위해서 특정한 일에 대해서 다르게 생각하기를 원한다면 CBT를 고려해 보거나 내담자와 함께 개발한 행동 실험들을 고려해 보라. 보통 내담자는 수정 과정(또한 수정 과정 사용 능력)에 관한 지식을 가지고 있기 때문에(어떤 방법이 효과가 있었다는 것을 경험했기 때문에) 내담자는 상담자가 다른 수정 절차를 처방해 줄 때보다도 이 절차에 더 동기화되어 참여할 것이다.

내담자가 양립 불가능한 행동(역조건화)을 실행하도록 요청될 때는 가장하기 과제나 다르게 해 보기 과제를 사용하여 고전적 학습 원칙들을 적용해 볼 수 있다.

단계7: 평가

CBT에서는 목표를 얼마나 잘 달성했는지에 대한 평가를 보통 상담의 마지막에 실시한다. 치료의 진전은 문제가 얼마나 감소되었는가의 정도로 측정한다. SFCBT에서는 항상 다음의 열린질문을 사용한다. "어떤 것이 개선되었나요?" 척도질문을 하여 상담자는 매 회기 과정에서 내담자가 자신의 목표에 얼마나 가까이 도달했는지, 그리고 또 다른 상담 일정이 필요한지를 평가한다. 치료의 진전은 바람직한 행동이 얼마나 증가했는가다. SFCBT에서 내담자는 다음 상담을 하고 싶은지의 여부를 결정하고 다음 상담을 원한다면 언제 원하며 상담이 언제 종료될 수 있는지도 결정한다. 상담자가 유용하다고 생각하면 상담자는 문제 재발 예방에 대해서도 논의할 수 있고 후속 상담 회기를 수행할 수도 있다.

SFCBT의 큰 특징은 첫 번째 상담 회기부터 상담의 목적에 초점을 맞추어 상담을 진행한다는 점이다. 목표 개념화에 대한 다음과 같은 다양한 질문들은 이것을 더욱 명확하게 해 준다. "상담 마지막에 무엇을 성취하고 싶나요?" 혹은 "상담을 다시 하지 않아도 될 수 있을 만큼 자신이 잘하고 있다는 것을 무엇으로 알 수 있을까요?"

Duncan(2005)은 상담 효과에 대한 연구를 했다. 그의 연구 결과에 따르면, 상담은 상담자가 상담 회기와 상담자와 내담자의 관계에 대한 평가를 통해 상담 회기마다 짧은 피드백을 제공하도록 내담자에게 요청할 때 더 효과가 있었다(11장 참조).

상담 회기에 대한 미시적 분석

Tomori와 Bavelas(2007)는 Rogers와 de Shazer와 같은 상담자가 고안한 여러 가지 상담 회기를 세심하게 분석하였다. 그들은 미시적 분석 방법으로 해결중심 상담자가 내담자중심 상담자보다도 더 많은 질문을 한다는 것을 알아낼 수 있었다. 내담자중심 상담자는 목표 개념화를 더 많이 만들고 질문은 더 적게 하였다. 이에 비해, 해결중심 상담자는 중립적 혹은 부정적 진술을 더 많이 하는 내담자중심 상담자보다 긍정적 진술을 더 많이 한다. 상담자가 긍정적 진술을 하면 내담자 또한 긍정적 진술을 하기 때문에 상담 회기 중에 더 긍정적인 분위기가 조성된다.

CBT와 해결중심 단기치료의 차이점에 관한 연구도 실시되었다. Smock 등의 연구에서도 같은 결과가 나왔다(개인적 교류에서, 2009).

CBT의 두 가지 유형 비교

문제 해결 치료

1970년대에는 정신분석 인과 모델에서 D'Zurilla와 Goldfried(1971)의 문제 해결 치료 모델이 발전했다. '해결중심 단기치료'와 '문제 해결 치료'의 용어 간에 때로 혼선이 빚어지기 때문에 문제 해결 치료에 대해 여기서 간략하게 설명하겠다.

문제 해결 모델의 중심 생각은 문제와 해결방안 사이에 연관성이 있다는 것이다. 문제 해결 모델에서는 단계적 절차를 거친다. 이 모델에서는 상담자가 자료를 수집하고 내담자가 문제나 불만에 대해 설명함으로써 상담이 시작된다. 상담자는 문제의 본질과 문제의 심각성에 대해서 연구하고 문제의 원인 분석을 실시한다. 문제 완화나 문제로 인한 부정적 결과 완화와 관련된 목표를 설정한다. 그다음에는 목표 달성을 위해 브레인스토밍과 같은 방법을 사용해서 상담자가 개입을 한다. 브레인스토밍 과정 중에 상담자는 먼저 가능한 많은 대안을 만들어 내고 각 대안에 대한 평가는 나중에 실시한다. 여러 대안 중에 한 가지가 선택되어서 개입이 적용된 다음, 상담자는 문제나 문제로 인한 결과가 얼마나 완화되었고 사라졌는지에 대한 평가를 실시한다.

문제 해결 모델은 분할적 접근을 적용한다. 큰 문제는 작은 구성요소로 나누어지고 각 구성요소마다 개입들을 개발한다. 그런 다음에 그 큰 문제가 해결되었다는 믿음이 생기면 모든 구성요소를 종합한다. 현실상 이러한 일은 거의 일어나지 않으며 심지어 역효과를 불러일으키기도 한다. Cauffman은 다음과 같이 언급하였다.

> 대부분의 전통적인 관리 모델처럼, 문제 해결 모델과 분할적 모델은 한 가지 공통 요소를 가지고 있다. 그것은 문제와 문제의 원인에 고착될 정도로 초점을 맞추는 것이다. 문제의 원인이 발생한 문제를 늘 선행하기 때문에 이 모델들은 주로 과거에 관심을 둔다(2003, p. 27).

구조적 행동치료

1974년에 Goldiamond는 상담 개입이 내담자의 비적응적 레퍼토리를 제거하는 대신 적응적 레퍼토리를 확장시키는 데 초점을 맞추어야 한다고 주장하면서 문제행동의 구조적 방식을 제안하였다. 이와 같은 맥락에서, Bakker-de Pree(1987)는 구조적 행동치료를 발전시켰다. 이 상담 모델의 특징은 내담자의 성공적인 행동(내담자의 생존과 자기 유지에 도움이 되는 행동과 더 나은 상태를 만들어 주는 행동)에 초점을 맞춘다는 점이다. 성공적인 행동의 회복과 연장은 무질서하고 부적응적인 행동이 불필요해지고 사라지도록 해준다.

비록 이 상담치료 방식이 행동분석 이론에 기반을 두고 있고 이 방식이 발전한 네덜란드에서는 완벽히 설명되고 있는 이론임에도 불구하고, 국제 학술대회에서 있었던 몇 회의 발표를 제외하고는 아직 국제 과학 및 임상 학회에는 소개되지 않았다.

바람직한 행동이 나타나는 상황에 집중하는 해결중심 단기치료와는 달리 구조적 행동치료는 문제행동이 나타나지 않는 상황에 초점을 맞춘다(모든 상황에서 문제행동이 나타나는 상황을 제외 혹은 S 델타). 구조적 행동치료의 목표는 S 델타를 통해서 문제가 되지 않는 행동에 관해 원치 않는 결과를 내담자가 피할 수 있을 때 원하지 않았던 결과나 순간을 찾아내는 것이다. 바로 이 지점에 문제행동의 원인이 있다고 추정하고 있다. 최근 몇 년간 구조적 행동치료의 초점이 바뀌었다. 내담자가 문제가 아닌 기회에 집중함으로써 자신을 통제하도록 스스로를 규제하는 내담자의 자기조절 능력을 견고히 하는 것이 그들의 목표다. 이는 내담자의 적응 능력을 보완하고 개선함으로써 가능해질 수 있고, 이에 따라 내담자가 원래 가지고 있는 측면을 긍정적으로 강화시킴으로써 내담자의 삶의 질이 회복될 수 있다. 따라서 구조적 행동치료와 SFCBT의 유사점이 더 많아졌다고 할 수 있다.

요약

- 상담의 초점과 상담자의 태도 측면에 있어서 문제중심 치료와 해결중심 단기치료 사이에는 차이점이 존재한다.
- 문제중심 CBT와 해결중심 단기치료 사이에는 유사점도 존재한다. 동일한 이론 학습 원칙이 적용되고 동일한 행동치료 과정에 따른다. 따라서 해결중심 단기치료는 CBT의 한 종류로 볼 수 있다.
- CBT와 SFCBT 사이에는 행동치료 과정의 흐름도에서 두드러지듯이 여러 가지 차이점도 존재한다.
- CBT와 SFCBT는 동일한 행동치료 동전의 양면으로 간주될 수 있다.
- 이 장에서는 SFCBT와 행동치료의 다른 두 가지 유형(문제 해결 치료와 구조적 행동치료)을 비교해 보았다.

마무리

이전에 있었던 것은 남겨지고
없었던 것이 도래하노니
매순간 자리가 바뀌어 간다.
-Ovid, 『*The Metamorphoses*』

'Panta rhei', 이 말은 '모든 것은 흘러간다'를 의미한다. 정신건강 케어, 교육, 관리, 코칭, 그리고 중재 분야에서 장기치료 형태가 단기치료 형태로, 치료적 양식이 예방적 양식으로 진화해 왔다. 단기적 목표중심 개입이 순풍을 타고 있고 심리적 문제를 위한 개입과 대기자 순서가 짧아져야 했으며 내담자 해방이 떠오르고 있다. 즉, 내담자 스스로가 목표를 개념화하고 해결책을 생각해 내고 실천할 수 있는 것이다. 상담자는 더 이상 내담자가 보이는 위약한 '불평형' 태도를 강화해서는 안 되며 대신 내담자가 강해져서 스스로 행동하도록 촉진해야 한다.

문제 해결 면담을 상당히 피하고 있다. 즉, 이전에 있던 것은 남겨질 뿐이다.' 과거, 현재, 미래의 성공 경험에 대해 말하는 것이 도움이 된다. 해결중심 상담자의 기술은 내담자의 목표중심 방식의 전문성에 의해 효과가 나타난다.

문제중심 모델과는 달리, 상담자는 모든 답을 가진 전문가가 아니다. 상담자는 내담자로부터 정보를 입수하고 내담자는 스스로 해결책을 떠올린다. 치료 장면에서 상담자는 이제 더 이상 심리치료를 '정서적 문제를 해소하는 데 필요한 심리적 타당성을 가진 지식에 가능한 많이 의존하는 일련의 기법'이라고 보지 않는다(K. Korrelboom, 2004, p. 227). 긍정적인 목표가 전성기를 이루고 있다. 문제를 해소하거나 제거하는 것은 해결책이 나올 수 있는 준거 틀을 제한하기 때문에, 그 대신 상담자는 광범위한 목표들을 바탕으로 목표 개념화를 진행한다. "문제 대신에 무엇을 보고 싶은가요?"라는 질문을 활용한다. 긍정적인 용어로 물으면, 대부분의 내담자의 답은 행복과 만족스럽고 생산적인 인생을 원하는 것이다. Aristotle의 말을 따르는 de Bono(1977)는 주장하기를, 사람(남여 모두)은 '행복'을 존재의 목표로 간주한다. de Bono는 이는 많은 것을 의미하는데, 내담자의 행동, 인지, 정서에 따라 행복의 정의가 각각 다를 수 있어서 해결중심 상담자와 함께 내담자는 자신의 목표에 가까이 가는 방법을 찾을 수 있다고 지적한다.

내담자는 자신의 목표를 실현하는 데 많은 노력을 기울이도록 고무되어야 하며 이로써 상담자는 하루 해가 지나도 에너지가 남아 있게 된다. 내담자와 늘 협력을 하기 때문에 상담은 긍정적인 분위기에서 이루어진다. 따라서 해결중심 혈맥을 따라 움직이면 상담자는 소진이라는 불평을 막을 수 있는 것이다. 또한 해결중심 면담은 경비를 경감시키는데 회기의 수가 줄어들기 때문이다. 적용성이 매우 크다. 즉, 내담자와 함께 목표와 해결책을 만드는 훈련을 하게 되면 진단과 문제중심 치료 기법 훈련을 줄일 수 있고 보완할 수 있다. 무엇보다도 내담자와 상담자 모두를 위해 많은 변화를 가져오게 된다. Chartier는 "혼자만 알고 있는 아이디어만큼 위험한 것은 없다."(O'Hanlon, 2000, p. 53 인용)라는 말은 해결중심 기법을 포함한 모든 기법에서 진리라고 하였다.

부록

첫 번째 회기를 위한 프로토콜

첫 번째 프로토콜

모든 질문을 내담자 각각에게 제시한다.

문 제

"여기에 오신 이유가 무엇인가요? 그것이 어떻게 문제가 되는 걸까요? 이전에 이미 해 보았고 도움이 되었던 것이 무엇인가요?"

목표 개념화

"이 상담을 마치면 무엇이 달라지기 원하나요?" 여기서 목표 개념화를 위해서 기적질문을 할 수도 있다.

이례적인 일

"기적을 경험한 일이 있나요? 정확하게 그것이 어떤 건가요? 어떻게 그것을 해낼 수 있나요? 어떻게 그 일이 일어나도록 하고 있나요?"

대안으로는, "문제가 없거나 두드러지지 않는 경우는 언제인가요? 정확하게 그것은 어떤 건가요? 어떻게 그렇게 하고 있나요?"

척도질문

• 상담 일정을 잡은 후 진전이 있었는지 질문한다. "10점에서 0점으로 한

다면 지금 몇 점인가요? 어떻게 이미 그 점수에 와 있는 건가요? 어떻게 그렇게 할 수 있었나요?"

- 실천할 동기에 대해 질문한다. "10점은 실천할 의지가 '매우 많다'이고, 0점은 의지가 '전혀 없다'입니다."
- 목표 달성에 대한 자신감에 대해 질문한다. "10점은 '자신감이 매우 많다'이고, 0점은 '자신감이 전혀 없다'입니다."

피드백

- 내담자에게 도움이 되는 것을 이미 했다면 칭찬하고 내담자의 성향에 대해 긍정적인 해석을 해 준다.
- 과제(내담자의 말로 표현하는 것이 바람직함)에 대한 이유(타당한 이유나 '교량'이 되는 것)
- 과제 제안: 고객형 내담자에는 행동과제를, 불평형 내담자에게는 관찰과제를, 방문형 내담자에게는 과제를 주지 않는다.

회기 종결

- "상담에 또 오는 것이 필요하다고(도움이 된다고) 생각하나요? 그렇다면 언제 오겠습니까?"

두 번째 프로토콜

- 최상의 희망은 무엇인가요?
- 그것이 어떤 변화를 가져올까요?
- 이미 제대로 된 방향으로 가고 있는 것은 무엇인가요?
- 다음의 변화 신호는 무엇일까요? 다음 행동은 무엇이 될까요?

부록 B
목표 개념화를 위한 프로토콜

역할 명료화

상담자 소개, 회기의 길이, 피드백을 하기 전에 생각할 휴식 시간을 가질 것인가 등

프로그램 설명

"여기 오신 이유가 무엇인가요?"

"그것이 어떻게 문제가 되는 걸까요?"

"어떤 것을 시도해 보았고 그중 어떤 것이 도움이 되었나요?"

목표 개념화

"어떻게 하면 이 회기가 가치 있을까요?" (그 밖에 다른 질문 가능)

기적질문

변화에 대해 늘 주의를 기울인다. "달라진 것이 무엇일까요? 처음 알아차린 것은 무엇인가요? 그 밖에 무엇이 있나요? 기적이 일어난다면 누가 알아차릴까요? 그 밖에 누가 있을까요? 만약 그 사람이 그것을 알아차릴 경우 어떤 다른 행동을 할까요? 그 밖에 무엇을 다르게 할까요? 그 사람이 다르게 행동한다면 그것이 당신 자신에게 어떤 차이를 가져올까요? 그럴 경우 자신은 어떤 다른 행동을 하게 될까요?"

해결책을 향하여

내담자가 기적질문에 답을 할 수 있는 경우, "기적이 일어난 것처럼 행동하기로 결정했다면 제일 먼저 가장 작은 것이라도 무엇을 하게 될까요?" 또는 "기적이 일어나려면 무엇이 필요한가요? 어떻게 그것이 가능할까요? 그것이 가능하다고 생각하게 해 주는 것은 무엇인가요?"

결론

• 내담자가 기적질문이나 목표 개념화 질문에 대해 구체적이고 자세한 답을 할 경우 칭찬을 해 준다. 그런 후 다음과 같이 말한다. "다음 주 중에 하루 동안 기적이 일어난 것처럼 행동하기 바랍니다. 그것이 어떤 차이를 가져오는지 관찰하세요."

• 내담자가 기적질문이나 목표 개념화 질문에 대해 구체적이고 자세한 답을 하지 않을 경우 다음과 같이 말한다. "이 문제가 해결될 수 있다는 느낌을 주는 일이 무엇인지 주의를 기울이기 바랍니다." 또는 "좋은 일이기 때문에 계속 있었으면 하는 일이 무엇인지 주의를 기울이기 바랍니다."

이례적인 일을 찾는 데 필요한 프로토콜

이례적인 일을 찾을 때 내담자가 관찰한 것을 알아본다. 그리고 상호교류 매트릭스를 사용하여 중요한 타인들이 무엇을 지각하는지 알아본다. 내담자가 원하는 결과와 관련된 이례적인 일과 문제와 관련된 이례적인 일을 구분할 수 있다.

목표와 관련된 이례적인 일

1. 유발하기

"그러니까 목표가 이루어지면(기적이 일어나게 되면) 두 분이 서로 하루 일에 대해 대화하겠네요. 조금이라도 그런 기미를 언제 보았나요? 배우자 분이 여기 있고 같은 질문을 제가 물었다면 어떤 대답을 할 거라고 생각하나요?"

2. 확대하기

"두 분이 서로 대화한 것은 최근에 언제였나요? 그것에 대해 조금 더 말해 주세요. 어떠했나요? 어떤 이야기를 했나요? 무어라고 말했나요? 상대방은 뭐라고 말하던가요? 상대방이 그렇게 말할 때 어떻게 하였나요? 그러니까 상대방은 어떻게 하던가요? 어떻든가요? 그때 무엇이 달라졌나요? 상대방이 여기 있다면 그분은 뭐라고 말할까요?"

3. 견고히 하기

비언어적: 몸을 앞으로 기울이고 눈썹을 조금 올리고 주시한다(누군가 중요한 말을 할 때 그렇게 하는 것처럼 자연스럽게 하고 듣는다).

언어적: 관심을 보인다. "두 분 모두에게 이 점이 새로웠나요? 이 일이 있었을 때 두 분을 놀라게 했나요?"

칭찬하기: "두 분의 관계에서 일어난 모든 것을 감안할 때 정말 힘들었을 텐데 그렇게 하기에는 용기가 필요했을 거라고 봅니다. 조금 더 말해주세요."

4. 이례적인 일을 탐색하고 자세히 묻고 칭찬하기

"그런 일이 일어나도록 무엇을 하였다고 생각하나요? 배우자 분이 여기 있고 제가 그 질문을 한다면 배우자 분은 무어라고 말할까요? 그러한 방법을 어떻게 알아냈나요? 정말 멋진 방법입니다! 적시에 적합한 아이디어를 생각해내곤 하나요?"

5. 이례적인 일을 미래에 투사하기

"10점에서 0점 척도에서, 10점은 가능성이 '매우 높다'이고 0점은 가능성이 '전혀 없다'라고 한다면 다음 주(혹은 다음 달)에 그런 일이 일어날 가능성은 몇 점일까요? 무엇이 필요할까요? 앞으로 더 자주 그 일이 일어나려면 무엇이 도움이 될까요? 누가 무엇을 하는 것이 필요할까요? 가능성이 높다는 것을 기억하게 해 주는 것으로 가장 중요한 것은 무엇일까요? 두 번째로 중요한 것은 무엇일까요? 배우자 분은 가능성에 대해 무어라고 말할까요? 가능성을 높이기 위해 무엇을 해야 한다고 배우자 분이 말할까요? 그렇게 하기로 결정한다면 배우자 분은 어떤 행동을 할까요? 배우자 분이 그런 행동을 한다면 상황(두 분 관계에서)이 어떻게 달라질까요?"

문제 관련된 이례적인 일들

1. 내담자가 목표(혹은 기적)를 설명하지 못하고 문제에 대해서만 이야기할 경우

"지난주(혹은 지난달, 혹은 지난해)에 문제가 덜 심각했거나 문제가 잠시 없어졌던 때를 떠올릴 수 있나요?" 그다음, 목표 관련된 이례적인 일들(혹은 기적)에 대해 5단계 질문을 한다.

2. 나아진 것은 무엇인가요?

후속 회기에서 언제나 이례적인 일들을 탐색하면서 시작한다. 5단계를 모두 따라가며 개인적, 관계적(상호 교류 매트릭스) 질문을 한다. 이례적인 일을 살펴본 후 늘 다음 질문을 한다. "그 밖에 나아진 것은 무엇이 있나요?"

3. 대처 질문

내담자는 때로 이례적인 일들을 찾기 힘들어 한다. 내담자가 당면한 어려움이 크기 때문이다. 그 경우, 대처 질문을 하여 내담자가 어떻게 잘 견디고 있는지 알아본다. "놀랍습니다. 이제까지 일어난 모든 것을 감안할 때 어떻게 잘 대처하고 있는지 모르겠군요. 어떻게 하고 있나요? 어떻게 잘 견디고 있나요?"

4. 내담자를 의기소침하게 만드는 사건으로 인해 불쾌한 상황이 지속되고 있음을 내담자가 설명하는 경우

"의기소침할 만한 이유가 많다는 것 이해합니다. 바라던 것과는 다르게 많은 일이 터지고 있군요. 어떻게 견디어 내는지, 그리고 매일 아침 일어나서 새로운 하루를 시작할 수 있는지 궁금합니다. 조금 더 이야기해 주세요."

5. 내담자가 아이들을 위해서 살아야 한다고 말하는 경우

"그것이군요. 아이들을 생각하고 아이들이 얼마나 당신을 필요로 하는지 생각하는군요. 틀림없이 아이들을 매우 사랑하는군요. 아이들을 어떻게 돌보는지 조금 더 이야기해 주세요."

부록 D
피드백 제공하기를 위한 프로토콜

고려해야 할 사항

- 목표는 잘 설정되었는가?(내담자가 다수일 경우, 공동의 목표가 잘 설정되었는가?) 그 목표는 무엇인가?
- 목표를 긍정적 · 구체적 · 현실적 용어로 정의하였는가?(즉, 내담자가 원하지 않는 행동의 부재나 감소 대신에 내담자가 원하는 행동의 유지나 증가)
- 이례적인 일은 무엇이 있는가?
- 이례적인 일은 반복가능한가?(의도적으로 이례적인 일) 아니면 우연적인가?(자발적으로 이례적인 일)
- 상담자와 내담자의 관계는 어떤 유형인가?(방문형, 불평형, 고객형)

피드백

- 칭찬해 주기
- 합리적 이유 또는 교량(과제의 이유)
- 내담자가 원하는 경우 과제 제안하기

이름 _____

날짜 _____ 회기 번호 _____

여러분이 경험한 것을 가장 잘 나타내는 위치에 V로 표시하시오.

관계성

경청, 이해, 존중되었다고
느끼지 않았다.

경청, 이해, 존중되었다고
느꼈다.

|--|

목표와 주제

내가 하고 싶었던 것을
함께 나누지 않았다.

내가 하고 싶었던 것을
함께 나누었다.

|--|

접근이나 기법

내게 적합하지 않았다.   내게 적합하였다.

├--┤

전반적 측면

오늘 회기는   오늘 회기는
무엇인가 부족하였다.   전반적으로 좋았다.

├--┤

출처: www.talkingcure.com

후속 회기를 위한 프로토콜(EARS)

모든 질문을 각각의 내담자에게 한다.

유발하기

"(지난 회기 이후에) 무엇이 나아졌나요?"

자세하게 설명하도록 요청하기(확대하기)

"그것이 어떤 도움이 되나요? 어떻게 그렇게 하는지 자세하게 이야기해 주세요. 그것은 새로운 건가요? 그것은 어떤 효과를 _____에 가져오나요? 당신과 _____는 어떤 점이 다른가요?"

견고하게 해 주기

내담자에게 칭찬해 주고 속성을 긍정적으로 해석해 준다.

다시 시작하기

"그리고 그 밖에 무엇이 나아졌나요?"

더 많이 하기

"그것을 다시 하거나 더 자주 하려면 무엇이 필요한가요?" 아무것도 전혀 나아진 것이 없는 경우, "어떻게 대처하고 있나요? 어떻게 그것을 잘 견디고 있나요? 어떻게 상황이 악화되지 않고 있나요? 어떻게 그것을 하고 있나요? 그것을 계속한다면 여기 온 목적을 이룰 수 있을까요?"

호전 여부 측정하기

"지금 어디에 와 있나요? 어떻게 그렇게 잘하고 있나요? 어떻게 그 일이 있도록 했나요? 점수가 올라간다면 어떤 모습일까요? 그럴 경우 무엇이 달라질까요? 그 점수에 어떻게 다다를 수 있을까요? 그것을 하는 데 무엇이 필요한가요? 누가 제일 먼저 알아차릴까요? 그 사람은 어떻게 알아차릴까요? 그 사람은 어떤 반응을 할까요? 그리고 어떨까요? 몇 점에 가고 싶은가요?"

동기와 자신감 측정하기(선택 가능)

피드백
- 칭찬해 주기
- 과제의 이유(교량, 합리적 이유)
- 과제 제안: 고객형 내담자에게는 행동과제, 불평형 내담자에게는 관찰과제, 방문형 내담자에게는 과제를 주지 않는다.

후속 회기
"상담에 또 오는 것이 필요하다고(도움이 된다고) 생각하나요? 그렇다면 언제 오겠습니까?"

문제 외현화를 위한 프로토콜

문제 _____

현재 나의 상태에 해당되는 숫자에 동그라미하세요.

문제가 나를 통제한다.   내가 문제를 통제한다.

1   2   3   4   5   6   7   8   9   10

지난 회기와 비교하여 지금은 몇 점입니까? 점수가 올라갔다면 어떻게 그렇게 했는지 아래에 설명을 적으세요.

_____

_____

_____

_____

점수가 그대로라면 어떻게 그 점수를 유지할 수 있었는지 아래에 설명을 적으세요.

_____

_____

_____

_____

점수가 낮아졌다면 그전에는 점수가 어떻게 해서 높았는지 아래에 설명을 적으세요. 과거에 유사한 상황에서 성공적으로 했던 것은 무엇이었나요?

_____

_____

_____

_____

지난주에 당신의 주변에 있는 중요한 사람들이 당신에 대해 어떤 것을 알아차렸나요? 그것이 당신을 향한 그들의 행동에 어떤 영향을 주었나요?

_____

_____

_____

_____

의뢰인에게 사용할 해결중심 질문

1. 의뢰인으로서 내담자와 제가 함께 협력할 때 최상의 결과는 무엇이 될까
   요?

   _____

   _____

   _____

   _____

2. 내담자의 강점은 무엇이며 어떤 측면들이 만족스러웠고 어떤 것들이 계
   속 유지되어야 한다고 봅니까?

   _____

   _____

   _____

   _____

3. 우리가 고려해야 할 제한점은 무엇이라고 보나요?

   _____

   _____

   _____

   _____

4. 내담자가 가지고 있는 자원들은 무엇이라고 봅니까?

_____

_____

_____

_____

5. 내담자에게 치료가 의미 있고 유용하다고 알려 주는 첫 번째 증거는 무엇일까요?

_____

_____

_____

_____

6. 이 일이 언제 일어났나요? 예를 들어 주세요.

_____

_____

_____

_____

참고문헌

Allen, R. E., & Allen, S. D. (1997). *Winnie-the-Pooh on success: In which you, Pooh, and friends learn about the most important subject of all.* New York: Dutton.

American Psychiatric Association. (1994). *The diagnostic and statistical manual of mental disorders* (4th ed.). Washington, DC: Author.

Appelo, M. (2009). Misverstanden en mythes: Cliënten zijn veranderingsbereid [Misconceptions and myths: Clients are willing to change]. *Dth, 1*(29), 69-73.

Appelo, M., & Bos, E. (2008). De relatie tussen klachten, veerkracht en welzijin [The relationship between complaints, resilience, and well-being]. *Gedragstherapie, 41*, 241-251.

Arts, W., Hoogduin, C. A. L., Keijsers, G. P. J., Severeijnen, R., & Schaap, C. (1994). A quasi-experimental study into the effect of enhancing the quality of the patient-therapist relationship in the outpatient treatment of obsessive-compulsive neurosis. In S. Brogo & L. Sibilia (Eds.), *The patient-therapist relationship:* Its many dimensions (pp. 96-106). Rome: Consiglio Nazionale delle Ricerche.

Bakker, J. M., & Bannink, F. P. (2008). Oplossingsgerichte therapie in de psychiatrische praktijk [Solution-focused therapy in psychiatric practice]. *Tijdschrift voor Psychiatrie, 50*(1), 55-59.

Bakker, J. M., Bannink, F. P., & Macdonald, A. (2010). Solution-focused psychiatry. *The Psychiatrist, 34*, 297-300 (accepted for publication).

Bakker-de Pree, B. J. (1987). *Constructionele gedragstherapie* [Constructional behavior therapy]. Nijmegen, Netherlands: Dekker & Van der Vegt.

Bannink, F. P. (2005). De kracht van oplossingsgerichte therapie: Een vorm van gedragstherapie [The power of solution-focused therapy: A form of behavioral therapy]. *Gedragstherapie, 38*(1), 5-16.

Bannink, F. P. (2006a). *Oplossingsgerichte mediation* [Solution-focused mediation]. Amsterdam: Pearson.

Bannink, F. P. (2006b). Oplossingsgerichte mediation [Solution-focused mediation]. *Tijdschrift Conflicthantering, 7*, 143-145.

362

Bannink, F. P. (2006c). De geboorte van oplossingsgerichte cognitieve gedragstherapie [The birth of solution-focused cognitive behavioral therapy]. *Gedragstherapie, 39*(3), 171-183.

Bannink, F. P. (2007a). *Gelukkig zijn en geluk hebben*: Zelf oplossingsgerichtwerken [Being happy and being lucky: Solution-focused self-help]. Amsterdam: Harcourt.

Bannink, F. P. (2007b). Oplossingsgerichte therapie [Solution-focused brief therapy]. *Maandblad Geetelijke volksgezondheid (MGv), 62*(10), 836-848.

Bannink, F. P. (2007c). Solution focused brif therapy. *Journal of Contemporary Psychotherapy, 37*, 2, 87-94.

Bannink, F. P. (2008a). Oplossingsgerichte therapie als vorm van cognitieve gedragstherapie [Solution-focused brief therapy as a form of cognitive behavioral therapy]. *Tijdschrift VKJP, 35*(3), 18-29.

Bannink, F. P. (2008b). Posttraumatic success: Solution-focued brief therapy. *Brief Treatment and Crisis Intervention, 7*, 1-11.

Bannink, F. P. (2008c). *Solution focused conflict management in teams and in organisations.* Retrieved from: http://www.adrresources.com/docs/adr/2-4-114/SF%20Conflict%20Management%20in%20Teams%20and%20in%20Organisations%20rev.%202008.pdf

Bannink, F. P. (2008d). *Solution focused mediation.* Retrieved from: http://www.mediate.com//articles/banninkF1.cfm

Bannink, F. P. (2008e). Solution focused mediation. *The Jury Expert, 23*(3). Retrieved from: http://www.astcweb.org/public/publication/documents/Bannick%20Sept%202008%20TJEI.pdf

Bannink, F. P. (2008f). Solution focused mediation: The future with a difference. *Conflict Resolution Quarterly, 25*(2), 163-183.

Bannink, F. P. (2008g). Vergelding of verzoening [Retaliation or reconciliation]. *Forum voor Conflictmanagement, 1*, 26-28.

Bannink, F. P. (2008h). *Visitor, complainant, customer: Motivating clients to change in mediation.* Retrieved from: http://www.mediate.com//articles/bannickF2.cfm

Bannink, F. P. (2009a). Building positve emotions in mediation. Retrieved from:

http://www.mediate.com//articles/banninkF4/cfm

Bannink, F. P. (2009b). Editorial. *Conflict Inzicht.* Utrecht: Stili Novi.

Bannink, F. P. (2009c). Positieve psychologie in de praktijk [Positive psychology in practice]. Amsterdam: Hogrefe.

Bannink, F. P. (2009d). *Praxis der Losungs-fokussierten Mediation* [Solution-focued mediation in practice]. Stuttgart, Germany: Concadora Verlag.

Bannink, F. P. (2009e). Solution focused co7nflict management in teams and in organisations. *InterAction: The Journal of Solution Focus in Organisations, 1*(2), 11-25.

Bannink, F. P. (2009f). *Supermediators.* Retrieved from: http://www.mediate.com//articles/bannickF3.cfm

Bannink, F. P. (2009g). Visitor, complainant or customer? In J. Bertschler (Ed.), *Elder mediation: A new solution to age-old problems* (pp. 77-89). Seven Hills, OH: Northcoast Conflict Solutions.

Bannink, F. P. (2010a). *Handbook of soulution-focused conflict management.* Cambridge, MA: Hogrefe Publishing.

Bannink, F. P. (2010b). Successful scaling in mediation. Retrieved from: http://www.mediate.com//articles/bannickF5.cfm

Bateson, G. (1979). *Mind and nature: A necessary unity.* Toronto: Bantam.

Beck, A. T., Weissman, A., Lester, D., & Trexles, L. (1974). The measurement of pessimism: The Hopelessness Scale. *Journal of Consulting and Clinical Psychology, 42,* 861-865.

Beck, J. S. (1995). *Cognitive therapy: Basics and beyond.* New York: Guilford.

Beck, I. K., & Dolan, Y. (2001). *Tales of solutions: A collection of hope-inspiring stories.* New York: Norton.

Beck, I. K., & Miller, S. D. (1992). *Working with the problem drinker: A solution-focused approach.* New York: Norton.

Berg, I. K., & Steiner, T. (2003). *Children's solution work.* New York: Norton.

Brewin, C. R. (2006). Understanding cognitive behaviour therapy: A retrieval competition account. *Behavior Research and Therapy, 44,* 765-784.

Bunker, B. B. (2000). Managing conflict through large-group methods. In M. Deutsch & P. T. Coleman (Eds.), *The handbook of conflict resolution* (p. 546-

567). San Fancisco: Jossey-Bass.

Burger, A. W. (1994). *Functie-analyse van neurotisch gedrag* [Functional analysis of neurotic behavior]. Amsterdam: Van Rossen.

Cantwell, P., & Holmes, S. (1994). Social construction: A paradigm shift for systemic therapy and training. *Austalian and New Zealand Journal of Family Therapy, 15,* 17-26.

Cauffman, L. (2003). *Oplossingsgericht management & coaching, simpel werkthet best* [Solution-focused management and coaching: Simple works best]. Utrecht, Netherlands: Lemma.

Cepeda, L. M., & Davenport, D. S. (2006). Person-centered therapy and solution-focused brief therapy: An integration of present and future awareness. *Psychotherapy: Theory, Research, Practice, Training, 43*(1), 1-12.

Chevalier, A. J. (1995). *On the client's path: A manual for the practice of solution-focused therapy.* Oakland, CA: New Harbinger.

Cladder, H. (1999). *Oplossingsgerichte korte psychotherapie* [Solution-focused brief psychotherapy]. Lisse, Netherlands: Swets & Zeitlinger.

Clement, P. W. (1994). Quantitative evaluation of 26 years of private practice. *Professional Psychology: Research and Practice, 25*(2), 173-176.

Coleman, P. T., & Deutsch, M. (2000). Some guidelines for developing a creative approach to conflict. In M. Deutsch & P. T. Coleman (Eds.), *The handbook of conflict resolution* (pp. 355-365). San Francisco: Jossey-Bass.

Covey, S. R. (1989). *The seven habits of highly effective people: Powerful lessons in personal change.* New York: Simon & Schuster.

De Bono, E. (1977). *The happiness purpose.* Harmondsworth, UK: Penguin.

De Bono, E. (1984). *Tactics: The art and science of success.* Boston: Little, Brown.

De Bono, E. (1985). *Conflicts: A better way to resolve them.* London: Penguin.

De Groot, F. (2004). Bekrachtigen, bekrachtigen, en nog eens bekrachtigen. Back to basics: Positieve bekrachtiging [Reinforcing, reinforcing, and more reinforcing. Back to basics: Positive reinforcement], *Gedragstherapie, 37*(1), 61-66.

De Jong, P., & Berg, I. K. (1997). *Interviewing for solutions.* Pacific Grove, CA: Brooks/Cole.

De Shazer, S. (1984). The death of resistance. *Family Process, 23*, 79-93.

De Shazer, S. (1985). *Keys to solution in brief therapy.* New York: Norton.

De Shazer, S. (1988). *Clues: Investigation solutions in brief therapy.* New York: Norton.

De Shazer, S. (1991). *Putting difference to work.* New York: Norton

De Shazer, S. (1994). *Words were originally magic.* New York: Norton.

De Shazer, S., Dolan, Y., Korman, H., Trepper, T., McCollum, E., & Berg, I. K. (2007). *More than miracles: The state of the art of solution-focused brief therapy.* New York: Routedge.

Dolan, Y. (1991). *Resolving sexual abuse: Solution-focused therapy and Ericksonian hypnosis for adult survivors.* New York: Norton.

Dolan, Y. (1998). *One small step.* Watsonville, CA: Papier-Mache.

Duncan, B. L.,(2005). *What's right with you: Debunking dysfuntion and changing your life.* Deerfield Beach, FL: Health Communications.

Duncan, B. L., Hubble, M. A., & Miller, S. D. (1997). *Psychotherapy with "impossible" cases: The efficient treatment of therapy veterans.* New York: Norton.

Duncan, B. L., Miller, S. D., & Sparks, A. (2004). *The heroic client: A revolutionary way to improve effectiveness through client-directed, outcome-informed therapy.* San Francisco: Jossey-Bass.

D'Zurilla, T. J., & Goldfried, M. R. (1971). Problem solving and behavior modification. *Journal of Abnormal Psychology, 78*, 107-126.

Erickson, M. H. (1980). *Collected papers of Milton H. Erickson: Vol. 1. The nature of hypnosis and suggestion* (E. L. Rossi, Ed.). New York: Irvington.

Fava, G. A., Rafanelli, C., Cazzaro, M., Conti, S., & Grandi, M. (1998). Well-being therapy: A novel psychotherapeutic approach for residual symptoms of affective disorders. *Psychological Medicine, 28*, 475-480.

Frank, J. D. (1974). Psychotherapy: The restoration of morale. *American Journal of Psychiatry, 131*, 271-274.

Frankl, V. E. (2006). *Man's search for meaning.* Boston: Beacon Press.

Fredrickson, B. (2003). The value of positive emotions. *American Scientist, 91*, 330-335.

Frijda, N. H. (1986). *The emotions*. Cambridge: Cambridge University Press.

Furman, B., & Ahola, T. (2007). *Change through cooperation: Handbook of reteaming*. Helsinki: Helsinki Brief Therapy Institute.

Gallwey, W. T. (1997). *The inner game of tennis*. New York: Random House.

Gingerich, W. J., & Eisengart, S. (2000). Solution-focused brief therapy: A review of the outcome research. *Family Process, 39*(4), 477-498.

Goei, S. L., & Bannink, F. P. (2005). Oplossingsgericht werken in remedial teaching, deel 1 [Solution-focused interviewing in remedial teaching, part 1]. *Remediaal, Tijdschrift voor leer-en gedragsproblemen in het vo/bve, 5*(3), 19-26.

Goldiamond, I. (1974). Toward a constructional approach to social problems: Ethical and constitutional issues raised by applied behavior analysis. *Behaviorism, 2*(1), 1-84.

Hawton, K., Salkovskis, P. M., Kirk, J., & Clark, D. M. (1995). *Cognitive behaviour therapy for psychiatric problems: A practical guide*. Oxford: Oxford University Press.

Haynes, J. M., Haynes, G. L., & Fong, L. S. (2004). *Mediation: Positive conflict management*. Albany: State University of New York.

Hiatt, D., & Hargrave, G. E. (1995). The characteristics of highly effective therapists in managed behavioral providers networks. *Behavioral Healthcare Tomorrow, 4*, 19-22.

Isebaert, L. (2005). *Kurzzeitherapie: Ein praktisches Handbuch* [Brief therapy: A practical handbook]. Stuttgart, Germany: Thieme.

Kazdin, A. E. (2006). Arbitrary metrics: Implications for identifying evidence-based treatments. *American Psychologist, 61*(1), 42-49.

Kelman, H. C. (2005). Building trust among enemies: The central challenge for international conflict resolution. *International Journal of Intercultural Relations, 29*, 639-650.

Korrelboom, C. W., & ten Broeke, E. (2004). *Geintegreerde cognitieve gedragstherapie* [Integrated cognitive behavioral therapy]. Bussum, Netherlands: Coutinho.

Korrelboom, K. (2004). Forum. Cogniteve gedragstherapie en "rare therapieën":

Wat moeten we ermee? [Forum. Cognitive behavioral therapy and "strange therapies": What do we do with them?] *Gedragstherapie, 37,* 225-231.

Lamarre, J., & Gregoire, A. (1999). Competence transfer in solution-focused therapy: Harnessing a natual resource. *Journal of Systemic Therapies, 18*(1), 43-57.

Leary, T. (1957). *Interpersonal diagnosis of personality.* New York: Ronald.

Le Fevere de Ten Have, M. (2002). *Korte therapie: Handleiding bij het "Brugse model" voor psychotherapie met een toepassing op kinderen en jongeren* [Brief therapy: Guide to the "Bruges model" for psychotherapy as applied to children and adolescents]. Leuven, Netherlands: Garant.

Lewicki, R. J., & Wiethoff, C. (2000). Trust, trust, development and trust repair. In M. Deutsch & P. T. Coleman (Eds.), *The handbook of conflict resolution* (pp. 86-107). San Francisco: Jossey-Bass.

Macdonald, A. (2007). *Solution-focused therapy: Theory, research & practice.* London: Sage.

Menninger, K. (1959). The academic lecture: Hope. *American Journal of Psychiatry, 116,* 481-491.

Mercalf, L. (1995). *Counseling toward solutions: A practical solution-focused program for working with students, teachers, and parents.* San Francisco: Jossey-Bass.

Metcalf, L. (1998). *Solution focused group therapy.* New York: Free Press.

Miller, S. D., Duncan, B. L., & Hubble, M. A. (1997). *Escape from babel: Toward a unifying language for psychotherapy practice.* New York: Norton.

Miller, S. D., Hubble, M. A., & Duncan, B. L. (Eds.). (1996). *The handbook of solution-focused brief therapy: Foundations and research.* San Francisco: Jossey-Bass.

Miller, W. R. (1983). Motivational interviewing with problem drinkers. *Behavioual Psychotherapy, 11,* 147-172.

Miller, W. R., & Rollnick, S. (2002). *Motivational interviewing, Preparing people for change* (2nd ed.). New York: Guilford.

Myers, D. G. (2000). Hope and happiness. In J. E. Gillham (Ed.), *The science of optimism and hope: Reseach essays in honor of Martin E. P. Seligman* (pp.

323-336). Philadelphia: Templeton Foundation Press.

O'Hanlon, B. (2000). *Do one thing different: Ten simple ways to change your life.* New York: Harper.

O'Hanlon, B. (2003). *A guide to inclusive therapy: 26 methods of respectful resistance-dissolving therapy.* New York: Norton.

O'Hanlon, B., & Bertolino, B. (1998). *Even from a broken web: Brief, respectful solution-oriented therapy for sexual abuse and trauma.* New York: Wiley.

O'Hanlon, B., & Rowan, T. (2003). *Solution-oriented therapy for chronic and severe mental illness.* New York: Norton.

Orlemans, J. W. G., Eelen, P., & Hermans, D. (1995). *Inleiding tot de gedrags therapie* [Introduction to behavioral therapy]. Houten, Netherlands: Bohn Stafleu Van Loghum.

Papp, P. (1983). *The process of change.* New York: Guilford.

Prochaska, J. O., Norcross, J. C., & DiClemente, C. C. (1994). *Changing for good.* New York: Morrow.

Rijnders, P. B. M. (2004). *Overzicht, uitzicht, inzicht: Een protocol voor kortdurende psychotherapie* [Overview, outlook, insight: A protocol for brief psychotherapy]. Houten, Netherlands: Bohn Stafleu Van Loghum.

Roeden, J. M., & Bannink, F. P. (2007a). *Handboek oplossingsgericht werkenmet licht verstandelijk beperkte clienten* [Handbook for solution-focused interviewing with client with mild intellectual disabilities]. Amsterdam: Pearson.

Roeden, J. M., & Bannink, F. P. (2007b). Hoe organiseer ik een etentje? Oplossingsgerichte gedragstherapie met een verstandelijk beperkte vrouw [How do I organize a dinner? Solution-focused behavioral therapy with a woman with an intellectual disability]. *Gedragastherapie, 40*(4), 251-268.

Roeden, J. M., & Bannink, F. P. (2009). Solution focused brief therapy with persons with intellectual disabilities. *Journal of Policy and Practice in Intellectual Disabilities, 6*(4), 253-259.

Rosenhan, J. (1973). On being sane in insane places. *Science, 179,* 250-258.

Saint-Exupéry, A. de. (1979). *The wisdom of the sands* (S. Gilbert, Trans.). Chicago: University of Chicago Press.

Schippers, G. M., & de Jonge, J. (2002). Motiverende gespreksvoering [Motivational interviewing]. *Maandblad Geestelijke Volksgezondheid, 57,* 250-265.

Selekman, M. D. (1993). *Pathways to change: Brief therapy solutions with difficult adolescents.* New York: Guilford.

Selekman, M. D. (1997). *Solution-focused therapy with childen: Harnessing family strengths for systemic change.* New York: Guilford.

Seligman, M. E. P. (2002). *Authentic happiness.* New York: Free Press.

Siegel, D. J. (1999). *The developing mind.* New York: Guilford.

Smeck, S., Froerer, A., & Baveles, J. Are solution-focused and cognitive-behavioral therapy the same? A microanalysis of positive and negative content. (Personal communication preceding publication of their research.)

Snyder, C. R. (2002). Hope theory: Rainbows in the mind. *Psychological Inquiry, 13,* 249-275.

Snyder, C. R., Harris, C., Anderson, J. R., Hollerans, S. A., Irving, L. M., Sigmon, S. T.,······ Harney, P. (1991). The will and the ways: Development and validation of an individual-differences measure of hope. *Journal of personality and Social Psychology, 60,* 570-585.

Stam, P., & Bannink, F. P. (2008). De oplossingsgerichte organisatie [The solution-focused-focused organization]. *Tijdschrift VKJP, 35*(2), 62-72.

Stams, G. J., Dekovic, M., Buist, K., & de Vries, L. (2006). Effectiviteit van oplossingsgerichte korte therapie: Een meta-analyse [The efficacy of solution-focused brief therapy: A meta-analysis]. *Gedragstherapie, 39*(2), 81-94.

Stoffer, R. (2001). *Het vijf-gesprekkenmodel: Een handleiding* [The five-session model: A guide]. Delft, Netherlands: Eburon.

Susskind, L., & Cruikshank, J. L. (1987). *Breaking the impasse: Consensual approaches to resolving public disputes.* New York: Basic Books.

Tomori, C., & Bavelas, J. B. (2007). Using microanalysis of communication to compare solution-focused and client-centered therapies. *Journal of Family Psychotherapy, 18*(3), 25-43.

Tompkins, P., & Lawley, J. (2003). *Metaphors in mind.* London: Developing Company Press.

Van der Veen, D. C., & Appelo, M. T. (2002). Rationele rehabilitatie: Korte oplossingsgerichte therapi [Rational rehabilitation: Solution-focused grief therapy]. In C. A. L. Hoogduin & M. T. Appelo (Eds.), *Directieve therapie bij psychiatrische patiënten* (pp. 65-73). Nijmegen, Netherlands: Cure & Care.

Van Tongeren, P. (2004). *Deugdelijk leven: Een inleiding in de deugdethiek* [Living virtuously: An introduction to virtue ethics]. Amsterdam: Sun.

Verbiest, A. (2004). *Als ik jou toch niet had: De taal van complimenten* [If I didn't have you: The language of compliments]. Amsterdam: Contact.

Walter, J. L., & Peller, J. E. (1992). *Becoming solution-focused in brief therapy.* New York: Brunner/Mazel.

Walter, J. L., & Peller, J. E. (2000). *Recreating grief therapy: Preferences and possibilities.* New York: Norton.

Wampold, B. E., & Bhati, K. S. (2004). Attending to the omissions: A historical examination of evidence-based practice movements. *professional Psychology: Research and Practice, 35*(6), 563-570.

Watzlawick, P., Weakland, J. H., & Fisch, R. (1974). *Change: Principles of problem formation and problem resolution.* New York: Norton.

Westra, J., & Bannink, F. P. (2006a). "Simpele" oplossingen! Oplossingsgericht werken bij mensen met een lichte verstandelijke beperking, deel 1 ["Simple" solutions! Solution-focused interviewing with people with mild intellectual disabilities, part 1]. *PsychoPraxis, 8*(4), 158-162.

Westra, J., & Bannink, F. P. (2006b). "Simpele" oplossingen! Oplossingsgericht werken bij mensen met een lichte verstandelijke beperking, deel 2 ["Simple" solutions! Solution-focused interviewing with people with mild intellectual disabilities, part 2]. *PsychoPraxis, 8*(5), 213-218.

White, M., & Epston, D. (1990). *Narrative means to therapeutic ends.* New York: Norton.

Wittgenstein, L. (1968). *Philosophical investigations* (G. E. M. Anscombe, Trans., 3rd ed.). New York: Macmillan. (Originally published 1953)

웹사이트

www.authentichappiness.com
긍정심리학의 창시자 Martin Seligman의 사이트

www.brieftherapy.com
해결중심 면담과 관련하여 수많은 책을 저술한 Bill O'Hanlon의 사이트

www.briftherapy.org.uk
해결중심 접근 훈련을 유럽에서 가장 많이 하고 있는 BRIEF 사이트

www.brieftherapysydney.com.au
호주 시드니 단기치료 연구소 사이트

www.ebta.nu
유럽 해결중심 단기치료 학술대회를 매년 개최하는 유럽단기치료학회 사이트

www.edwdebono.com
Edward de Bon의 사이트

www.fredrikebannink.com
저자 Fredrike Bannink의 사이트

www.gingerich.net
Walter Gingerich의 연구 결과물 사이트

www.korzybski.com
해결중심 단기치료 훈련 및 연구 센터인 Korzybski 연구소 사이트

www.reteaming.com
헬싱키 단기치료 연구소의 코칭 사이트

www.solutionfocused.net
해결중심 치료 연구소 사이트

www.solutionscoc.co.uk
정신과 의사 Alasdair Macdonald의 연구 결과물 사이트

www.solworld.org
조직에서의 해결중심 치료 실천 사이트

www.talkingcure.com
변화를 위한 치료적 변화와 파트너 연구소 사이트

www.centerforclinicalexcellence.com
행동 건강케어 서비스 관련 실무자, 관리자, 교육자, 연구자 국제 공동체 사이트

찾아보기

인명

저자 소개

Fredrike Bannink

저자는 임상심리전문가이자 건강관리 심리전문가이며 네덜란드 심리연구소의 아동·청소년 심리전문가다. 많은 병원에서 정신건강 관리 분야의 일을 해 오고 있으며 현재는 네덜란드 암스테르담에서 치료, 훈련, 코칭, 중재의 일을 하고 있다. 그리고 네덜란드 행동인지치료협회의 훈련자/슈퍼바이저이며 해결중심 인지행동치료 분과의 회장이다. 또한 많은 대학원 연구소에서 강의를 하고 있다.

저자는 심리전문가와 정신과 전문의에게 해결중심 치료 과정을 가르치고, 의료 전문가에게는 해결중심 면담 과정을 가르치고 있다. '국경 없는 의사회'의 정신건강팀 훈련가이기도 하다. 더불어 정신건강 관리 시설 내에서 수많은 해결중심 치료 훈련 과정을 제공해 오고 있으며 기업에서 고용인과 관리자들을 위한 해결중심 코칭 과정을 만들어 주고 있다.

저자는 중재해결 전문가이자, 네덜란드 중재협회가 인정한 중재자이며 암스테르담 지방법원의 중재자이기도 하다. 또한 해결중심 치료, 해결중심 면담, 해결중심 중재와 긍정심리학 분야의 수많은 저서를 남기고 있다.

저자에 대한 더 많은 정보는 저자의 웹사이트(www.fredrikebannink.com)에서 제공받을 수 있다.

역자 소개

조성희(Cho Sunghee)
미국 미주리 주립대학교 대학원 박사
국립법무병원 임상심리실장
현 백석대학교 기독교상담학과 교수
　　임상심리전문가, 중독심리전문가, 범죄심리전문가

신수경(Shin Sookyoung)
충남대학교 심리학과 박사
용인정신병원, 단국대학교 병원, 국립법무병원 임상심리사
현 백석대학교 기독교상담학과 교수
　　임상심리전문가, 중독심리전문가, 범죄심리전문가

이인필(Lee Inphil)
백석대학교 기독교전문대학원 박사과정 수료
백석대학교 상담센터, 롯데, 한라 등 기업체 근무
현 성동건강지원센터 상담원

김은경(Kim Eunkyung)
백석대학교 상담대학원 석사
현 한국청소년상담복지개발원, 서초구청소년상담복지센터 상담원

1,001가지
해결중심 질문들
1,001 solution-focused questions

2015년 1월 15일 1판 1쇄 발행
2024년 1월 25일 1판 8쇄 발행

지은이 • Fredrike Bannink
옮긴이 • 조성희 · 신수경 · 이인필 · 김은경
펴낸이 • 김 진 환
펴낸곳 • (주)**학지사**

       04031 서울특별시 마포구 양화로 15길 20 마인드월드빌딩 5층

대표전화 • 02) 330-5114   팩스 • 02) 324-2345

등록번호 • 제313-2006-000265호

홈페이지 • http://www.hakjisa.co.kr
인스타그램 • https://www.instagram.com/hakjisabook

ISBN 978-89-997-0532-8 93180

정가 **19,000원**

출판미디어기업 **학지사**

간호보건의학출판 **학지사메디컬** www.hakjisamd.co.kr
심리검사연구소 **인싸이트** www.inpsyt.co.kr
학술논문서비스 **뉴논문** www.newnonmun.com
원격교육연수원 **카운피아** www.counpia.com